U0573420

经济管理与会计实践研究

魏 化 果长军 王子花 主编

哈尔滨出版社

HARBIN PUBLISHING HOUSE

图书在版编目（CIP）数据

经济管理与会计实践研究 / 魏化，果长军，王子花主编 . — 哈尔滨 ：哈尔滨出版社，2022.12

ISBN 978-7-5484-6791-5

Ⅰ．①经… Ⅱ．①魏… ②果… ③王… Ⅲ．①经济管理—研究②会计学—研究 Ⅳ．① F2

中国版本图书馆 CIP 数据核字（2022）第 184868 号

书　　名：经济管理与会计实践研究
JINGJI GUANLI YU KUAIJI SHIJIAN YANJIU

作　　者：魏　化　果长军　王子花　主编

责任编辑：王利利　韩伟锋

封面设计：张　华

出版发行：哈尔滨出版社（Harbin Publishing House）

社　　址：哈尔滨市香坊区泰山路 82-9 号　邮编：150090

经　　销：全国新华书店

印　　刷：廊坊市广阳区九洲印刷厂

网　　址：www.hrbcbs.com

E - mail：hrbcbs@yeah.net

编辑版权热线：（0451）87900271　87900272

开　　本：787mm×1092mm　1/16　印张：12.25　字数：270 千字

版　　次：2023 年 1 月第 1 版

印　　次：2023 年 1 月第 1 次印刷

书　　号：ISBN 978-7-5484-6791-5

定　　价：68.00 元

凡购本社图书发现印装错误，请与本社印制部联系调换。

服务热线：（0451）87900279

前　言

当今世界正处于百年未有之大变局，在经济全球化过程中，逆全球化现象不断抬头，单边主义和贸易主义使世界经济形势发生了新的变化，在对我国企业造成严峻挑战的同时，也给企业发展提供了新的机遇，企业想要持续发展，必须适应当前的形势变化创新经济管理策略，切实提高企业的经济管理效果，从而更好地参与到市场竞争中去，为企业的长远发展奠定基础。

经济管理主要是对企业各项经营活动的事前、事中及事后实施全过程管理与控制，对企业内信息流、业务流等有效整合，实现对企业战略目标全面掌控，推动企业各项经营活动有序开展，不仅有助于科学配置企业的各类资源，同时也有助于提升企业防范经营风险的能力。因此，对新形势下企业经济管理进行创新，对于提升企业的经营效果较为有利。创新是企业市场竞争力提升的有力依据，同时也是企业在未来谋求更好发展的强有力保障。在经济形势日新月异的今天，创新企业经济管理就显得十分重要且迫切。因此，首先需要明白当前创新企业经济管理面对的现今状况及应突破的环节。

当今社会高速发展，市场竞争激烈，企业要想在竞争中占有一席之地，就要不断打破传统，创新企业经济管理模式，适应时代发展要求。因此，本书主要以经济管理为切入点，具体阐述经济管理前沿理论和实践创新的相关内容；除此之外，还融会了会计实践的相关内容。希望通过对经济管理与会计实践的创新研究，在新时代勇于进取，寻找新出路，探索新思路，实现企业经济效益和社会效益双丰收。

目　录

第一章 资本市场的有效性

资本市场是长期资金借贷和证券交易的场所，是联系投资者和筹资者的纽带。资本市场的有效性有助于发挥资源的优化配置，给予投资者合理回报，促进资本市场健康有序发展。故而，本章主要针对资本市场的有效性及与其相关的内容进行说明。

第一节 有效资本市场的定义

在金融经济理论中，有效市场假说（efficiency market hypothesis，EMH）是有关资本市场效率问题中最权威、最具影响力的理论。有效资本市场是指资产的现有市场价格充分反映了所有与其相关、可用信息的资本市场。在一个有效的资本市场里，股票、国库券、公司债券等各种金融产品的交易价格，都及时、充分地反映了资本市场上各种公开和未公开的信息，正确地体现了其内在投资价值或真实价值；尽管每个投资者都能根据自己所掌握的信息及时进行理性决策，但最终任何投资者都不可能通过自己的投资决策获得超额收益。

作为现代金融理论基石之一的有效市场假说，其成立还需满足一些条件：一是信息是充分、均匀分布的，获取信息的成本为零；信息对市场参与者而言是对称的；新信息的出现也是完全随机的。二是市场参与者都是追求个人效用最大化的理性经济人，对信息的分析和处理能力是同等的，资本价格的波动完全是投资者基于完全信息采集的理性预期的结果。然而，现实世界是很难完全满足这些苛刻条件的，从而资本市场的效率也就存在高低之分。实质上，有效市场假说指的是"信息效率"（informational efficiency），即市场上交易的资产的价格充分、及时、准确地反映所有相关信息的效度。由此可见，资本市场效率的高低是衡量资本市场信息分布和流速、交易透明度和规范程度的重要指标，也是资本市场成熟与否的重要标志之一。

有效资本市场假说突出了信息在资产价格形成和波动中的作用。假设 θ 为某信息集，如果股票市场已经充分、准确地反映了 θ 所包含的信息，投资者基于信息集进行交易不能获得超额收益，则称股票市场关于信息集 θ 是有效的。

Ross et al. 在《公司理财》(*Corporate Finance*)中明确指出，有效市场假说对于公司和投资者来说都具有许多重要的含义：因为价格及时地反映了新的信息，投资者只能期望获得正常的收益率。等到信息披露后才认识到信息的价值对于投资者而言没有任何好处。实际上，在投资者进行证券交易之前，价格就已经调整到位了；公司应该期望从其发行的证券中获得公允价值。所谓"公允"，是指公司发行证券所获得的价值正好等于其现值。因此，在有效资本市场上，不存在通过愚弄投资者而创造价值的融资机会。

条件：

1. 理性的投资者

假设所有投资者都是理性的，当市场发布新的信息时所有投资者都会以理性的方式调整自己对股价的估计。

2. 独立的理性偏差

市场有效性并不要求所有投资者都是理性的，总有一些非理性的人存在。每个投资者都是独立的，则预期的偏差是随机的，而不是系统的。如果假设乐观的投资者和悲观的投资者人数大体相同，他们的非理性行为就可以互相抵消，使股价变动与理性预期一致，市场仍然是有效的。

3. 套利

市场有效性并不要求所有的非理性预期都会相互抵消，有时他们的人数并不相当，市场会高估或低估股价。非理性的投资者的偏差不能互相抵消时，专业投资者会理性地重新配置资产组合，进行套利交易。专业投资者的套利活动，能够控制业余投资者的投机，使市场保持有效。

第二节　有效资本市场的类型

有效市场假设认为证券的市场价格已经反映了所有可获得的信息，这实际上表明的是完全有效或者强型有效市场的特征。在现实中，某种信息对证券价格的作用可能快于其他信息，资本市场上可获得信息的完备程度有高有低。与此相对应，市场的有效性也有强弱之分。不同的信息对价格的影响程度不同，从而反映了资本市场效率程度因信息种类不同而异。证券的有关信息可分为三类，一是"历史信息"，二是"公开信息"，三是"内幕信息"，据此定义了三种不同程度的市场效率。

一、弱型有效市场

弱型有效（weak form efficiency）是资本市场表现出的最低形式的效率。当现有的价格已凝聚了所有历史记录中的信息，即充分反映价格历史序列数据中所包含的一切信息时，资本市场就达到了"弱型效率"。弱型效率意味着投资者不能通过分析历史信息获得超常收益，有关证券的历史信息对证券价格的变动没有任何影响。因为诸如股价、交易量等历史信息可以公开地、无成本地获得，如果这些信息可以传递有关未来的可靠信号，那么所有投资者早已知道利用这些信号了，最终会因为信号的广泛可知性而使它们失去价值。反之，如果有关证券的历史信息对证券价格的变动仍有影响，则资本市场尚未达到"弱型效率"。

在弱型有效市场中，由于历史信息已经被充分披露、均匀分布和完全使用，任何投资者都不可能通过使用任何方法来分析这些历史信息以获取超常收益，这意味着技术分析（technical analysis）失效。

二、半强型有效市场

半强型有效（semistrong form efficiency）是资本市场效率的中等强度。如果某一资本市场上的证券价格充分反映了所有公开可用的信息，包括如公司公布的财务报表和历史上的价格信息，那么资本市场就达到了"半强型有效"。如果有关证券的公开信息（如企业公布盈余公告、股票拆分或投资专业机构公开分析资料等）对证券的价格变动没有任何影响，则资本市场达到了"半强型有效"。由于任何一个投资者都有办法从公开使用的渠道中得到这些信息，投资者就会预期这些信息已经体现在股价上了。如果有关证券的公开信息对证券的价格变动仍有影响，则说明证券价格对公开信息尚未做出及时、充分的反映，则资本市场尚未达到"半强型有效"。

在半强型有效市场中，投资者通过分析公司的财务报告、宣告股利的变化或股票拆分以及其他任何有关公司的公开信息都不能获得超常收益，这意味着基本分析（fundamental analysis）无效，即如果投资者同时掌握和使用有关公开信息进行投资决策，则一旦信息公布后，任何投资者都不可能通过使用任何方法来分析这些已公开的信息以获取超常收益。

三、强型有效市场

强型有效（strong form efficiency）是资本市场效率的最高强度。如果某一资本市场的证券价格充分反映了所有的信息，包括历史的、公开的和内幕的信息，那么资本市场就达到了"强型有效"，即证券价格已经充分地、及时地反映所有有关的公开和内幕信息，有关证券的所有相关信息（包括一切历史的、公开的和内幕信息）对证券价格没有任何影响。在资本市场中，如果有人利用内幕信息买卖证券而获利，则说明资本市场尚未达到"强型有效"。

在强型有效资本市场中，证券价格充分反映了有关公司的所有信息，从而使任何获得内幕信息的人（包括公司董事、监事、经理以及有关的高级管理者、中介机构、监管机构等）都不能借此获得超常收益。

强型有效市场的状态包含弱型有效市场和半强型有效市场的状态。半强型有效市场的状态包含弱型有效市场的状态。强型效率假设理论着重指出，任何与股票价值相关的信息，即使是只有一个投资者知道的信息，实际上都已经充分地反映在股票价格中了。强型有效的市场类型很难被接受，经验证据基本上都否定强型有效市场的假设。

如果弱型有效市场、半强型有效市场和强型有效市场的信息集分别以 θ_1、θ_2、θ_3 表示，则存在如下关系：$\theta_1 < \theta_2 < \theta_3$，即效率更高的市场，其证券价格必然反映了范围更广的信息，投资者越难通过证券交易来获取超常收益。

表 1-1 对资本市场效率类型和信息类型的对应关系进行了总结。

表 1-1 资本市场效率类型和信息类型

资本市场效率类型	证券价格完全充分反映信息的类型
弱型有效市场	历史信息
半强型有效市场	公开信息
强型有效市场	所有信息（包括历史信息、公开信息和内幕信息）

第三节 资本市场异象

资本市场有效性假设的检验一直是金融市场研究者关注的焦点之一。然而，越来越多的研究发现，证券市场存在许多用有效市场假说无法解释的现象，如规模效应、市盈率异象、应计异象等。这些市场"异象"（anomalies）对资本市场有效假说提出了挑战。总体来说，股市"异象"有以下四种：一是规模效应（size effect）；二是时间效应（time effect）；三是价值效应（value effect）；四是惯性效应（momentum effect）和反转效应（contrariant effect）。

1. 产生原因

第一，在投资过程中，存在过度自信情况。

这种过度自信会使股票交易时出现频繁交易，产生过度交易。具体表现在两个方面：一是夸大结果发生或不发生的可能性；二是缩小可能发生的范围。尤其在一次成功的交易以后，往往会更加自信，倾向于再次交易，逐步倾向于缩小投资的范围。而对于一般失败的交易，不会去怀疑自己的能力，常常归因于运气不好。这样把成功归于自己和把失败归于运气的心态属于投资者的"自我认识偏差"，是由投资者过度自信引起的。

同时，股票的持有者会将股票卖给一些过度自信的交易者，这些交易者会持有乐观的心态，使股票过度的交易，最终引起证券市场上的价格形成偏离，形成一种动态的循环，容易形成泡沫。

第二，人们的从众心理。

著名的"羊群效应"就是这样引起的，"群体不是个体的简单总和，而是超越了这一总和。群体对个体能产生巨大的影响，个体在群体中会产生不同于独处环境的行为反应，从而形成了诸如从众、流言等心理现象"。在投资领域，从众心理因素表现得更为突出，因而，经济学家已将此作为重要的偏好选择予以考虑。

第三，信息的不对称。

行为金融学的理论认为，市场并非有效的，在市场当中，不仅存在着理性的交易者，也存在着非理性的交易者，即噪声交易者。噪声交易者在市场中短期具有主导作用，拥有自己的空间，这时有效性是不存在的。投资者在众多信息中进行筛选，当投资者在投资过程中的交易频繁时，换手率高时，就表示噪声交易者在市场中起了主要的作用。

第四，人们损失厌恶效应影响。

当人们面对同样数量的收益与损失时，就会感到损失的数量让人更加难以接受，可以说损失所带来的痛苦要大于收益所带来的幸福感。为此，为了规避损失，当人们持有一定的股票时，就会存在处置效应，倾向于抛出赢利的股票，而留有亏损的股票，这是一种心理的预期，希望下跌的股票会有上升的空间，不承受损失所带来的痛苦。

投资者总是倾向于保持一定的幸福感，当损失和收益共同拥有时，人们不愿陷入损失的境地，不愿承受亏损所带来的痛苦。因而人们将亏损的股票持在手中，而把赢利的股票放出去。

第五，投资者心理观念的差别。

现代金融市场中，人们的价值的观念也是不同的，在投资过程中，一部分人的资本性收入增加，使一些人为了获得收益，利用原来熟悉的思维导致买入股票的重复性，从而引起了股市中获益的偏差。在当今社会中，另外一些人出于交际或是与别人有共同观念的目的，而进行投资活动，进而在获利以外的其他方面拥有更好的发展。

人们价值观念的差异影响人们在市场中的交易量，当获利时，人们在成功交易后会继续大量地购入，希望继续获得更多的收益。

第六，投资过程中，投资者偏好的影响。

在金融市场中，投资者进行判断选择的时候，人们倾向投资与自己之前相近的股票，由于人们对原有股票已熟知，并已经取得了一定的收益。所以人们在选择时，因为对新股票的信息掌握不全，所以会将现有股票与原有股票进行比较，形成代表性启发法，进而利用"小数定理"法则依据自己的偏好进行与之前相类似的选择。这就有可能形成在人们的偏好下进行盲目投资的倾向。

2. 类型

（1）过度的交易现象

在股票交易的过程中，有些人会信誓旦旦地说一支股票肯定会涨，就进行买入，买入之后股票没有涨，反而跌了；还有人在股市中频繁地买进卖出，想进行短期的套利，最终没有任何的获利，这就形成了股票市场中交易的过度，使投资者盲目地投资，引起了一定的亏损。

（2）"羊群效应"现象

"羊群效应"是股市中一种最为普遍的从众心理，就是机构投资者对证券价格进行操纵，而中小投资者盲目跟庄的一种现象。它是投资者在"群体压力"的作用下的一种非理性的行为，是在信息不确定的情况下，投资者模仿他人的一种行为。早在 1936 年，Keynes 曾指出："羊群行为是股票市场上一个令人困惑的现象，从事股票投资就好比参加选美比赛，谁的选择结果与全体评选者的平均爱好最接近，谁就能得奖，因此每一个参加者都不认为她是最美的，而是运用智力选择一般人认为最美的。"

（3）"噪声"现象

噪声和噪声交易是 Black 在 1986 年的一次演讲中提出的，是指在金融市场中那些没有意义的和不起作用的各种信号。在金融市场中，投资者为了盈利，利用尽可能多的信息，决定投资的品种，而在其利用的信息之中，有些信息是错误的，这样可能扭曲了市场，使市场不完全有效。信息的交易者和噪声的交易者是对等的，人们在投资的过程中不知道谁将从交易的活动中获利，利用了不利信息的交易者在金融市场中亏损，导致形成了市场中"噪声"现象。

（4）处置效应

现实的金融市场中，许多投资者在进行风险投资时，喜欢进行短线的投资，基于卖出手盈利的资产，而宁愿长期保留亏损的资产，这就是所谓的"出赢保亏"。在金融市场进行投资时，投资者依据当时市场的状况，比如牛市，手中持有若干赢利的股票和一些亏损的股票，在此时选择是大好的形势下，人们相对偏向将赢利的股票抛出，以获得实物的资产，而那些套牢的股票将继续持有在手中，以等待这些股票的形式变好时将其卖出，最终获得赢利。

第四节　资本市场效率对公司理财的影响

一、会计方法的选择与有效市场

在实践中，会计方法的选择为公司的会计报告提供了一定的灵活性。例如，在评价存货价值时，公司可以选择"先进先出法（FIFO）""加权平均法""移动加权平均法"等；对于建造合同收入，公司可以选择"完工百分比法"或"完全合同法"；对于提供劳务收入，公司可以选择"完工百分比法"或"合同或协议总金额法"；在计算折旧时，公司可以选择"加速折旧法"或"直线折旧法"。在具体运用纳税影响会计法核算时，有两种可供选择的方法：递延法和债务法。

会计师经常受到责备，被指责为了奇大利润和提高股票价格而滥用会计灵活性。但无论如何，如果以下两个条件成立的话，会计方法的改变将不影响股票价格。

第一，年度财务报告应该提供足够的信息，从而使财务分析师能够采用不同的会计方法测算盈余。例如，虽然财务报表实际上是按照FIFO方法进行编制的，许多高级财务分析师可以根据LIFO的假设模拟财务报表。第二，市场必须是半强型有效的。换言之，市场必须恰当地使用所有的会计信息来确定股票的市场价格。

总而言之，上述实证结果表明会计方法的变更并没有愚弄市场，或者说，市场理解会计方法变更的含义和结果。

二、选择时机的决策

现如今，一些学者开始关注市场效率对公司融资决策的影响，提出了选择时机理论（机会窗口理论）。在有效和整合的资本市场中，如果市场有效，证券的定价总是准确的。

因此，选择时机的决策无关紧要。相反，在无效或分割的资本市场中，明显地，公司在股票价格高时努力"定时"发行股票。倘若他们寻求外部融资，那么他们更可能在股价上升而不是在股价已下降后去发行股票（而非负债）。选择时机理论的基本思想是经理们盯住债务市场和权益市场的当前情况。企业通常在高价格时发行权益，低价格时回购股份。如果具有高国库券利率的相对不利的负债市场条件，那么企业将倾向于减少负债融资的使用。在经济衰退时期，企业可能倾向于使用更多的负债，其目的是利用权益资本应对其他形式资本成本的短暂波动。

在实践中，选择时机似乎是公司真实财务政策的一个重要方面。正如在四种不同研究中存在选择时机证据。第一，实际财务决策的分析表明，当市场价值相对账面价值和过去市场价值高时，公司倾向发行权益而非债务；当市场价值低时，倾向回购权益。在无效或分割的资本市场中，选择时机以进入和退出的股东为代价使现有的股东受益。第二，公司财务决策后长期股票收益的分析表明，平均而言，权益选择时机是成功的。当权益成本相对低时公司发行权益，当成本相对高时回购权益。第三，围绕权益发行的盈余预测及其实现分析表明当投资对盈余前景非常热衷时，公司倾向发行权益。第四，也许最令人信服的是，在匿名调查中经理们承认市场时机。在发行权益中，将近同样多的财务总监同意"如果股价最近上升，我们能以高价出售"。整体而言，在这个调查中，权益市场价格被认为是比在发行普通股决策中考虑的 10 个其他因素中的 9 个重要，比在发行可转换债券决策中考虑的 4 个因素重要。

第二章　经济管理与组织计划

市场经济已经渗透到生活的方方面面。现代企业中的技术活动与生产运作、市场营销、财务分析、质量控制、投融资等经营管理活动密不可分，这让经济管理在现代企业经营中发挥着重要作用。本章要讲述的重点内容是：经济管理与组织计划。

第一节　管理决策

决策是管理的核心。决策理论的研究和运用，已成为现代管理中的一个中心课题并贯穿整个管理过程之中。无论是计划、组织、控制还是领导、创新等管理职能，都存在着决策的制定和执行问题。决策水平直接影响管理的水平和效率，决策的正确与否关系组织和事业的兴衰存亡，因此，每一个管理者都必须认真研究决策科学，掌握决策理论、决策的科学方法和技巧，在千头万绪中找出关键所在，权衡利弊，及时做出正确、可行的决策。

一、决策的概念

明智的决策是成功的关键，人们不论做什么事情，都是始于决策，最后也成于决策。从现实的情况来看，决策活动几乎是无处不在、无时不有的。小到我们日常生活的衣食住行，中到企业的经营管理，大到涉及国计民生的各种发展规划，都需要通过相应的决策才能使之——得以完成和实现。可见，决策活动与人类活动是密切相关的。

1. 决策的定义

人类的实践活动是在理性和意图的支配下，为达到一定的目的而进行的。自从有了人类，就有了人类的决策行动。"决策"一词在国外用得很广泛，我国以前用得较少。《现代汉语词典》中对"决策"的解释是：决定策略或办法；决定的策略或办法。人们常常把"决策"理解为"决定政策"，好像这只是高级领导的事，这种理解过于狭隘。

决策作为管理学的一个特定术语，对于其含义，学者们有不同的看法，争论较多。当前主要有以下几种观点：决策就是做出决定；决策就是管理，管理就是决策；决策就是选择，决策就是领导"拍板"；决策指的是人类社会中与确定行动目标有关的一种重要活动。

这些观点都从决策的不同角度说出了一定的道理。说决策是决定、是"拍板"、是决断、是定案的人，认为决策是领导者个人的能力；说决策是管理、是选择、是确定目标行动的人，认为决策是一个过程。

到底什么是决策？现在一般认为，决策有狭义和广义之分。狭义的决策是指行动方案的确定或决定，即人们通常所说的"拍板定案"。广义的决策是指人们为了达到一定目的，运用科学的理论和方法提出、选择并实施行动方案的全过程。现代管理学所讲的决策是广义的决策。

2. 决策的原则

决策的原则是指在决策过程中必须遵循的指导原理和行为准则，它是科学决策的反映，也是决策实践经验的概括总结。在决策过程中所要遵循的具体原则是多种多样的，通常主要有以下几个原则：

（1）科学性原则

科学性原则是衡量一切事物的最高准则。科学性原则主张人们的一切活动都应从事物的本质和客观规律出发，尊重客观性，反对主观性；尊重必然性，反对偶然性；尊重本质性，反对表面性。科学性原则，是决策时必须遵循的首要原则。

（2）信息原则

信息是决策的依据，而信息的准确、全面、系统、可靠和及时是科学决策的基础条件。信息不准，决策必错。信息原则要求在决策时，首先必须搜集大量的信息，保证信息的完整性，这样才能对信息进行归纳、选择，提炼出对决策有效的信息；其次必须提高信息质量，保证信息的准确性；最后必须防止信息迂回阻塞，保证信息的时效性。

（3）系统原则

系统性是现代决策的重要特点之一。在现代条件下，决策对象通常是一个多因素组成的有机系统，运用系统理论进行决策，是科学决策的重要保证。系统理论是把决策对象看作一个系统，并以这个系统的整体目标为核心，以追求整体效应为目的。为此，系统原则要求在决策时，首先应贯彻"整体大于部分之和"的原理，统筹兼顾、全面安排，各要素和单个项目的发展要以整体目标为准绳；其次强调系统内外各层次、各要素、各项目之间的相互关系要协调、平衡配套，要建立反馈系统，实现决策实施运转过程中的动态平衡。

（4）满意原则

决策的满意原则是针对最优化原则提出的。它是指决策不可能避免一切风险，不可能利用一切可以利用的机会，不可能达到"最优化"，而只能要求"令人满意"或"较为适宜"的方案。该原则最早是由西蒙提出的。

最优化的理论假设是把决策者作为完全理性化的人，决策是以绝对理性为指导，按最优化准则行事的结果。但由于组织处在复杂多变的环境中，要使决策者对未来一个时期做出绝对理性的判断，必须具备以下条件：决策者对相关的一切信息能全部掌握，决策者对未来的外部环境和内部条件的变化能准确预测，决策者对可供选择的方案及其后果完全知晓，决策者不受时间和其他资源的约束。显然，对任何决策者，无论是个体还是集体，也不论素质有多高，这四个条件都不可能完全具备。因此决策不可能是最优化的，而只能要求是令人满意的或较为适宜的。

（5）可行性原则

为了使决策付诸实施，决策必须切实可行。可行性原则要求决策者在决策时，不仅要考虑需要，还要考虑可能；不仅要估计有利因素和成功的机会，更要预测不利条件和失败的风险；不仅要静态地计算需要与可能之间的差距，还要对各种影响因素的发展变化进行定量和定性的动态分析。

（6）集体与个人相结合的原则

坚持集体与个人相结合的原则，又称民主集中制原则，就是既要充分发挥专家和智囊的作用，又要尽力调动各方面的积极性和主动性，使决策建立在广泛民主的基础上，并在民主的基础上进行集中。这样一方面可以充分发挥各方面的专长，提高决策质量，防止个体决策的片面性；另一方面又为决策的实施提供了保证。本原则充分体现了决策科学化和民主化的客观要求。

（7）反馈原则

反馈原则，就是建立反馈系统，用实践来检验决策和修正决策。由于事物的发展和客观环境的不断变化，决策者受知识、经验、能力的限制，致使决策在实施中可能会偏离预定目标，这就需要根据反馈情况采取措施，对原方案或目标加以相应调整和修正，使决策趋于合理。

3.决策的依据

做出科学的决策，凭借的是科学、准确、及时的决策依据。决策依据是科学决策的前提。

（1）事实依据

事实是决策的基本依据。在决策中，只有把决策对象的客观情况搞清楚，才能找到目标与现状的差距，才能正确地提出问题和解决问题。否则，如果事实不清楚，或者在对事实的认识和了解中掺进了个人主观的偏见，就会使决策失去基本依据，造成决策在根本上发生失误。这种情况在实际中并不少见。

（2）价值依据

这里的价值是指决策者的价值观、伦理道德观念和某些心理因素。这些因素虽然有主观性，但仍然是决策的依据和前提。这是因为对任何事物的认识和判断都会不可避免地掺进这些主观因素，否则就不能解释为什么对同一事物会有两种或多种截然不同的看法，为什么对同一方案会有截然不同的两种或多种选择。

我们也要正确地认识事实依据与价值依据的关系，两者最基本的关系就是价值判断要以事实为基础。如果离开这个基础，就不可能产生一种正确的价值观。如果价值观离开事实的依据，有时可能会做出"好"的决策，却永远做不出正确的决策。

（3）环境和条件依据

所谓环境和条件，是指决策对象事实因素和决策价值因素以外的各种因素，如自然条件、资源条件、社会制度条件、科学技术条件以及人们的文化传统和风俗习惯条件等。在决策中之所以考虑这些因素，是因为这些因素对整个决策，包括决策目标的确定、决策方案的选择以及决策方式的采用等都起着制约作用。也就是说，在决策中，不但要看决策对象在事实上能达到的程度，还必须看由于各种环境和条件所制约而达到的程度。

（4）政策依据

严格地讲，政策依据包含在环境、条件依据之中，基于政策对决策的作用越来越大，因而很有必要把政策依据单独列出来考虑。政策是国家为实现一定历史时期的政治路线或战略任务而制定的行动准则。政策的类别包罗万象，方方面面都有政策。比如，以大类分，有经济政策、教育政策、医疗保障政策、计划生育政策等等。每一大类之下，又有系列化的各种各样的具体政策。不同时期的政策，体现着不同时期社会的需要，是组织或企业必须遵守的行为准则，也是决策的基本依据。作为一个管理者或企业家，应该随时关注宏观经济走势的变动，并预测政府的政策走向。政府宏观经济政策的变动大体上是有规律可循的，管理者和企业家只要长期关注，自己就会做出正确的判断。例如，在美国，许多美联储的专家在退休后被公司高薪请去当顾问。这些专家之所以被高薪聘用，是因为他们多年分析宏观经济走势与宏观经济政策的经验对这些公司至关重要。这也说明，宏观经济政策是决策的重要依据之一。

二、决策的类型及特征

决策作为一种组织活动，有着丰富的内容与多样的形式，从不同的角度，按照不同的标准，可以把决策分为不同的类型。决策类型的多样性是由其内容的丰富多样所决定的。对决策的分类，主要是为了通过分类认识不同类型决策的特征，掌握不同类型决策的规律，并在实际中对不同类型的决策采取不同的决策方式和方法。

1.决策的类型

从不同的角度，依据不同的标准，决策可以分为不同的类型。

（1）战略决策与战术决策

按决策的影响范围和重要程度不同，组织的决策可分为战略决策和战术决策。"战略""战术"，前者涉及对整个战争的总体布局和战役安排，后者指作战方案制定或者战斗进行之中采取的基本作战策略。战略决策与战术决策的区别可概括为以下几点：

从调整对象来看，战略决策调整组织的活动方向和内容，战术决策调整在既定方向和内容下的活动方式。战略决策解决的是"做什么"的问题，战术决策解决的是"如何做"的问题，前者是根本性决策，后者是执行性决策。

从涉及的时间范围来看，战略决策面对的是组织整体在未来较长一段时间内的活动，战术决策需要解决的是组织在未来各个较短时间内的行动方案。因此，战略决策是战术决策的依据，战术决策是在战略决策的指导下制定的，是战略决策的落实。

从作用和影响上来看，战略决策的实施是组织活动能力的形成与创造过程，战术决策的实施则是对已形成能力的应用，因此战略决策的实施效果影响组织的长远发展，战术决策的实施效果则主要影响组织的效率与生存。

（2）程序性决策与非程序性决策

按决策问题的重复程度和有无既定的程序可循，组织决策可分为程序性决策与非程序性决策。程序性决策，指经常重复发生，按原定程序、方法和标准进行的决策。程序性决策处理例行问题，有固定的程序、规则和方法。程序性决策是按预先规定的程序、处理方法和标准来解决管理中经常重复出现的问题，又称重复性决策、定型化决策或常规决策。

非程序化决策指具有极大偶然性、随机性，又无先例可循且具有大量不确定性的决策活动。非程序化决策处理例外问题，无先例可循，依赖于决策者的经验、知识、价值观、决断能力。非程序性决策则是为解决不经常重复出现的、非例行的新问题所进行的决策。这类决策又称为一次性决策、非定型化决策或非常规决策，它通常是关于重大战略问题的决策。

（3）个体决策与群体决策

从决策主体来看，组织的决策可分为个体决策与群体决策。个体决策的决策者是单个人，所以也称为个人决策。群体决策的决策者可以是几个人、一群人甚至可以扩大到整个组织的所有成员。"厂长负责制"企业中的决策就主要是由厂长个人做出方案抉择的，尽管其决策过程中可能接受"工厂管理委员会"这类智囊机构的咨询意见。相比之下，"董事会制"下的决策则是一种群体决策，由集体做出决策方案的选择。

个体决策与群体决策各有优缺点。相对来说，群体决策的一个主要优点是，群体通常能比个体做出质量更高的决策。其原因在于：首先，由群体来制定决策有利于提供更完整的信息，能产生更多的备选方案，并从更广泛的角度对方案进行评价和论证，从而做出更准确、更富有创造性的决策。其次，以群体方式做出决策，也易于增加有关人员对决策方案的接受性。当然，群体决策的效果如何也受群体大小、成员从众现象等的影响。要是决策群体成员不能够真正地集思广益，都以一个声音说话，其决策的质量就难以得到提高。最后，从决策群体的规模来看，参与制定决策的人员越多，提出不同意见的可能性虽然增大，但群体就需要花更多的时间和进行更多的协调来达成相对一致的意见。

（4）经验决策与科学决策

根据决策者是基于经验还是基于科学分析做出决策，可将决策方法区分为经验决策和科学决策两大类。所谓经验决策，是指决策者主要是根据其个人或群体的阅历、知识、智慧、洞察力和直觉判断等人的素质因素而做出的决策。所谓科学决策，是指以科学预测、科学思考和科学方法为根据来做出的决策。美国耗资200多亿美元的"阿波罗"登月计划的成功，就是运用科学决策的范例。在决策问题存在不确定性的条件下，依靠"软"专家的直觉判断和定性分析可能比定量方法更有助于形成正确的决策。

（5）初始决策与追踪决策

从决策解决问题的性质来看，可以将决策分成初始决策与追踪决策两种。

初始决策是指组织对从事某种活动或从事该种活动的方案所进行的初次选择，追踪决策则是在初始决策的基础上对组织活动方向、内容或方式的重新调整。如果说初始决策是在对组织内外环境的某种认识的基础上做出的，追踪决策则是由于这种环境条件发生了变化，或者是由于组织对环境特点的认识发生了变化。显然组织中的大部分决策都属于追踪决策。

与初始决策相比，追踪决策具有如下特征。

1）回溯分析

初始决策是在分析当时条件与预测未来的基础上制定的，而追踪决策则是在原来方案已经实施但发现环境条件有了重大变化或与原先的认识有重大差异的情况下进行的。因此，追踪决策必须从回溯分析开始。回溯分析，就是对初始决策的形成机制与环境条件进行客观分析，列出需要改变决策的原因，以便有针对性地采取调整措施。

2）非零起点

初始决策是在有关活动尚未进行从而对内外环境没有产生任何影响的前提下进行的。追踪决策则不然，它所面临的条件与对象都已经不是处于初始状态，而是随着初始决策的实施受到了某种程度的改造、干扰和影响。这种影响主要表现在两个方面：第一，随着初始决策的实施，组织与外部协作单位已经建立了一定的关系。第二，随着初始决策的实施，组织内部的有关部门和人员已经开展了相应活动。

3）双重优化

初始决策是在已知的备选方案中择优，而追踪决策则需要双重优化。也就是说，追踪决策所选的方案，不仅要优于初始决策——因为只有原来的基础有所改善，追踪决策才有意义，而且要在能够改善决策实施效果的各种可行方案中，选择最满意的决策方案。可以说，第一重优化是追踪决策最低的基本要求，第二重优化则是追踪决策应力求实现的根本目标。

（6）确定型决策、非确定型决策和风险型决策

按决策问题所处条件不同，决策可分为确定型决策、非确定型决策和风险型决策。其各自所具有的选择和风险特点如表2-1所示。

表2-1 三种决策方法的特点

决策方法	选择	风险
确定型决策	只有一种选择	没有风险
风险型决策	几个互相排斥的状态	风险概率一定
非确定型决策	几个互相排斥的状态	风险概率不清楚

确定型决策是指在决策过程中，所提出的各备选方案在确知的客观条件下，每个方案只有一种结果，比较其结果优劣做出最优选择的决策。确定型决策是一种肯定状态下的决策。决策者对被决策问题各种方案的条件、性质、后果都有充分了解，各个备选的方案只能有一种结果。这类决策的关键在于选择肯定状态下的最佳方案。这种决策由于没有不确定因素的干扰，便于决策方案的评估和选优。

风险型决策是指决策者对未来的情况无法做出肯定的判断，无论选择哪一种方案都

有一定风险的决策。风险型决策的各种方案都存在两种以上的自然状态，在决策过程中所提出的各个备选方案，每个方案都有几种不同结果，其发生的概率也可测算。决策者虽不能完全肯定执行结果，但可以根据概率进行计算做出决策。风险型决策之所以存在，是因为影响预测目标的各种市场因素是复杂多变的，因而每个方案的执行结果都带有很大的随机性。在决策中，不论选择哪种方案，都存在一定的风险性。

非确定型决策是指在决策中存在许多不可控的因素，决策过程中提出多个备选方案，每个方案都有几种不同的结果，但每一结果发生的概率都无法知道。在这种条件下的决策就是非确定型的决策。非确定型决策只知道每一方案产生的几种可能结果，但发生的概率并不知道。由于人们对几种可能客观状态出现的随机性规律认识不足，就增大了这类决策的不确定性程度。非确定型决策主要凭决策者的经验和智慧来做出决策。

2. 决策的特征

（1）目标性

任何决策都必须根据一定的目标来制定。目标是组织在未来特定时限内完成任务所预期要达到的水平。没有目标，人们就难以拟定未来的活动方案，评价和比较这些方案也就没有了标准，对未来活动效果的检查便失去了依据。在选择中调整组织在未来一定时间内活动方向与内容的组织决策，比纯粹个人的决策更具有明确的目的性或目标性。

（2）可行性

组织决策的目的是指导组织未来的活动。组织的任何活动都需要利用一定资源，缺少必要的人力、物力、财力和技术条件的支持，理论上非常完善的决策方案也只会是空中楼阁。因此决策方案的拟订和选择不仅要考察采取某种行动的必要性，而且要注意实施条件的限制，要考虑决策的可行性。

（3）选择性

决策的实质是选择，或者说"从中择一"。没有选择就没有决策，而要能有所选择，就必须要有可以相互替代的多种方案。事实上，为了实现相同的目标，组织总是可以从事多种不同的活动。这些活动在资源需求、可能结果及风险程度等方面均有不同。因此，组织决策时要具有选择的可能，即提出多种备选方案。从本质上来说，决策目标与决策方案两者都是经由"选择"而确定的。因此在决策时最好注意两点：一是在没有不同意见前，不要做出决策；二是如果看来只有一种行事方法，那么这种方法可能就是错误的。

（4）满意性

选择组织活动的方案，通常根据的是满意原则，而非最优原则。最优决策往往只是理论上的幻想，因为它要求：决策者了解与组织活动有关的全部信息；决策者能正确地辨识全部信息的有用性，了解其价值，并能据此制定出没有疏漏的行动方案；决策者能够准确地计算每个方案在未来的执行结果；决策者对组织在某段时间内所要达到的结果具有一致而明确的认识。这几个方面的条件在实践中是难以达到的。

（5）动态性

决策的动态性表现在以下方面：首先，与其过程性相联系。决策不仅是一个过程，而且是一个不断循环的过程。作为过程，决策是动态，没有真正的起点，也没有真正的终点。其次，决策的主要目的之一是使组织的活动适应外部环境的变化，然而外部环境是在不断发生变化的，决策者必须不断监视和研究这些变化，从中找到组织可以利用的机会，并在必要时做出新的决策，以及时调整组织的活动从而更好地实现组织与环境的动态平衡。

三、决策的方法和工具

随着管理的发展与科技的进步，决策的方法也在不断地扩展、分化和完善。从不同的角度，按不同的标准，决策的方法有不同的类型。有定性决策方法与定量决策方法，有选择组织活动方向和内容的决策方法，也有在既定方向下选择不同行动方案的决策方法。以下以企业决策为例，介绍几种常用的决策方法与工具。

1.定性决策方法和工具

（1）专家会议法

所谓专家会议法，就是通过召开有一定数量的专家参加的会议对决策方案的选择做出共同判断。俗话说："三个臭皮匠，胜过一个诸葛亮。"专家会议可以使专家之间相互交流信息、相互启发思路，集思广益，产生"思维共振"，有可能在较短时间内得到富有成效的决策成果。因此，应在时间和其他条件允许的情况下，尽量运用专家会议法进行决策活动。

（2）德尔菲法

德尔菲法又称专家调查法。它是把所要决策的问题和必要的资料，用信函的形式向专家们提出，得到答复后，再把各种意见经过综合、整理和反馈，如此反复多次，直到决策的问题得到较为满意的结果的一种决策方法。德尔菲法具有匿名性、反馈性和统计性等特点。应用德尔菲法进行决策时要注意的问题是：决策的问题要十分清楚明确，其含义只能有一种解释；问题的数量不要太多，一般以回答者能在较短时间内答完为宜；要忠于专家的回答，调查者在任何情况下不得显露自己的倾向；对于不熟悉这一方法的专家，应事先讲清楚决策的过程与方法；要制订好调查表，选择好专家。

（3）头脑风暴法

头脑风暴法是在专家会议法的基础上加以改良而形成的一种直观型决策方法。运用头脑风暴法进行决策，就是依靠参加会议的专家，通过相互影响、相互启发，产生"思维共振"即创造性设想的连锁反应，从而诱发出更多的创造性设想，达到对决策方案进行合理选择的目的。正是在这一意义上，头脑风暴法也叫作"思维共振法"。

采用头脑风暴法要注意三个方面的问题：一要物色好专家，专家要有一定的实践经验；二要创造一种自由发表意见的气氛，无论是反面意见还是离奇古怪的设想都不能被指责或阻碍；三要对所提的设想进行整理分析。

2.确定活动方向和内容的决策方法和工具

这类方法旨在帮助决策者根据企业自身和外部环境的特点，为整个企业或企业中的某个部门确定其经营活动的基本方向和内容。

（1）SWOT 分析法

无论是对企业还是对特定的经营业务来说，决策者要成功地制定出指导其生存和发展的战略，必须在经营目标、外部环境和内部条件三者之间取得动态的平衡。企业不能孤立地看待外部环境的机会和威胁，必须结合自己的经营目标和内部条件来识别适合于本企业的机会。环境中存在的机会只有在与本企业自身所拥有或将拥有的资源以及与众不同的能力相匹配的情况下，它才有可能变成企业的机会。如果存在于环境之中的机会并不与本企业的资源和能力状况相适应，那么企业就必须首先着眼于改善和提高自身的内部条件。

SWOT 分析，就是帮助决策者在企业内部的优势（Strengths）和劣势（Weaknesses）以及外部环境的机会（Opportunities）和威胁（Threats）的动态综合分析中，确定相应的生存和发展战略的一种决策分析方法。通过环境研究，认识到外界在变化过程中可能对组织造成什么样的威胁或提供什么样的发展机会，同时根据组织自身在资源拥有和利用能力上有何优势和劣势，依此两方面的结合点就可以制定出指导企业生存和发展方向的战略方案。

（2）经营业务组合分析法

这是由美国波士顿咨询公司为大企业确定和平衡其各项业务发展方向及资源分配而提出的战略决策方法。其前提假设是，大部分企业都经营有两项以上的业务，这些业务需扩展、维持还是收缩应该立足于企业全局的角度来加以确定，以便使各项经营业务能在现金需要和来源方面形成相互补充、相互促进的良性循环局面。

根据市场增长率和企业相对竞争地位这两项标准，可以把企业所有的经营业务区分为四种类型。

1)"金牛"业务

该类经营业务的特点是：企业拥有较高的市场占有率，相对竞争地位强，能从经营中获得高额利润和高额现金回笼，但该项业务的市场增长率低，前景并不好，因而不宜投入，很多资金盲目追求发展，而应该将其当前市场份额的维护和增加作为经营的主要方向。其目的是使"金牛"类业务成为企业发展其他业务的重要资金来源。

2)"明星"业务

这类经营业务的市场增长率和企业相对竞争地位都较高，能给企业带来较高的利润，但同时也需企业增加投资，扩大生产规模，以便跟上总体市场的增长速度，巩固和提高某市场占有率。因而，"明星"业务的基本特点是无论其所回笼的现金，还是其所需要的现金投入，数量都非常大。

3)"幼童"业务

这类经营业务的市场增值率较高，但企业现今拥有的市场占有率相对较低，其原因很可能是企业刚进入该项相当有前途的经营领域。由于高增长速度要求大量的资金投入，但是较低的市场占有率又只能带来很少量的现金回笼。因此，企业需要将由其他渠道获得的大量现金投入到该项"幼童"业务中，使其尽快扩大生产经营规模，提高市场份额。采取这种策略的目的就是使"幼童"业务尽快转变成"明星"业务。

4)"瘦狗"业务

这是指市场销售增长率比较低，而企业在该市场上也不拥有相对有利的竞争地位的经营业务。由于销售前景和市场份额都比较小，经营这类业务只能给企业带来极微小甚至负值的利润。对这种不景气的"瘦狗"类经营业务，企业应采取缩小规模或者清算/放弃的策略。

经营业务组合分析法之所以被认为是企业经营决策的一种有用工具，是因为它通过将企业所有的经营业务综合到一个平面矩阵图中，依此可以判断企业经营中存在的主要问题及未来的发展方向和发展战略。比较理想的经营业务组合情况应该是：企业有较多的"明星"和"金牛"类业务，同时有一定数量的"幼童"类业务，这样企业在当前和未来都可以取得比较好的现金流量平衡。不然的话，如果产生现金的业务少，而需要投资的业务过多，企业发展就易陷入现金不足的陷阱中；或者相反，企业现今并不拥有需要重点投入资金予以发展的前景业务，则企业就面临发展潜力不足的战略性问题。

3.有关行动方案选择的决策方法

有关行动方案选择的决策方法主要有三类:确定型决策、风险型决策和非确定型决策。

（1）确定型决策法

决策的理想状态是，无论这一决策下的备选方案有多少，每一方案都只有一种确定无疑的结果，这种具有确定结果的决策就被称为确定型决策。这类决策从做出决定的角度来说并不困难，因为只要推算出各个方案的结果并加以比较，就可判断方案的优劣。对确定型决策问题，制定决策的关键环节是计算出什么样的行动方案能产生最优的经济效果。确定型决策中经常使用的方法包括量本利分析法、投资回报率评价法、现金流量分析法等。这里主要介绍量本利分析法。

量本利分析，也叫作保本分析或盈亏平衡分析，是通过分析产品成本、销售量和销售利润这三个变量之间的关系，掌握盈亏变化的临界点（保本点），从而定出能产生最大利润的经营方案。

（2）风险型决策法

风险型决策是指方案实施可能会出现几种不同的情况（自然状态），每种情况下的后果（效益）是可以确定的，但不可确定的是最终将出现哪一种情况，所以就面临决策的不确定性。风险型决策的方案评价方法有很多，主要有决策树和决策表两种方法。

（3）非确定型决策法

非确定型决策是指方案实施的后果可以估计，即可确定出方案在未来可能出现的各种自然状态及其相应的收益情况，对各种自然状态在未来发生的概率却无法做出判断，从而无法估算期望收益。在这种情况下就只能由决策者根据主观选择的一些原则来比较不同方案的经济效果并选择相对收益最好的方案。决策者个性的不同，其偏好的决策原则可能很不一样。

1）乐观原则

乐观原则亦称"大中取大"法或者"好中求好"法，也称为逆瓦尔特标准或最大法则。这是风险偏好者进行投资决策的选择依据。如果决策者是乐观者，认为未来总会出现最好的自然状态，因此他对方案的比较和选择就会倾向于选取那个在最好状态下能带来最大效果的方案。

2）悲观原则

悲观原则也叫作"小中取大"法或"坏中求好"法，也称为瓦尔特标准或最大最小法则。这是适合"保守型"决策者决策时的行为依据。与乐观原则正好相反，悲观的决策者认为未来会出现最差的自然状态，因而为避免风险起见决策时只能以各方案的最小收益值进行比较，从中选取相对收益为大的方案。

3）折中原则

折中原则也称为赫维兹标准或"乐观系数"法。持折中观点的决策者认为，要在乐观与悲观两种极端中求得平衡，即决策时既不能把未来想象得非常光明，也不能看得过于黑暗，最好和最差的自然状态均有出现的可能。因此，可以根据决策者个人的估计，给最好的自然状态定一个乐观系数（α），给最差的自然状态定一个悲观系数（β），两者之和等于 1（$\alpha+\beta=1$）；然后，将各方案在最好自然状态下的收益值和乐观系数相乘所得的积，与各方案在最差自然状态下的收益值和悲观系数的乘积相加，由此求得各方案的期望收益值。经过该值的比较后，从中选出期望收益值最大的方案。

4）"最大后悔值最小化"原则

"最大后悔值最小化"也称为萨维奇标准、最小最大后悔值法则或遗憾值标准。这是考虑到决策者在选定某一方案并组织实施后，如果在未来实际遇到的自然状态并不与决策时的判断相吻合，这就意味着当初如果选取其他的方案反而会使企业得到更好的收益。

四、决策支持系统

DSS 的概念是 20 世纪 70 年代提出的，并且在 20 世纪 80 年代获得了发展。随着 Internet 和多媒体技术等的飞速发展，企业也朝着数字化、网络化、智能化、集成化、柔性化的方向发展，并由此涌现了各种先进的管理理念与模式，如敏捷制造、虚拟制造、绿色制造、虚拟样机、动态联盟、企业重组等。它们的共同之处是其整个过程涉及的领域非常广泛，不仅与设计生产技术有关，也与信息技术、计算机技术、经营管理与决策系统技术、现代管理技术等相融合，是新兴的多学科交叉领域。

企业在面对激烈竞争的全球经济一体化的趋势时，必须采用跨越式发展的方式，融合信息技术、现代管理技术、计算机技术和生产制造技术，从系统管理、产品开发设计方法 / 技术与技术装备等诸方面采取综合措施。为了支持现代企业的整个组织管理决策过程，迫切需要研究和开发新一代的 DSS。

DSS 从产生以来，其发展已从最初仅通过交互技术辅助管理者对半结构化问题进行管理一直到运筹学、决策学及各种 AI 技术渗透到其中的各种实用 DSS 出现，其应用涉及多个领域，并成为信息系统领域内的热点之一。但是传统 DSS 投入应用的成功实例并不多，一方面是因为基于传统 DBMS 的 DSS 只能提供辅助决策过程中的数据级支持，而现实决策所需的数据却往往是分布、异构的；另一方面是实际中大多数 DSS 的应用对决策者有较高的要求，不仅要有专业领域知识也要有较高的 DSS 构模知识。因此，针对不同的社会需求，人们提出了多种类型的 DSS，有智能决策支持系统、分布决策支持系统、群体决策支持系统、组织决策支持系统、自适应决策支持系统、战略决策支持系统等。这些系统的提出与实现，各自适用于不同的场合，都在不同程度上满足了新的决策形势的要求。

至于决策支持系统的种类，如下：

1. 分布与群体决策支持系统

分布决策支持系统（Distributed Decision Support System，DDSS）与群体决策支持系统（Group Decision Support System，GDSS）均是 20 世纪 80 年代以来 DSS 研究与应用的热门方向，以满足在制造业发展虚拟企业、网络化制造的需求。其中 DDSS 是对传统集中式 DSS 的扩展，是分布决策、分布系统和分布支持三位一体的结晶。GDSS 则是面向群体活动的，它为群体活动提供了沟通支持、模型支持及机器诱导的沟通模式等三个层次的支持。DDSS 与 GDSS 既有区别又有联系，前者是对个体决策支持系统的扩展，后者则是相对于集中 DSS 而言的，两者研究的重点和关注的焦点有所不同。GDSS 对群体决策的支持既可是集中式决策，又可是分布式决策。但通常情况下，群体决策是在分布环境下实施的，这就决定了 DDSS 与 GDSS 有着非同寻常的联系。GDSS 大多采用分布式和分散式结构，系统支持"水平方向"分布式处理，即支持对数据对象的远距离操作；系统还支持"垂直方向"的分散式处理，即通过在用户和各应用层之间的接口，来实现各个应用领域的功能。

DDSS 与 GDSS 的这种特性使其在企业动态联盟、网络化制造、医疗等领域得到了充分的应用。有学者就针对企业动态联盟开发了一个决策支持系统，该群体决策支持系统采用开放式体系结构，既可以独立使用，也可以与 AVE 组织建立辅助工具联合使用。整个系统可根据具体 AVE 问题来建立不同类型的决策模型与决策知识，并通过决策支持系统开发工具定义各类决策功能对象，从而添加进系统，形成针对某类制造企业的部分通用 AVE 组织管理群体智能决策支持系统。而且该系统的决策模型、知识与参考模型库亦将随着时间的增加而不断扩充，适合基于 Internet 的计算机协同工作环境进行群体决策，为建立动态联盟的动态组织管理全过程提供问题解答与决策支持。

2. 组织决策支持系统

组织决策支持系统（Organizational Decision Support System，ODSS）是针对现今的多人规模管理决策活动已不可能或不便于用集中方式进行而产生的，它要求在更高的决策层和更复杂的决策环境下得到计算机的支持。对于 ODSS，迄今为止还没有一个统一的概念，但可通过其规模与其他类型的 DSS 区别开来，并且在要求上也与其他形式的 DSS 不同。它支持一个组织中多个不同功能领域和不同层次的决策任务，而非专注于一个决策问题的单个决策者或一个决策组。ODSS 主要是在分布式环境中，用户可以通过系统从不同区域独立、并行地对其他用户进行访问、交流。

一般来说，ODSS 应具有如下特征：同时涉及公共数据和私有数据，同时涉及公共模型和私有模型；一个 ODSS 可以跨越多个组织部门；注重对决策者的内容支持（提供分析工具帮助决策者进行问题分析），也注重对决策者的过程支持（创建决策分析环境，支持决策者完成其决策过程中的各种活动）；打破功能领域；打破递阶层次；有一组支持信息 / 过程任务的工具包，依赖计算机技术。

ODSS 的上述特征使其在制造领域中得到了重视与应用。现今面向机械制造领域的 ODSS 的研究重点在于：根据当前网络协同设计特性，将 Agent 技术的分布式智能控制方法与 ODSS 的分布特性结合起来，利用多智能体系统适于求解功能或地理上分布的复杂问题和问题求解及推理中出现的有争议的问题的特点，来完成异地协同设计与制造的协作策略、知识共事和冲突消解等问题，提高整个 ODSS 的智能化程度，以适应于当前网络化、分布式的计算环境。如通过采用 Agent 封装、改造和扩展原有决策支持系统的问题部件、数据部件和模型部件，使整个系统具有更高的柔性。

3. 自适应决策支持系统

自适应决策支持系统（Adaptive Decision Support System，ADSS）是针对信息时代多变、动态的决策环境而产生的，它将传统的面向静态、线性和渐变市场环境的 DSS 扩展为面向动态、非线性和突变的决策环境的支持系统，用户可根据动态环境的变化，按自己的需求自动或半自动地调整系统的结构、功能或接口。对 ADSS 的研究主要从自适应用户接口设计、自适应模型或领域知识库的设计、在线帮助系统与 DSS 的自适应设计四个方面进行，其中问题领域知识库的建立是 ADSS 成功的关键，它使整个系统具有了自学习功能，可以自动获取或提炼决策所需的知识。对此，必须给问题处理模块配备一种学习方法或在现有 DSS 模型上再增加一个自学习构件。归纳学习策略是其中最有希望的一种学习方法，可以通过它从大量实例、模拟结果或历史事例中归纳得到所需知识。此外，神经网络、基于事例的推理等多种知识获取方法的采用也将使系统更具适应性。

市场环境变化及产品开发过程是混沌的，因此有学者提出一种支持先进制造模式的基于自组织的决策模式及决策支持系统，该系统以协同论和分形理论等自组织理论为基础，具有自学习、自适应、自身动态重组、适应混沌环境的能力，从而使企业在湍流、混沌的复杂非平衡环境下，适时、快速地设计新产品，重构制造系统，再造经营过程。

4. 基于数据仓库的 DSS

在企业的生产领域中，产品开发需要全面的、大量的信息，包括需求信息、竞争情报、管理信息、产品数据等等，并且很多信息要从分布、异构的大量数据中挖掘而得，传统的 DDS 难以满足这一需求。因此基于数据仓库（Data Warehouse，DW）的 DSS 应运而生。数据仓库系统作为面向主题的、集成的、在一定周期内保持稳定的、随时间变化的、用以支持企业或组织决策分析的数据的集合，可将来自各个数据库的信息进行集成，从事物的历史和发展的角度来组织和存储数据，供用户进行数据分析，并辅助决策支持，为决策者提供有用的决策支持信息与知识。数据仓库技术不是一种单一的技术或软件，它融合了数据库理论、统计学、数据可视化和人工智能技术等多项研究领域的成果，能在大量数据中发现有价值的知识，用于决策支持和预测未来。因此，基于这一技术的决策支持系统为决策支持系统提供了可取的数据组织方式，为决策人员提供了强有力的支持工具，能有力地推动决策的现代化进程。

基于数据仓库理论与技术的 DSS 的研究与开发尚处于起步阶段，但已得到了众多学者的重视，其主要研究课题包括：DW 技术在 DSS 系统建立中的应用以及基于 DW 的 DSS 的结构框架、采用何种数据挖掘技术或知识发现方法来增强 DSS 的知识源、DSS 中的 DW 数据组织与设计及 DW 管理系统的设计。总的说来，基于 DW 的 DSS 的研究重点是如何利用 DW 及相关技术来发现知识以及如何向用户解释和传达知识，为决策支持提供更有力的数据支持，有效地克服传统 DSS 数据管理难以忽视历史数据等的问题。

5. 其他类型的 DSS

DSS 还有多种其他的形式，但它们均是从某个方面或某个过程出发对传统 DSS 进行改进而得到的，较出名的有智能决策支持系统（Intelligent Decision Support System，IDSS），另外还有支持高层决策的战略决策支持系统（SDSS）、决策支持中心（DSC）、执行信息系统（EIS）、强调激发决策者灵感与创造力的积极型决策支持系统（ADSS）等；而从技术方面则注重引入 Agent 技术或群件、组件技术，将各种形式的决策支持系统扩展为面向 Intranet/Internet 的 DSS。

五、企业在经济管理过程中的决策分析

企业在经济管理过程中，管理者需做到决策的科学性，明确自身的职责，为企业未来的发展科学规划，这样才可引领企业朝着健康的方向发展。对于企业来说，正确的举措和企业的长远发展以及经济效益联系密切，可真实地反映出客观经济的发展规律，利于企业管理者结合自身的实际情况做出决策。

1. 经济管理中的决策原则分析

各个企业的短期发展目标和长期发展目标，和企业的决策工作联系密切。尤其是社会经济的不断发展以及科学技术的日渐成熟，增加了企业的决策难度。企业无法再凭借经验进行决策，面对日渐复杂的市场、经济的复杂性和变性，如果企业单纯地凭借经验去管理，那么定会导致企业决策片面化，在阻碍企业发展的同时，也给我国经济的发展带来了不良影响。因此，各个企业必须注重决策，依据以下不同原则，利用经验判断法和试验方法以及归类方法等去决策，以维持经济的稳定发展、协调发展。

（1）信息准全的原则。信息是经济活动中决策的基础。必须掌握充分的基础信息，才能对信息做系统性的归纳、比较、整理和选择，才能取其精华去其糟粕，才能由表及里、循序渐进地加工和制作，这样才能做出更加科学的决策。

（2）可行性的原则。任何一个经济决策均是为了实施制定的，因此必须确保决策的可行性，需把实际作为立足点，谨慎论证，全面地审定和评估，确保其可行性，保证决策的准确性和科学化。

（3）集体决策的原则。首先，可把集体领导原则与民主集中制原则应用于经济决策中。其次，可把咨询参谋机构应用到决策中。

（4）对比选优的原则。正确、科学的决策需要建立在各种方案优劣比较的基础上，从各个方案中选择出最适合的，强化决策效果。

2.科学决策程序和步骤分析

（1）调查分析，发现问题。调查分析、找到问题并对问题进行探讨和论证，利于企业管理者做出正确的投资和经济发展决策。但是需要注意的是，决策为起点，要想发现问题和确认问题不是一件容易的事情，尤其是问题的确认较为严肃，必须借鉴理论与方法作为指引，通过现代化技术手段，结合企业的实际情况，依据事实和具体分析，结合企业经济活动的外部与内部环境进行全面的调查和研究。

（2）系统分析，明确目标。企业领导人员需深入进行系统化的分析，这样才可确保经济决策各目标的科学性，如果企业决策目标选择失误，必将影响企业经济举措结果，阻碍企业的发展。

（3）收集资料，科学预测。对于企业决策系统来说，信息系统发挥着决定性作用，其作为神经系统，一旦缺失将影响决策的准确性，导致决策失误，出现经济管理混乱等问题。

（4）拟订方案，综合评估。首先，进行可行性的研究。注重分析各个方案的财力、人力、物力以及各个不同制约条件可能带来的影响，分析是否具备成熟的技术以及经济依据。其次，对协调性进行分析。需结合经济系统处理的效果，判断经济决策制定的合理性，结合时间结构的关系、空间结构的关系等不同方面的关系，判断方案的协调性，确保方案可以带动经济去协调运转。再次，对效果进行综合性的评价。效果的全面评价，需涵盖两个方面的内容，首先需要研究哪些备选方案可能为经济客体性能带来影响，也要对备选方案所带来的经济效益与社会效益进行综合评价。这样才能确保方案的可行性，以免由于方案漏洞，为后续的实施带来不良影响。最后，分析潜在的问题。需针对每个方案去评估，分析可能发生的问题，并针对可能出现的问题，探讨预防举措。有利于出现问题时，利用合理的举措去补救。此外，也应针对人为因素进行估测，分析人的因素给决策带来的影响。

3.决策实施与运作方法分析

（1）制订实施的计划。针对实现的目标设计最优方案，制订详细实施计划，落实责任制度，明确每个部门职责，明确分工以及各任务，严格要求各个部门依据责任制度去落实自身的职责。此外，实施定时间、定人员、定数量、定任务等不同制度。合理安排时间和进度，确保每个层次均贯彻总目标的要求，落实好各个细分化的目标。

（2）落实责任，构建组织。建立各相应的组织，依据方案具体要求，严谨规划人才，把经验丰富、素质高、理论知识丰富的工作人员，安排到关键工作岗位中。同时，企业也要对各级部门工作人员的行为进行约束，落实责任制。

（3）统一思想，宣传动员。思想的统一和宣传动员工作，必须彻底和深入，在企业内部利用多样化的形式进行宣传，如通过企业会议、构建企业文化等形式进行宣传。并在工作中要求各个工作人员思想统一、团结协作、共同执行以实现企业发展最终目标，发挥工作人员最大的优势。

（4）反馈信息，跟踪决策。在决策期间，受主观情况的影响，可能会出现不同程度偏离目标的问题，影响决策的科学性。因此，为了避免出现此类状况，需针对决策的修正、检查、追踪等方面，构建一整套问题的解决方法，确保决策与结果的一致性。

第二节　计划

计划是管理的基本职能之一，就管理的过程而言，它位于各项管理职能之首。其主要任务是在收集大量基础资料的前提下，对组织的未来环境和发展趋势做出预测，并根据预测的结果和组织拥有的资源确立组织目标，然后制定出各种实施目标的方案、措施和具体步骤，为组织目标的实现做出完整的谋划。任何组织、任何管理活动都需要计划，它是组织进行管理的前提，其发挥得好坏将直接关系组织的生存和发展。

一、计划的基础内容

（一）计划的概念

1. 计划的几个代表性定义

下面是一些学者对计划定义的不同陈述：

（1）计划是预先决定的行动方案。

（2）计划是事先对未来应采取的行动所做的规划和安排。

（3）计划职能包含规定组织的目标、制定整体战略以实现这些目标，以及将计划逐层展开，以便协调和对各种活动的一体化。计划既涉及目标（做什么），又涉及达到目标的方法（怎么做）。

（4）计划是一种结果，它是计划工作所包含的一系列活动完成之后产生的，是对未来行动方案的一种说明。

（5）计划工作是一种预测未来、设立目标、决定政策、选择方案的连续程序，以期能够经济地使用现有的资源，有效地把握未来的发展，获得最大的组织成效。

这些陈述分别从目的角度、过程角度、结果角度、内容角度和实施角度给出了计划所包含的概念，对人们完整地理解计划的概念非常重要。

"计划"从词性上来看，既可以是名词，也可以是动词。当计划作为动词使用时应理解为"做计划"或"计划工作"，而作为名词使用时则表示"计划工作"的结果。为此，给出如下定义：

计划工作是收集信息、预测未来、确定目标、制定行动方案、明确方案实施的措施，规定方案实施的时间、地点的一个过程。计划是计划工作的结果文件。其中记录了组织未来所采取行动的规划和安排，即组织预先制定的行动方案。

2. 计划概念分析

一份完整的计划应包括以下六个方面的内容，简称"5W1H"：

（1）明确做什么（What），即给出组织不同层次的目标。组织高层目标又称为战略，组织基层目标又称为作业计划。

（2）明确为什么做（Why），即给出实施计划的原因。计划不是凭空想象出来的，它是通过对组织的内、外部环境进行分析，明确市场的机遇和挑战，清楚自身的适应性而提出的，即计划的提出是以组织内外部的客观状态为前提条件的。

（3）明确谁来实施计划（Who）。计划作为一个蓝图，它的作用不在于欣赏，而在于实现。计划的实施离不开人的行为，因此，计划必须明确由哪些部门、哪些人来完成规定的各项任务和指标。

（4）明确在什么地点实施计划（Where）。任何计划都离不开时空的约束，计划一方面必须有实施的地点，另一方面也存在优选实施地点的问题。因此，计划必须明确优选后的实施地点。例如，我国改革开放战略计划的实施，就是首先选择了具有良好条件的沿海城市进行，然后逐渐向内地扩展。

（5）明确实施计划时间表（When）。一个切实可行的计划，必须明确指出各项行动时间要求，而这种时间安排必须和组织内外部状况相适应。例如，服装企业的生产计划必须和市场产品销售的淡、旺季相适应。

（6）明确计划实施的具体方法和手段（How）。计划实施可以有多条途径，其实施的成本和对象都不尽相同。因此，选择好的实施计划方法和手段是非常重要的，是有效实施计划的保证。

（二）计划与决策的关系

计划与决策是何关系？两者中谁的内容更为宽泛，或者说哪一个概念是被另一个包容的？管理理论研究中对这个问题有着不同的认识。有的表示，计划是一个较为宽泛的概念：作为管理的首要工作，计划是一个包括环境分析、目标确定、方案选择的过程，决策只是这一过程中某一阶段的工作内容。比如，法约尔认为，计划是管理的一个基本部分，包括预测未来并在此基础上对未来的行动予以安排；西斯克认为"计划工作在管理职能中处于首位"，是"评价有关信息资料、预估未来的可能发展、拟定行动方案的建议说明"的过程，决策是这个过程中的一项活动，是在"两个或两个以上的可选择方案中做一个选择"。

而以西蒙为代表的决策理论学派则强调：管理就是决策，决策是包括情报活动、设计活动、抉择活动和审查活动等一系列活动的过程；决策是管理的核心，贯穿整个管理过程。因此，决策不仅包括了计划，而且包含了整个管理，甚至就是管理本身。

国内有这么一种说法，决策与计划是两个既相互区别，又相互联系的概念。说它们是相互区别的，是因为这两项工作需要解决的问题不同。决策是关于组织活动方向、内容以及方式的选择。我们是从"管理的首要工作"这个意义上来把握决策的内涵的。任何组织，在任何时期，为了表现其社会存在，必须从事某种为社会所需要的活动。在从事这项活动之前，组织当然必须首先对活动的方向和方式进行选择；计划则是对组织内部不同部门和不同成员在一定时期内行动任务的具体安排，它详细规定了不同部门和成员在该时期内从事活动的具体内容和要求。

所以，决策是计划的前提，计划是决策的逻辑延续。决策为计划的任务安排提供了依据，计划则为决策所选择的目标活动的实施提供了组织保证。在实际工作中，决策与计划相互渗透，有时甚至是不可分割地交织在一起的。决策制定过程中，不论是对内部能力优势或劣势的分析，还是在方案选择时关于各方案执行效果或要求的评价，实际上都已经开始孕育着决策的实施计划。反过来，计划的编制过程，既是决策的组织落实过程，也是决策更为详细的检查和修订过程。无法落实的决策，或者说决策选择的活动中某些任务的无法安排，必然导致决策有一定程度的调整。

（三）计划的特征

计划的特征可以概括为目的性、首位性、普遍性、效率性和创造性。

1. 目的性

在组织中，各种计划及其所有的派生计划，都应该有助于完成组织的总目的和各个阶段的目标。一个组织能够生存，首要的一点就是通过有意识的合作来完成群体的目标，这是管理的基本特征，计划工作是最明确反映管理基本特征的主要职能活动。

2. 首位性

由于计划、组织、人事、领导和控制等方面的管理活动都是为了支持实现企业的目标，而计划工作直接涉及制定整个集体努力完成的必要的目标。因此，计划工作放在所有其他管理职能的实施之前是合乎逻辑的，虽然在实践中，所有的管理职能相互交织形成了一个行动的网络，计划工作直接影响且始终贯穿组织、人事、领导和控制等管理活动中。

计划对组织、人事、领导工作的影响表现在，企业要实现某一特定的目标，可能要在局部或整体上改变组织的结构，比如设立新的职能部门或改变原有的职权关系。这就需要在人员配备方面考虑委任新的部门主管、调整和充实关键部门的人员以及培训员工等。而组织结构和员工构成的变化，必然会影响领导方式和激励方式。

计划工作和控制工作更是不可分割的。计划是控制的基础，为控制工作提供了标准。因为控制就是纠正偏离计划的偏差，以保证活动按既定计划进行，显然未经计划的活动是无法控制的，没有计划指导的控制是无意义的。另外，要有效地行使控制职能，就要根据情况的变化拟订新的计划或不断修改原有计划，而这又将成为下一步控制工作的基础。计划工作与控制工作这种相辅相成、连续不断的关系，通常被称为计划—控制—计划循环。

3. 普遍性

虽然计划工作的特点和范围随各级管理者的层次、职权不同而不同，计划工作是每个管理者无法回避的职能工作。每一个管理者，无论是总经理还是班组长都要从事计划工作。高层管理者不可能也没必要对自己组织内的一切活动做出确切的说明,他的任务应该是负责制订战略性计划,而那些具体的计划由下级完成。这种情况的出现主要是由于人的能力是有限的。而现代组织中工作却是纷繁复杂的,即使是最聪明、最能干的领导人也不可能包揽全部的计划工作。另外,授予下级某些制订计划的权限,还有助于调动下级的积极性,挖掘下级的潜力,使下级感受到自身存在的价值。这无疑对贯彻执行计划、高效地完成组织目标大有好处。

4.效率性

计划的效率是用来衡量计划的经济效益的。它是用实现企业的总目标和一定时期的目标所得到的利益,扣除为制订和实施计划所需要的费用和其他预计不到的损失之后的总额来测定的。要使计划工作有效,不仅要确保实现目标,还要从众多方案中选择最优的资源配置方案,以求得合理利用资源和提高效率。就效率这个概念而言,一般是指投入和产出之间的比率,但计划效率这个概念,不仅包括人们通常理解的按资金、工时或成本表示的投入产出比率,还包括组织成员个人或群体的满意程度,后者对计划效率的影响也是不难理解的,如果计划使一个组织内很多人不满意或不高兴,那么这样的计划甚至连目标都不可能实现,更谈不上效率了。例如,一个赔本公司新上任的总经理企图通过成批裁减员工,来达到改组公司和迅速削减支出的目的,这样做的后果使员工终日忧心忡忡,导致生产率大大降低,最后,这位新上任的总经理消灭亏损获得利润的目标,不得不以失败而告终。

5.创造性

计划工作总是针对需要解决的新问题和可能发生的新变化、新机会而做出决定的,因而它是一个创造性的管理过程。它是对管理活动的设计,这一点类似于一项产品或一项工程的设计。正如一种新产品的成功在于创新一样,成功的计划也依赖于创新。

二、计划的层次和分类

计划是将决策实施所需完成的活动任务在时间和空间上进行分解,以便将其具体地落实到组织中的不同部门和个人。因此,可以采用多种不同的方法对计划的类型进行划分,可以依据时间和空间两个不同的标准,依据所反映的内容、计划的性质和计划的表现形式等对计划进行分类。

1.长期计划、中期计划和短期计划

(1)长期计划

长期计划一般是指计划期限在五年或五年以上的计划。长期计划主要是解决组织的长远目标和发展方向是什么以及怎样实现组织的长远目标这样两个问题。

（2）中期计划

中期计划是指一年以上五年以下的计划。中期计划的编制，要以长期计划为基础，根据经济和社会的发展情况，使长期计划的各项任务、指标进一步明确，因此中期计划是长期计划的具体化。同时，中期计划又是短期计划的依据，是连接长期计划和短期计划的纽带。

（3）短期计划

短期计划是指月、季、年度计划，它比中期计划更加详细具体，能够满足具体实施的需要。它根据长期计划的要求，具体规定在一个比较短的期间内组织所要达到的目标，对达成这个目标的各种资源进行合理配置，并对完成的时间和方法等做出具体的规定。

长期计划能够为组织指明发展方向，使组织的发展保持连续性和稳定性。但是，由于未来较长时间的不确定性因素很多，长期计划的编制就有较大的难度，所确定的目标就会比较抽象和不具体，所制订的计划也比较有弹性。为此，常常采用滚动计划的方法来代替长期计划。

人们常常离开长期计划来制订短期计划，这是一个十分严重的错误。长期计划和短期计划二者结合的重要性无论怎样强调也不过分。不顾长期计划的短期计划，助长了只顾眼前不顾长远的短期行为，它实际上阻碍了长期计划的实现，其破坏力有时足以改变长期计划的方向和进程。短期计划的不当，会造成长期计划无法贯彻，甚至不得不修改或最终放弃的情况也时有发生，结果常常要付出很大的代价。对一个组织来说，既要编制长期计划，也要编制短期计划，而且长期计划和短期计划之间要互相配合衔接。

2.业务计划、财务计划和人事计划

我们通常用"人、财、物，供、产、销"来描述一个企业所需的要素和企业的主要活动。因此，从职能空间上，可以将计划分为业务计划、财务计划和人事计划。

（1）业务计划

业务计划是组织的主要计划，组织只有通过从事一定的业务活动，才能立身于社会。企业业务计划主要包括产品研发和生产、物资采购和存储、产品推广和销售等内容。各种业务计划还常常按时间长短分为长期、中期和短期的业务计划。

（2）财务计划

财务计划的内容涉及"财"，人事计划的内容则涉及"人"，它们都是为业务计划服务的，也是围绕着业务计划而展开的。财务计划探讨如何从资本的提供和调用上促进业务活动的有效进行。短期财务计划要决定如何保证组织的资本供应以及监督这些资本的运营效率；长期财务计划则要研究如何开拓新的融资渠道或新的融资方式，以保证业务规模的扩展和资本增大的需要。

（3）人事计划

人事计划分析如何为业务规模的维持或扩大提供人力资源的保证。短期人事计划要将不同素质、不同性格的组织成员安排在不同的岗位上，使他们的能力和积极性得到充分的发挥；长期人事计划则要规划如何保证组织的发展，提高成员的素质，选拔预备人才和干部力量等。

3.综合计划与专业计划

（1）综合计划

综合计划反映了组织在计划期内所要达到的整体目标，它是组织各项专业计划编制的根据。

（2）专业计划

专业计划是综合计划的具体化，它把综合计划的要求通过各项专业计划加以落实。编制综合计划可以保证组织各项活动的整体性和协调性，而编制专业计划能保证组织各项具体目标的完成和实现，二者相辅相成。

4.战略性计划和战术性计划

（1）战略性计划

战略性计划是指应用于整体组织的，为组织未来较长时期（如5年以上）设立总体目标和寻求组织在环境中的地位的计划。它具有五个特点：它是组织最高层的管理者负责制订的计划；它是确定和实现组织长远目标的计划；它突出了组织对未来发展机会的把握和对风险的估计；它着重于对组织未来的行动做出总的概括性的规定；它指明了组织发展的方向。

（2）战术性计划

战术性计划是指规定组织总体目标如何实现的细节的计划，它需要解决的是组织的具体部门或职能在未来各个较短时期内的行动方案。战略性计划是战术性计划的依据，战术性计划是在战略性计划指导下制订的，是战略性计划的落实。战略性计划的实施是组织活动能力的形成与创造过程，战术性计划的实施则是对已经形成的能力的应用。

5.具体性计划和指导性计划

具体性计划和指导性计划是根据计划内容的明确性标准来划分的。

（1）具体性计划

具体性计划具有明确规定的目标，不存在模棱两可。比如，工程部经理要在一年内建设一座大桥，他必须制定明确的工作程序、预算方案以及日程进度表等，这便是具体性计划。

（2）指导性计划

指导性计划只规定某些一般的方针和行动原则，给予行动者较大自由处理权。它指出重点，但不限定具体目标或特定行动方案。比如，一个企业利润增长 20% 的具体计划，可能规定产品 A 要销售 200 万元，利润增长 22%，B 产品要销售 400 万元，利润增长 19% 等；而指导性计划则可能只规定销售额增长 18%~22%。相对于指导性计划而言，具体性计划虽然更易于计划的执行、考核及控制，但是它缺少灵活性，并且它所要求的明确性和可预见性条件往往很难得到满足。

6. 目的或使命、目标、战略、政策、程序、规则

哈罗德·孔茨和海因·韦里克从抽象到具体，把计划看作一种层次体系，分别是目的或使命、目标、战略、政策、程序、规则等。

哈罗德·孔茨和海因·韦里克的分类对我们理解计划及计划工作大有裨益。下面简要分析各种形式的计划。

（1）目的或使命

它指明一定的组织机构在社会上应起的作用、所处的地位。它决定组织的性质，决定此组织区别于彼组织的标志。各种有组织的活动，如果要使它有意义的话，至少应该有自己的目的或使命。比如，大学的使命是教书育人和科学研究，研究院所的使命是科学研究，医院的使命是治病救人，法院的使命是解释和执行法律，企业的目的是生产和分配商品和服务。

（2）目标

组织的目的或使命往往太抽象、太原则化，它需要进一步具体为组织一定时期的目标和各部门的目标。组织的使命支配着组织各个时期的目标和各部门的目标，并且组织各个时期的目标和各部门的目标是围绕组织存在的使命所制定的，并为完成组织使命而努力。虽然教书育人和科学研究是一所大学的使命，但一所大学在完成自己使命时会进一步具体化不同时期的目标和各院系的目标，比如最近 3 年培养多少人才、发表多少论文等。

（3）战略

战略是为了达到组织总目标而采取的行动和利用资源的总计划，其目的是通过一系列的主要目标和政策去决定和传达指望成为什么样组织的愿景。战略并不打算确切地概述这家组织怎样去完成它的目标，其实这些是无数主要的和次要的支持性计划的任务。

（4）政策

政策是指导或沟通决策思想的全面的陈述书或理解书。但不是所有政策都是陈述书，政策也常常会从主管人员的行动中含蓄地反映出来。比如，主管人员处理某问题的习惯方式往往会被下属作为处理该类问题的模式，这也许是一种含蓄的、潜在的政策。政策帮助事先决定问题处理的方法，这减少了对某些例行事件处理的成本。政策支持了分权，同时也支持上级主管对该项分权的控制。政策允许对某些事情有酌情处理的自由，一方面我们切不可把政策当作规则，另一方面我们又必须把这种自由限制在一定的范围内。自由处理的权限大小一方面取决于政策自身，另一方面取决于主管人员的管理艺术。

（5）程序

程序是制订处理未来活动的一种必需方法的计划。它详细列出必须完成某类活动的切实方式，并按时间顺序对必要的活动进行排列。它与战略不同，它是行动的指南，而非思想指南。它与政策不同，它没有给行动者自由处理的权限。出于理论研究的考虑，我们把政策与程序区分开来，在实践工作中，程序往往表现为组织的规章制度。比如，一家制造业企业处理订单的程序、财务部门批准给客户信用的程序、会计部门记载往来业务的程序等，这些都表现为企业的规章制度，也即政策。组织中每个部门都有程序，并且在基层，程序会变得更加具体化，且数量更多了。

（6）规则

规则没有酌情处理的余地。它详细地阐明了明确的必需行动或非必需行动，其本质是它反映了一种必须或无须采取某种行动的管理决策。规则通常是最简单形式的计划。

规则不同于程序。规则指导行动但不说明时间顺序；可以把程序看作一系列的规则，但是一条规则可能是也可能不是程序的组成部分。比如，"禁止吸烟"是一条规则，但与程序没有任何联系。

三、战略性计划

（一）战略计划的含义

所谓战略（strategy）是为实现组织的长远目标所选择的发展方向、所确定的行动方针以及资源分配方针和资源分配方案的一个总纲。"战略"意指"指导战略全局的谋划"。随着人类社会的发展，"战略"一词逐渐被人们广泛应用于诸如政治、经济、科技社会发展等领域。"战略"一词的含义也逐步演绎为"泛指对涉及组织全局性、长远性问题的谋划和决策"。因此，可以将战略理解为对组织的基本性质和发展的总方向的一种规定。

1. 概念

战略计划是指为实现组织的目标，通过对外部环境和内部条件的全面估量和分析，从组织发展全局出发而做出的较长时期的总体性的谋划和活动纲领。它涉及组织发展中带有全局性、长远性和根本性的问题，是组织的管理思想、管理方针的集中表现，是确定规划、计划的基础。

2. 特点

一个组织的战略计划是涉及一定时期内组织的发展方向、运筹计划。一般来说，战略计划具有如下特点。

（1）战略具有对抗的含义

战略计划总是针对竞争对手的优势和劣势及其正在和可能采取的行动而制订的。它突出了本身资源和技术与外界的结合，以及现实的机会与潜在的险情相结合。

（2）计划过程由高层管理者直接控制

战略计划的制订一般都有三个组织层次，要经过三个循环周期。

1）组织层次。一个完整的战略计划是组织内三级管理人员——高层、中层和第一线管理人员共同努力的结果。总战略和总政策一般都是由高层管理人员提出的。各职能部门和中层管理人员提出自己的职能战略计划和部门战略计划，某些具体的策略计划如那些日常的行动计划则由第一线管理人员提出，并具体执行。

2）循环周期。每个组织都有自己独特的计划制订进程。一般的战略计划制订都要经过三个循环。在每一个循环里，高级和中级的管理人员都要事先与下级的管理人员商量，然后再提出某些设想。计划的程序是一个多次重复循环的过程，每一个循环都是在前一个循环提出来的计划设想上，再次进行讨论和修改的，以使计划尽可能地完善。在第一循环周期中包括两个方面的工作：一是由高层领导人提出组织的总目标和总战略计划初步方案，听取中级管理人员的意见（特别是关于资源调配的意见）。二是对各部门目标任务提出要求，在此基础上各部门提出本单位的目标任务和策略，如果高层批准了各部门的目标和策略，第一循环周期即完成。在第二循环周期，各部门（中级管理层）根据自己的目标和任务制订更详细的计划方案，并呈交最高层批准；第三循环周期是计划程序中最后的"预算"循环，高层要求中层部门提出预算方案，中层要求下属各部门提出预算方案，这些方案均由上级领导进行调整批准，经过经理之间多次交换意见，最高层批准全公司的预算并把可动用的资金拨到各中级层。

从战略计划制订的组织层次、循环周期可见，整个战略计划行动都是由高层管理者直接控制的。在许多组织中虽然有庞大而有经验的专门制订战略计划的人员，在制订战略计划过程中也有很好的循环系统，但是成功制订战略计划的关键仍是高层管理者自己。

（3）具有较长远的时间概念

战略计划着重为实现组织长远目标而选择途径，一般具有较长的时间周期。

（4）经营方向的选择是战略的核心问题

一般来说，一个战略包含着四个基本方面：战略范围、资源部署、可能的有利竞争条件以及最佳协同。战略范围详细规定了本组织与社会环境因素之间发生作用的范围，即说明了要达到哪一方面的目标；资源部署要阐明在规定的战略范围内如何部署本身的资源；可能的有利竞争条件是指在新战略范围和资源部署情况下所决定的可能带来的有利竞争条件；在规定的战略范围内，还应使资源部署和竞争的有利条件达到最佳的协调，发挥最佳的协同作用，以获得全局性的更大的利益。这四个基本方面无不围绕组织经营的主要方向而展开。

3.作用

战略计划对组织活动和各项工作起着先导的作用。

（1）制订战略计划可以对组织当前和长远发展的工作环境、工作方向和工作能力有一个正确的认识。全面了解自己的优势和劣势，在面对机遇和挑战时，可以利用机会、扬长避短，求得生存和发展。

（2）有了战略计划，就有了发展的总纲。有了奋斗的目标，就可以进行人力、物力、财力的优化配置，统一全体职工的思想，调动职工的积极性和创造性，实现组织目标。

（3）实行战略计划，既可以理顺内部的各种关系，又可以顺应外部的环境变化、活动。

（4）有利于组织领导者集中精力去思考、制定战略目标、战略思想、战略方针、战略措施等带有全局性的问题，可提高领导者的素质。

（二）战略管理过程

美国教授弗雷德·R.大卫在《战略管理》一书中，认为战略主要由四部分组成，即经营宗旨确定、外部环境估定、内部环境估定及战略分析与选择。由此明确一个机构或企业的宗旨：建立起若干年的奋斗目标、选择适应自己机构或企业的战略、制定实施战略的相应政策。并且，通过战略实施，实现组织的宗旨和目标。以上完整的过程即战略管理过程。具体来说，战略管理过程，包含七个步骤。

1.明确组织当前的宗旨、目标和战略

每个组织都有宗旨，宗旨规定了组织的目的、组织从事的事业。回顾和明确组织当前的宗旨、目标和战略，目的是更好地了解组织的发展历程，以及现今组织处于何种状态、现今组织发展到了何种阶段、发展中遇到了哪些问题。

2. 分析外部环境、识别机会和威胁

外部环境分析最重要的是社会的宏观环境分析。宏观环境分析中应考虑如下五大变量：

（1）经济力量

美国众多的学者研究表明，共有 27 项经济因素的变化可能给企业带来机会或威胁。核心的经济因素有六个部分：

国家宏观经济政策：经济发展趋势，产业结构变化，通货膨胀率、利率水平；国民生活消费状况：居民平均收入，消费率与储蓄率，失业率，地区和消费群体差距；金融政策：货币政策，汇率动向，银行信贷，股票市场动向；对外经贸政策：进出口情况，劳动力和资本输出变化；财政政策：政府赤字预算，税收政策和外债承受能力；国际经济的动向等。

（2）社会文化和环境

社会文化和环境的主要影响因素有四个部分：

社会因素：家庭结构变化、离婚率、单亲家庭数量、儿童生长与保健、社会职责感；文化因素：人们的价值观、风俗习惯、行为准则，劳动者的教育水平，职业分布的变化；人口因素：社会老龄化，民族和性别的人口结构变化，人口和地区教育水平和生活方式的差异；环境因素：对自然环境的保护、废品再利用政策、水资源及空气污染、生态平衡和沙漠化等。

（3）政治和法律

影响企业的政治、法律方面的因素有如下几方面：政府政策的稳定性、税率和税法的变化、企业法、反垄断法、广告法、环保法、关税、专利法的改变、进出口政策、政府预算和货币改革、各地方政府的特殊法律规定、对外国企业的态度等。

（4）技术

科学技术的高速发展，计算机的广泛应用，互联网的发展，高效药物、太空通信、激光技术、卫星通信网络、光导纤维、生物工程和生命工程等技术的变化，给企业生产过程和技术带来了巨大的影响。技术革新可以对企业的产品、服务、市场供应者、供货、竞争者、顾客和市场销售手段产生直接影响。

（5）竞争对手

竞争对手通常来自相同行业，甄别竞争对手主要考虑对方的强项、弱项、能力、机会、威胁、目标和战略。收集和评价竞争对手的信息是形成战略取得成功的基本条件。应把握竞争对手的动向和竞争策略，做到知己知彼、百战不殆。

环境分析的主要任务是寻找与组织相关的发展机遇。由于不同组织之间的差异，环境变化对各类组织的影响不同，可能提供的机遇也不同。

3. 分析组织资源、识别优势和劣势

首先，分析组织拥有的资源，如组织拥有的人才资源、销售网络资源、技术储备资源（拥有专利和专有技术）、信息管理资源、企业商誉等。其中，哪些资源能够在未来发展中继续发挥重大作用。其次，对组织自身的优势与劣势展开分析，如组织是否善于进行资产经营、组织结构的应变能力强弱等。

4. 重新评价组织宗旨和目标

综合考虑未来时期的外部环境机会和威胁，以及组织内部的优势和劣势，认真思考组织的宗旨和目标需要做哪些调整。例如，经济一体化的大背景为企业跨国经营提供了便利，企业应该考虑在全球寻找资源，以及开发全球市场。若企业确定在未来时期要开发海外业务，那么企业的发展目标就要发生变化，由以国内市场为主，向国内市场与海外市场并重转变。

5. 制定战略

在新的组织宗旨和目标下，思考各种可行的战略方案，进而着手对各个层次的战略备选方案开展评价。然后，确定未来发展的战略计划，包括相应的政策和措施。战略计划不仅应该做到各个层次协调一致，而且要能够最佳地利用组织资源和市场机会。

6. 实施战略

再好的战略计划，如果不恰当地贯彻实施，也只是一项完备的计划。战略实施的首要问题是组织落实，组织是实现目标和战略的重要手段。同时，战略决定组织结构，如果公司战略有重大改变，那么就有必要对该组织的总体结构加以重新设计。战略实施的另一个问题是管理者和关键人员，通过管理者和关键人员的创造性工作，落实战略的各个环节。

7. 评估结果

战略评估是整个战略管理过程的最后一个环节。战略计划在实施过程中，需要对其实施情况进行跟踪检查，明确各项活动进展正常与否，以及预期成果的实现情况。评估指标包含定性指标和定量指标两个方面。在定性指标方面，包括战略计划与环境的适应性、对环境机会的把握等。定量指标有投资报酬、技术进步、市场开拓等。

四、计划的制订程序和实施方法

1. 制订计划的程序

（1）环境分析

环境分析是在实际编制计划之前进行的，是企业对未来所处环境的预测。预测内容包括外部的和内部的，即市场、销售量、价格、产品、技术等方面。组织应该对环境做出正确的预测。但由于预期环境是复杂的，影响因素很多，有的完全可以控制，有的不能控制，也有的在相当范围内可以控制。因此，预测环境、确定计划的前提，并不是对将来环境的每一个细节都给予预测，而应对对计划工作有重大影响的主要因素进行预测，如经济形势的预测、政府政策的预测、销售预测等。

环境分析是计划工作的真正起点。组织只有充分认识到自身的优势、劣势、面临的机会和威胁，才能真正摆正自己的位置，明确组织希望去解决什么问题、为什么要解决这些问题、期望得到的是什么等。

（2）确定目标

在环境分析的基础上，确定整个组织的目标以及每个下属部门的目标。目标是说明预期成果的，一定要具体，不可笼统。比如，要增加 20 万元流动资金（而不是要增加更多的流动资金）、要增加 10% 的利润（而不是尽可能地增加利润）、要使企业的产品占领 20 个城市（而不是要使企业的产品占领更多的城市）。

（3）拟订各种可行性计划方案

目标确定后，就需要拟订尽可能多的计划方案。可供选择的行动计划数量越多，被选计划的相对满意程度越高，行动就越有效。但并不是所有的可行方案都是显而易见的，只有发掘了各种可行的方案才有可能从中抉择出最佳方案。一是要依赖过去的经验拟订可行的计划方案；二是要依赖创新拟订可行的计划方案。另外，即使采用数学方法和借助计算机，进行彻底检查可供选择方案的数量也是有限的。因此，要减少可供选择方案的数量，以便分析得到最优方案。

（4）评估选择方案

根据企业的内、外部条件和对计划目标的研究，充分分析各个方案的优缺点，并做出认真评价和比较，选择出最接近许可的条件，计划目标的要求和风险最小的方案。比较和评价可供选择方案时要做到以下几点：首先，要特别注意发现各个方案的制约因素，即那些妨碍实现目标的因素，只有清楚地认识到这些制约因素，才能提高选择方案的效率；其次，将每个方案的预测结果和原有目标进行比较时，既要考虑那些有形的、可以用数量表示的因素，也要考虑那些无形的、不能用数量表示的因素，比如企业的声誉、人际关系等；最后，要用总体的效益观点来衡量方案，因为对某一部门有利的方案不一定对全局有利，对某项目标有利的方案不一定对总体目标有利。在评价方法方面，由于在多数情况下，都有很多可供选择的方案，而且有很多可待考虑的可变因素和限制条件，会给评估带来困难，通常可以采用一些数学方法进行评估，如运筹学中较为成熟的矩阵评价法、层次分析法以及多目标评价方法等。

（5）选择方案

方案选择是计划工作的关键一步，也是决策的实质性阶段——抉择阶段。计划工作的前几步都是在为方案的选择打基础，都是为这一步服务的。方案选择通常是在经验、实验和研究分析的基础上进行的，有时我们经过评估会发现一个最佳方案，但更多的时候可能有两个或更多的方案是合适的，这时主管人员必须确定优先选择的方案，然后将另外的方案进行细化与完善，以作为备选方案。

（6）拟订派生计划

选择了方案，并不意味着计划工作的完成，因为一个基本计划总是需要若干个派生计划来支持的，派生计划是由各个职能部门和下属单位制订的。比如，一家公司年初制订了"当年销售额比上年增长10%"的销售计划，这一计划发出了许多信号，如生产和销售方面的信号等。只有在完成派生计划的基础上才可能完成基本计划。

（7）编制预算

预算是数字化了的计划，是企业各种计划的综合反映，它实质上是资源的分配计划。通过编制预算，一方面使计划的指标体系更加明确，另一方面使企业更易于对计划执行进行控制。定性的计划，往往在可控性方面比较困难，而定量的计划，则具有较强的约束。

2.制订计划的原则

计划工作作为一种基本的管理职能活动，有自己应遵循的规律和原则。计划工作的主要原则有：限定因素原则、灵活性原则、承诺原则和改变航道原则。

（1）限定因素原则

所谓限定因素，是指妨碍组织目标实现的因素。如果它们发生变化，即使其他因素不变，也会影响组织目标的实现程度。其含义正如木桶原理所表述的那样：木桶所盛的水量是由木桶壁上最短的那块木板条决定的。这就是说，管理者在制订计划时，应该尽量了解那些对目标实现起主要限制作用的因素或战略因素，这样才能有针对性地、有效地拟订各种方案，计划方案才可能趋于最优。

（2）灵活性原则

确定计划实施的预期环境靠的是预测，但未来情况有时是难以预测的。因此，计划需要有灵活性，这样才有能力在出现意外时改变方向，不至于使组织遭受太大的损失，这就是计划的灵活性原则。灵活性原则在计划工作中非常重要，特别是针对承担任务重、计划期限长的情况，比如战略计划，灵活性原则在其中发挥的作用更明显。虽然，计划中体现的灵活性越大，出现意外事件时的适应能力就越强，对组织的危害性也就越小，但灵活性是有一定限度的。比如，不能为保证计划的灵活性而一味推迟决策的时间，未来总有些不确定的因案，当断不断，则会坐失良机。

（3）承诺原则

计划应是长期的还是短期的？计划期限的合理选择应该遵循承诺原则。长期计划的编制并不是为了未来的决策，而是通过今天的决策对未来施加影响。这就是说，任何一项计划都是对完成各项工作所做出的承诺，承诺越多，计划期限越长，实现承诺的可能性就越小。这就是承诺原则。该原则要求合理地确定计划期限，不能随意缩短计划期限，计划承诺也不能过多，致使计划期限过长，如果主管人员实现承诺所需的时间比他可能正确预见的未来期限还要长，他的计划就不会有足够的灵活性适应未来的变化。他应减少承诺，缩短计划期限。

（4）改变航道原则

计划是面向未来的，而未来的情况随时都可能发生变化，所制订的计划显然也不能一成不变，在保证计划总目标不变的情况下，随时改变实现目标的进程（航道），就是改变航道原则。应该注意的是，该原则与灵活性原则不同，灵活性原则是使计划本身具有适应未来情况变化的能力。改变航道原则是使计划执行过程具有应变能力，就像航海家一样，随时核对航线，一旦遇到阻碍就绕道而行。

3.实施计划的方法

计划的科学性与有效性在很大程度上取决于所采用的计划方法。计划的方法很多，以下介绍几种主要的计划方法。

（1）比例法

比例法是一种比较简单，在计划工作中常常会用到的方法。它是利用过去两个相关经济指标之间形成的稳定比率来推算确定计划期的有关指标。例如，在一定的生产技术组织条件下，某些辅助材料的消耗量与企业产量之间有一个相对稳定的比率，这样就可以根据这个比率和企业的计划产量推算确定某种辅助材料的计划需用量。

（2）定额法

定额法就是根据有关的技术经济定额来计算确定计划指标的方法。这种方法广泛应用于企业的生产、劳动、物资、成本、财务等计划的编制。定额法的优点有：由于采用定额法可以计算出定额与实际消费之间的差异额，并采取措施加以改进，所以采用这种方法有利于加强实际消耗的日常控制；由于采用定额成本计算法可以计算出定额成本、定额差异、定额变动差异等项指标，因此有利于进行产品成本的定期分析；通过对定额差异的分析，可以提高定额的管理和计划管理水平；由于有了现成的定额成本资料，可采用定额资料对定额差异和定额变动差异在完工产品和在制产品之间进行分配。

定额法的缺点：因它要分别核算定额成本、定额差异和定额变动差异，工作量较大，推行起来比较困难；不便于对各个责任部门的工作情况进行考核和分析；定额资料若不准确，则会影响计划指标计算的准确性。

（3）综合平衡法

综合平衡法就是从组织（如企业）生产经营活动的整体出发，根据企业各部门、各单位、各个环节、各种因素、各项指标之间的相互制约关系，利用平衡表的形式，经过反复平衡分析计算来确定计划指标。例如，企业组织在确定生产计划指标时，就要对所确定的指标与生产条件进行全面的、反复的综合平衡。平衡的内容主要有：生产任务与生产能力之间的平衡，生产任务与劳动力之间的平衡，生产任务与物资供应之间的平衡，生产任务与成本、财务之间的平衡。此外，还有生产与生产技术准备、生产与销售等方面的平衡。通过平衡，可以充分挖掘企业在人力、物力、财力等方面的潜力，保证计划的实现，取得最大的经济效益。

（4）滚动计划法

对于中长期计划而言，由于环境的不断变化，以及制订计划时存在着的众多的不确定因素，计划在实施一段时间之后，就可能出现与实际不符的情况。这时，如果仍然按照原计划实施下去，就可能导致错误和损失。滚动计划法就是一种根据情况变化定期修订未来计划的方法。这种方法综合考虑了计划的执行情况、外界环境的改变以及组织方针政策的变化，采用近细远粗的方式对实施中的计划进行定期的修订，并逐期向前推移，从而使短期计划、中期计划和长期计划有机地结合起来，不断地随着时间的推移而更新。

采用滚动计划法有利于在外界环境不断变化的情况下，使计划更加符合实际，更好地保证计划的指导作用，从而提高计划工作的质量；同时也有利于保证长期计划、中期计划和短期计划互相衔接，使各期计划基本保持一致；另外，它还使组织的计划工作富有弹性，有利于提高组织的应变能力。

（5）甘特图

甘特图（Gantt Chart）是对简单项目进行计划与排序的一种常用工具，最早由美国工程师和社会学家亨利·甘特（Henry L.Gantt）于1917年提出，又称条线图或横道图。甘特图用横轴表示时间，纵轴表示要安排的活动，线条表示在整个期间上计划的和实际的活动完成情况。它能使管理者先为项目各项活动做好进度安排，然后再随着时间的推移，对比计划进度与实际进度，进行监控工作，调整注意力到最需要加快速度的地方，使整个项目按期完成。甘特图是基于作业排序的目的，将活动与时间联系起来的最早尝试之一。

（6）网络计划方法

网络计划方法是 20 世纪 50 年代以后出现的一类计划控制方法。网络计划方法的基本原理是：把一项工作或项目分成各种作业，然后根据作业顺序进行排列，利用所形成的网络对整个工作或项目进行统筹规划和控制，以便用最短的时间和最少的人力、物力、财力完成既定的目标或任务。

根据一张网络图就可以确定出关键路线或关键作业，即对整个工期造成影响的作业。然后可以依据上述分析，重新调整和平衡人力、物力、财力等资源的分配，最终得到一个多快好省的方案。当然这只是一个极简单的例子，一个实际项目可能包含成千上万项作业、可能牵涉数千家单位。这种场合下采用网络分析技术进行统筹规划将会显示出巨大的优越性。一般来说，网络分析方法特别适用于项目性的作业，如大型设备的制造、各种工程建设等。

（7）投入产出法

投入产出法由著名美国经济学家瓦西里·列昂惕夫于 1936 年提出。投入产出法是利用数学的方法对物质生产部门之间或产品与产品之间的数量依存关系进行分析，并对再生产进行综合平衡的一种方法。它以最终产品为经济活动的目标，从整个经济系统出发确定达到平衡的条件。

投入产出法的基本原理是：任何经济系统的经济活动都包括投入和产出两大部分，投入是指生产活动中的消耗，产出是指生产活动的结果，在生产活动中投入和产出之间具有一定的数量比例关系。投入产出法就是利用这种数量关系建立投入产出表，然后根据投入产出表对投入与产出的关系进行科学分析，再利用分析的结果编制计划，并进行综合平衡。

投入产出法的优点是：反映各部门（或各类产品）的技术经济结构，合理安排各种比例关系，特别是在综合平衡方面是一种有效的手段；在编制投入产出表过程中不仅能充分利用现有统计资料，而且能建立各种统计指标之间的内在关系，使统计资料系统化；使用面广，可在不同组织和各类企业中应用。

（8）预算方法

预算是用数字表示的未来某一个时期的计划。预算可以用货币单位（如收支预算、资金预算等）或其他单位（如工时、机时、产量、销售量、原材料消耗等）表示预期的结果。计划数字化即预算，它可以使管理人员明确资金和资源与部门或个人的对应关系，从而有利于充分授权给下属人员，使其在预算的限度内实施计划。此外，由于预算便于控制，因此，预算不仅是一种细化的计划，同时也是常用的控制手段。常见的预算方法有如下几种：

1）零基预算法

零基预算法的特点是：组织在编制预算时，对于任何项目，无论是原有的项目，还是新设的项目，均不考虑基期的费用开支水平，一律以零为起点，从根本上重新论证各个项目的必要性及规模。这种预算方法大致可分为三个步骤：首先，由各部门根据组织的总目标和本部门所承担的任务，提出本部门在计划期内需要发生哪些费用项目，论证各个项目进行的目的及费用数额；其次，对每一个费用项目进行成本—效益分析，并依此排定各个费用项目的优先次序；最后，根据上述次序，结合计划期内可动用的资金规模，分配资金、落实预算。采用零基预算方法，由于每个项目的费用预算都是以零为基数重新加以计算的，因而避免了传统上编制预算时只重视前期变化的普遍倾向。

2）弹性预算法

通常的预算都是以计划期内一定的业务量水平为基础来编制的。但每当实际发生的业务量与编制预算所依据的业务量发生偏差时，各费用明细项目的实际数与预算数就没有可比的基础。实际业务量水平常常是波动的，因此有必要对原预算数进行调整，于是提出了弹性预算法。弹性预算法也称可变预算法，即在编制预算时，针对计划期内业务量可能发生的变动，编制出一套适应多种业务量费用的预算，以便分别反映在各种业务量水平下应开支的费用情况。这种方法多用于费用预算场合。

第三节　组织与组织设计

组织是管理的一种主要职能，是管理的主要任务之一。要了解组织职能，必须对组织的概念、作用、类型有一个全面的认识，还必须认识组织与环境的关系。

一、组织设计的影响因素

组织设计的任务是确定为保证组织目标的达成，组织中需要设立哪些岗位和部门，并规定这些岗位和部门间的相互关系。组织的目标不同，为实现目标所进行的活动不同，活动的环境和条件不同，企业需要设立不同的岗位，这些岗位又在不同的部门，这些部门之间的相互关系也必然表现出不同的特征，从而成为影响企业经营活动、影响企业组织设计的主要因素。

（一）经营环境对企业组织设计的影响

广义地讲，企业外部存在的一切都是企业的环境。当然，环境中的不同因素对企业活动内容的选择及组织方式的影响程度也是不同的。所以企业组织的外部环境可以被定义为存在于企业组织边界之外，并对企业组织具有潜在的直接影响的所有因素。

这些因素可以分为两个层次：任务环境与一般环境。任务环境主要作用于对组织实现其目标的能力具有直接影响的部门，如顾客、供应商、竞争对手、投资和金融机构、工会组织、行业协会和政府机构等。一般环境指那些对企业的日常经营没有直接影响，但对企业和企业的任务环境产生影响的经济、技术、政治、法律、社会、文化和自然资源等要素。

不确定性是企业外部经营环境的主要特点。这个特点使企业决策者很难掌握足够的关于环境因素的信息，从而难以预测外部环境的变化并据此采取相应措施。因此，外部环境的不确定性特点提高了企业对外部环境反应失败的风险。

环境的不确定性取决于环境的复杂性和环境的变动性。复杂性是指环境由多个同质的要素构成。随着复杂性程度的提高，组织就要设置更多的职位和部门来负责对外联系，并配备更多的综合人员来协调各部门工作，结构的复杂程度就随之提高，组织的集权化程度也必然降低；环境的变动性取决于构成要素的变化及这种变化的可预见程度。

环境的特点及其变化对企业组织的影响主要表现在以下三个方面：

1. 对职务和部门设计的影响。组织是社会经济大系统中的一个子系统。组织与外部存在的其他社会子系统之间也存在分工问题。社会分工方式的不同决定了组织内部工作的内容，从而使所需完成的任务、所需设计的职务和部门不一样。在我国，随着经济体制的改革，国家逐步把企业推向市场，使企业内部增加了要素供应和市场营销的工作内容，要求企业必须相应地增设或强化资源筹措和产品销售的部门。

2. 对各部门关系的影响。环境不同，使组织中各项工作完成的难易程度以及对组织目标实现的影响程度亦不相同。同样在市场经济的体制中，对产品的需求大于供给时，企业关心的是如何增加产量、扩大生产规模、增加新的生产设备或车间，从而生产部门会显得非常重要，而相对要冷落销售部门和销售人员；而一旦市场供过于求，从卖方市场转变为买方市场，则营销职能会得到强化，营销部门会成为组织的中心。

3. 对组织、结构总体特征的影响。外部环境是否稳定，对组织结构的要求也是不一样的。稳定环境中的经营，要求设计出被称为"机械式管理系统"的组织结构，管理部门人员的职责界限分明；工作内容和程序经过仔细地规定，各部门的权责关系固定，等级结构严密；而多变的环境则要求组织结构灵活（称为"柔性的管理系统"）。各部门的权责关系和工作内容要经常做适应性的调整，强调的是部门间横向沟通而不是纵向等级控制。

（二）经营战略对企业组织设计的影响

组织结构必须服从组织所选择的战略的需要。适应战略要求的组织结构，为战略的实施及组织目标的实现提供了必要的前提。

战略是实现组织各种行动方案、方针和方向选择的总称。为实现同一目标，组织可在多种战略中进行挑选。战略选择的不同，在两个层次上影响组织结构：不同的战略要求不同的业务活动，从而影响管理职务的设计；战略重点的不同，会引起组织工作重点的改变，从而引起各部门与职务在组织中重要程度的改变，因此要求各管理职务及部门之间的关系做相应的调整。

战略的类型不同，企业活动的重点不同，组织结构的选择不同。

1. 从企业经营领域的宽窄来分，企业经营战略可分为单一经营战略及多种经营战略。如果一家公司采取的是只向有限的市场提供一种或少数几种产品或服务的战略，它通常可能采用倾向集权的组织结构。因为这类企业的组织目标强调内部效率和技术质量，控制和协调主要通过纵向层级来实现，不太需要横向协调。随着企业的发展，其战略自然而然会趋于多样化，提供多种产品并扩展到新的市场，企业的组织层级也会随之发展为分权的结构，因为此时企业的目标更强调灵活性和快速决策，以适应外部环境。

2. 按企业对竞争的方式和态度分，其经营战略可分为保守型战略、风险型战略及分析型战略。

（1）保守型战略的企业领导可能认为，企业面临的环境是较为稳定的，需求不再有大的增长和变化。战略目标为致力保持该产品已取得的市场份额，集中精力改善企业内部生产条件、提高效率、降低成本。采取这种保守型战略，保持生产经营的稳定和提高效率便成为企业的主要任务。在组织设计上强调提高生产和管理的规范化程度，以及用严密的控制来保证生产和工作的效率。因此，采用刚性结构应是这种组织结构的基本特征，具体表现在以下几个方面：实行以严格分工为特征的组织结构；高度的集权控制；规范化的规章和程序；以成本和效率为中心的严格的计划体制；生产专家和成本控制专家在管理中，特别是在高层管理中占重要地位；信息沟通以纵向为主。

（2）选择风险型战略的领导则可能认为环境复杂多变、需求高速增长、市场变化很快、机遇和挑战并存。企业必须不断开发新产品，实行新的经营管理方法。为了满足组织不断开拓和创新的需要，在组织设计上就不能像保守型那样以规范化和控制为目标，而应以保证企业的创新和部门间的协调为目标。因而，实行柔性结构成为这类组织的基本特征：规范化程度较低的组织结构；分权的控制；计划较粗放而灵活；高层管理主要由市场营销专家和产品开发研究专家支配；信息沟通以横向为主。

（3）分析型战略是介于前两者之间。它力求在两者之间保持适度的平衡，所以其组织结构的设计兼具刚性和柔性的特征：既强调纵向的职能控制，也重视横向的项目协调；对生产部门和市场营销部门实行详细而严格的计划管理，对产品的研究开发部门则实行较为粗放的计划管理；高层管理层由老产品的生产管理、技术管理等职能部门的领导及新产品的事业部领导联合组成，前者代表企业的原有阵地，后者代表企业进攻的方向；信息在传统部门间主要为纵向沟通，在新兴部门间及其与传统部门间主要为横向沟通；权力的控制是集权与分权的适当结合。

（三）技术及其变化对企业组织设计的影响

组织的活动需要利用一定的技术和反映一定技术水平的特征手段来进行。技术及技术设备的水平不仅影响组织活动的效果和效率，而且会作用于组织活动的内容划分、职务的设置和工作人员的素质要求。信息处理的计算机化必将改变组织中的会计、文书、档案等部门的工作形式和性质。

现代企业的一个最基本特点是在生产过程中广泛使用了先进的技术和机器设备。技术是指企业把原材料加工成产品并销售出去。这一转换过程中，不仅包括企业的机器、厂房和工具，而且包括职工的知识和技能、生产工艺和管理业务方法等。由于制造的设备和设备体系有其自身的运转规律，这个规律决定了对运用设备进行作业的工人的生产组织。在某些条件下。人们必须把某一类产品的制造在一个封闭的生产车间内完成；而在另一些条件下，人们又可以让不同车间的生产专门化，只完成各类产品的某道或某几道工序的加工。

可以把技术分成作用于资源转换的物质过程的生产技术与主要对物质生产过程进行协调和控制的管理技术。管理过程是利用反映企业经营要素在时空上的运动特点与分布状况的各种信息来计划、组织、协调与控制企业生产经营活动。

1. 生产技术对企业组织的影响

英国工业社会学家伍德沃德最早对工业生产技术与组织结构的关系进行了研究，又称南艾塞克斯郡研究（South Essex Study）。研究主要内容是英国南艾塞克斯郡的100家工业企业组织结构的特征，如管理幅度、管理层次、管理人员与事务人员比率、工人的技术水平等，还涉及管理风格的一些内容（如书面沟通同口头沟通的比例、报酬的使用等）以及生产的类型、企业经营成效等。他的研究表明，工业企业的生产技术同组织结构及管理特征有着系统的联系。伍德沃德指出，每一种生产系统都有着类似的技术复杂程度。技术复杂程度包括产品制造过程的机械化程度，以及制造工程的可预测性。技术复杂程度高，意味着大多数生产操作是由机器来完成的，因而制造过程的可预测性高。

伍德沃德把企业生产组织的形式分成单件小批生产、大批大量生产和连续生产三种类型。随着生产过程所采用的技术复杂程度的提高，企业生产组织逐渐从单件小批量生产转化为大批量生产，进而发展到连续生产。

伍德沃德在研究中还发现以下几点：

（1）经营成功的企业的组织结构，与其所属的技术类型有着相互对应的关系。而经营不成功的企业，通常其组织结构特征偏离了相应的技术类型。

（2）成功的单件小批量生产和连续生产的组织具有柔性结构，但成功的大批量生产的组织具有刚性结构。

不同生产技术特点的企业，要求不同的组织设计，采用不同的组织结构及管理特征。因而不存在一种绝对的最佳组织结构模式，从而引发了组织结构研究的权变理论思路。

2. 信息技术对组织的影响

信息技术对组织方面的影响如同计算机一体化技术对生产的影响，提高了企业的生产效率和管理效率。它也同样需要新型的组织结构来配合它的发展。

（1）对集权化和分权化可能带来双重影响。希望集权化的管理者能够运用先进技术去获得更多的信息和做出更多的决策。同时管理者也能够向下级分散信息并且增强其参与性与主动性。

（2）加强对企业内部各部门间以及各部门内工作人员间的协调。比如 Chase Manhattan 银行，新技术能够使管理者之间彼此沟通并认识到组织的活动与结果。它有助于消除障碍和树立以前不曾有的团体意识及组织的整体意识，特别是当人们在不同地点工作的情况下。

（3）要求给下级以较大的工作自主权。在信息技术很发达的情况下，很少有管理工作将服从严格的政策限定为工作描述。

（4）提高专业人员比率。例如，当 North American Ranking Group 安装了顾客服务系统时，雇员中的专业人员从 30% 增至 60%。中高层的管理者能够运用新技术去打印自己的备忘录，并可立刻通过电子邮件发送。

（四）企业发展阶段对企业组织设计的影响

企业初始阶段，其组织层级比较简单，如企业在初创时可能以个人业主制或手工作坊等简单的形式出现。在早期发展阶段，其层级很简单，其管理者很可能同时担任着决策者和执行者的角色，即企业的管理层和执行层是合二为一的，或者其层级可能是包括管理层和执行层在内的两个简单层级。

在企业逐步向高级阶段发展时，企业可能将一部分通过市场交易的资源通过内部化来进行交易，因为企业发现通过市场交易这一部分资源的交易费用远高于内部化的费用，这样企业就以内部的行政协调取代市场作为资源的配置方式。正是企业要求有相应的层级组织来执行行政协调配置资源的功能，因而企业的组织层级很可能增加，即由简单的两级层级跃升为三层级或更多级别；或者伴随着企业由简单的初始阶段的原始的组织形式发展为成熟阶段或是发展阶段的比较高级的企业组织形式如股份制，企业的所有权与经营权可能发生分离。此时企业原先的所有者若缺乏必要的知识、信息和管理技术与手段，则很可能放弃企业的经营权和管理权，将企业的管理权通过委托的方式交由专门从事经营管理的经理人管理，这样企业就会相应增加其组织层级。

在企业逐渐走向老化或是处于企业生命周期的衰退阶段时，企业则可能出于开源节流的目的，进行组织层级的调整，如裁员等。

美国学者 J.Thomas Cannon 提出了组织发展五阶段的理论，并指出在发展的各个阶段，要求有与之适应的组织结构形态。

1. 创业阶段。在这个阶段，决策主要由中高层管理者个人做出，组织结构相当不正规，对协调只有最低限度的要求，组织内部的信息沟通主要建立在非正式的基础上。

2. 职能发展阶段。这时决策越来越多地由其他管理者做出，而最高管理者亲自决策的数量越来越少，组织结构建立在职能专业化的基础上，各职能间的协调需要增加，信息沟通变得更重要，也更困难。

3. 分权阶段。组织采用分权的办法来应对职能结构引起的种种问题，组织结构以产品或地区事业部为基础来建立，目的是在企业内建立"小企业"成为内部的不同利益集团，组织资源转移用于开发新产品的相关活动减少，总公司与"小企业"的许多重复性劳动使费用增加，高级管理者感到对各"小企业"失去了控制。

4. 参谋激增阶段。为了加强对各"小企业"的控制，公司一级的行政主管增加了许多参谋助手。而参谋的增加又会导致他们与直线的矛盾，影响组织中的命令统一。

5. 再集权阶段。分权与参谋激增阶段所产生的问题可能诱使公司高层主管再度集中决策权。同时，信息处理的计算机化也使再集权成为可能。

（五）规模对企业组织设计的影响

规模是影响组织结构设计的一个重要变量。随着企业的发展，企业活动的规模日渐扩大、内容日趋复杂，组织管理的正规化要求逐渐提高，管理文件越来越多，对不同岗位及部门间协调的要求越来越高，组织越来越复杂。

1. 规范化。规范化是指规章、程序和书面文件，如政策手册和工作描述等，这些规定了雇员的权利与义务。大型组织具有更高的规范化程度，原因是大型组织更依靠规章、程序和书面文件去实现标准化和对大量的裁员与部门进行控制。规范化也可能提高大型官僚组织和更加规范的和非人格化的行为和作用方式。相反，在小型松散的组织中则更多是自发的偶然性行为和社会性作用方式。

2. 分权化。集权化与分权化主要与组织中决策权的集中或分散有关。在集权化的组织中，决策是由高层做出的，而在分权化的组织中，类似的决策在较低的层次上做出。在完全的官僚制中，所有的决策都是由那些具有完全控制权的高层管理者做出的。然而，随着组织的成长壮大会有越来越多的部门和人员。因此，组织规模的研究表明，组织规模越大就越需要分权化。

3. 复杂性。复杂性与组织中的层级数（纵向复杂性）及部门和工种的数量（横向复杂性）有关。大型组织具有复杂性这一明显特征。规模与复杂性之间的关系也是显而易见的。

（1）在大型组织中对传统的专门化的需要更加普遍。大型组织需要经常建立新的管理部门来解决规模所带来的问题，在大型组织中建立计划部门是因为在组织达到一定的规模后产生了对计划的巨大需要。

（3）随着组织中部门规模的增大，产生了细分的压力，部门最终达到最大甚至管理者不能有效地控制它们，在这一点上，子集团会试图再细分为独立的部门。

（3）传统的纵向复杂性需要保持对大量人员的控制。随着雇员数量的增加，为保持管理跨度所增加的层级会更多。

（4）专职管理人员的数量。大型组织的另一个特点是管理人员、办事人员和专业人员的数量激增。

二、常见的组织结构形式

（一）直线型

1. 直线型组织结构的含义

直线型是一种最早也是最简单的组织形式，它也是一种集权式的组织结构形式。直线型组织结构产生于手工作坊，当时老板和工厂主都是实行"个人管理"，生产、技术、销售、财务等各项事务都亲自处理，因而这种组织没有职能机构。从最高管理层到最低管理层实行直线领导。

2. 直线型组织结构的特点

直线型组织结构的特点是企业各级行政单位从上到下实行垂直领导，下级部门只接受一个上级的指令，各级主管负责人对所属单位的一切问题负责。其优点是结构比较简单、责任分明、命令统一、信息沟通方便，便于统一指挥、集中管理。其缺点是它要求行政负责人通晓多种知识和技能，亲自处理各种业务。这在业务比较复杂、企业规模比较大的情况下，把所有管理职能都集中到最高主管一人身上，显然是难以胜任的。直线型组织结构只适用于规模较小、生产技术比较简单的企业，生产技术和经营管理比较复杂的企业并不适用。

（二）职能型

1. 职能型组织结构的含义

所谓职能型组织结构，是指组织在结构设计时按职能分工，实行专业化的管理办法来代替直线型的全能管理者，即在总负责人下设立职能机构人员，把相应的管理职权交给这些职能机构，各职能机构在自己的业务范围内可以向下级单位下达命令和指示，直接指挥下级。

2. 职能型组织结构的特点

职能型也称多线型，因为下级直线主管除了接受上级直线主管的领导外，还必须接受上级各级职能机构领导的指示。其优点是能适应现代化工业企业生产技术比较复杂、管理工作比较精细的特点，能充分发挥职能机构的专业管理作用，减轻直线领导人员的工作负担。其缺点是它妨碍了必要的集中领导和统一指挥，形成了多头领导，不利于建立和健全各级行政负责人和职能科室的责任制等。职能型组织结构适用于任务较复杂的社会管理组织或生产技术复杂、各项管理需要具有专门知识的企业管理组织。现代企业一般较少采用职能型组织结构。

（三）直线职能型

1. 直线职能型组织结构的含义

直线职能型也叫生产区域型，或直线参谋型。它是一种综合直线型和职能型两种类型组织的特点而形成的组织结构形式，以直线为基础，在各级行政负责人之下设置相应的职能部门，分别从事专业管理，作为该级领导者的参谋，实行主管统一指挥与职能部门参谋指导相结合的组织结构形式。职能部门拟订的计划、方案，以及有关命令，统一由直线领导者批准下达，职能部门无权直接下达命令或进行指挥，只起到业务指导作用。

2. 直线职能型组织结构的特点

这种组织结构形式是把企业管理机构和人员分为两类：一类是直线领导机构和人

员，按命令统一原则对各级组织行使指挥权；另一类是职能机构和人员，技术专业化原则，从事组织的各项职能管理工作。直线职能型的优点是既保证了企业管理体系的集中统一，又可以在各级行政负责人的领导下，充分发挥各专业管理机构的作用。其缺点是职能部门之间的协作和配合性较差，职能部门的许多工作要直接向上层领导报告请示才能处理。这一方面加重了上层领导的工作负担，另一方面也造成办事效率低。为了克服这些缺点，可以设立综合委员会，或建立各种会议制度，以协调各方面的工作，起到沟通作用，帮助高层领导出谋划策。直线职能型是一种普遍适用的组织形式。现今，绝大多数企业都采用这种组织结构形式。

（四）事业部型

1.事业部型组织结构的含义

事业部型最早是由美国通用汽车公司总裁斯隆于 1924 年提出的，故有"斯隆模型"之称，也叫"联邦分权化"。它是一种高度（层）集权下的分权管处体制。事业部型是指公司总部只对公司总体战略做出决策并决定资源在各事业部的分配方案，各事业部则拥有完整的发展战略及运营决策自主权。总公司只保留预算、人事任免和重大问题的决策等权力，并运用利润等指标对事业部进行控制。

2.事业部型组织结构的特点

事业部型组织结构的主要特点是集中决策、分散经营，即在集权领导下实行分权管理。各事业部只要不违反总部的总体战略，可以采取任何自己认为有效的方式进行管理。事业部型的优点是总公司领导可以摆脱日常事务，集中精力考虑全局问题；事业部实行独立核算，更能发挥经营管理的积极性，更有利于组织专业化生产和实现企业的内部协作；各事业部之间有比较、有竞争，这种比较和竞争有利于企业的发展；事业部内部的供、产、销之间容易协调，不像在直线职能型下需要同层管理部门过问；事业部经理要从事业部整体来考虑问题，这有利于培养和训练管理人才。事业部型的缺点是公司与事业部的职能机构重叠，造成管理人员浪费；事业部实行独立核算，各事业部只考虑自身的利益，影响事业部之间的协作，一些业务联系与沟通往往也被经济关系替代，甚至连总部的职能机构为事业部提供决策咨询服务时，也要事业部支付咨询服务费。事业部型适用于规模较大、品种繁多、技术复杂的大型企业，是国外较大的联合公司所采用的一种组织形式。

（五）矩阵型

1.矩阵型组织结构的含义

矩阵型组织结构是在直线职能的垂直指挥链系统的基础上，再增设一种为了完成某一任务，而组成横向指挥链系统，形成具有双重职权关系的组织矩阵。矩阵型组织是为了改进直线职能型横向联系差、缺乏弹性的缺点而形成的一种组织形式。

2.矩阵型组织结构的特点

矩阵型组织结构的特点表现在围绕某项专门任务成立跨职能部门的专门机构上。例如，组成一个专门的产品（项目）小组去从事新产品开发工作，在研究、设计、试验、制造各个不同阶段，由有关部门派人参加，力图做到条块结合。以协调有关部门的活动，保证任务的完成。这种组织结构形式是固定的，人员却是变动的，需要谁，谁就来，任务完成后就可以离开。项目小组和负责人也是临时组织和委任的。任务完成后就解散。有关人员回原单位工作。因此，这种组织结构非常适用于横向协作和攻关项目。矩阵型结构的优点是机动、灵活，可随项目的开发与结束进行组织或解散。矩阵型结构的缺点是项目负责人的责任大于权力，因为参加项目的人员都来自不同部门，隶属关系仍在原单位。只是为"会战"而来，所以项目负责人对他们管理困难，没有足够的激励手段与惩治手段，这种人员的双重管理是矩阵结构的先天缺陷；由于项目组成人员来自各个职能部门，当任务完成以后，仍要回原单位，因而容易产生临时观念，对工作的积极性有一定影响。

根据矩阵型结构的特点，这种组织结构适用于需要对环境变化做出迅速而一致反应的企业中使用。如咨询公司和广告代理商就经常采用，以确保每个项目按计划要求准时完成。在复杂而动荡的环境中，由于采取了人员组成灵活的产品管理小组形式，大大增强了企业对外部环境变化的适应能力。

三、组织中的权力设计与分配

为了实现共同的目标和任务，需要整合组织中的各种力量，协调组织不同成员之间的各种关系，使分散在不同层次、不同部门、不同岗位的组织成员的工作，朝向同一方向和目标。

（一）直线与参谋的含义

直线与参谋的概念可以泛指部门的设置，也可以专指职权关系。从部门的设置来看，直线部门通常被认为是对组织目标的实现直接做出贡献的单位。如制造业企业中的生产部门、销售部门或人员都被列为直线部门，而把采购、财务、人力资源管理、设备维修和质量管理等列为参谋部门。由于这些参谋部门都是发挥了某些方向的专业管理职能，习惯上又称为职能部门。

直线与参谋本质上是一种职权关系，因而区别直线与参谋时不能依据业务来划分，应依据职权关系来划分，即直线是"自上而下的指挥系统"，参谋则是一种"顾问的关系"。从职权关系来看，管理层次之间上下级关系都是直线关系。无论是在生产系统、销售系统内部，还是在辅助性的参谋单位内部，只要存在上下级关系，就必定有直线职权发生。也就是说，直线职权关系不仅仅存在于直线系统内。参谋机构对内部人员的管理，本质上与直线部门对内部的管理一样，也是直线管理。生产系统中，车间主任对下一级的班组长的指挥、人事主管对人事部门中的一般员工的命令，都是发挥直线职权。

参谋关系是伴随着直线关系而产生的。管理人员在管理过程中，为了弥补知识的不足，所设置的具有专业知识的助手成为参谋人员，其主要任务是作为直线主管的助手，服务和协助直线人员，以提供某些对策建议，他们的建议只有当直线主管采纳后并向下级发布指示才有效。一言以蔽之：参谋建议，直线指挥。这样既保证了命令统一人员的不足，又补充了直线人员的不足。

（二）正确处理直线与参谋的关系

在实践的组织运作过程中，直线与参谋之间会产生各种矛盾和冲突，影响组织的效率。如职责不明确，造成多头领导；观念不同，直线与参谋相互推诿等。

直线和参谋产生冲突与矛盾，一方面可能影响参谋人员发挥筹划、建议功能，使直线人员得不到必要的帮助；另一方面可能影响对下级的统一指挥，造成多头领导，这两种情况都影响组织效率。因此，必须正确处理直线与参谋之间的关系，必须在保证统一指挥与充分利用专业人员的知识两个方面实现平衡，合理利用参谋工作，发挥参谋的作用。因此，必须注意以下几个方面：

1. 明确直线与参谋的关系，分清双方的职权范围，认识到双方的存在价值，形成相互等重和相互配合的关系，这样才能防止矛盾的产生以及以积极的态度解决出现的问题。一方面参谋人员经常提醒自己"不要越权"，尽自己所长扮演好自己的角色，独立地提出科学的建议和对策，不要为直线所左右。另一方面直线人员必须保持独立的思考和决断能力，不能为参谋所左右——参谋应多谋，直线应善断；直线主管必须对计划的实施负主要责任，参谋部门只提出计划或建议，直线部门必须做出采纳这项计划的决定，并对实施的成果负主要责任。

德鲁克 1944 年受聘于美国通用汽车公司任管理政策顾问，第一天上班，该公司总经理斯隆找他谈话："我不知道我们要你研究什么，也不知道该得到什么成果。这些都是你的任务。我唯一的要求是希望你把正确的东西写下来，你不必顾虑我们的反应，也不应该怕我们不同意。尤其重要的是，你不必为了使你的建议易为我们接受而想到调和折中。在我们公司中，人人都会调和折中。你当然也可以调和折中，但必须先告诉我正确的是什么，我们才能做出正确的调和折中。"这段话，不仅说明了参谋的职责，而且说明了只有参谋人员独立地发挥作用，直线人员才能获得真实的帮助。

2.授予参谋机构必要的职能权力，提高参谋人员的积极性。从直线与参谋的关系来看，参谋是为直线主管提供信息、出谋划策、配合主管工作的。在发挥参谋的作用时，参谋应独立提出建议。参谋人员多是某一方向的专家，应当让他们根据客观情况提建议，而不应该左右他们的建议。例如，经过总经理的授权。作为参议部门的人事部门拟订劳动纪律、劳动保护政策和劳动报酬的计划，允许其向直接部门发布指示，各分厂或车间等下一级直接部门必须无条件执行。

3.直线管理人员应为参谋人员提供必要的信息条件，以便从参谋人员那里获得有价值的支持。直线部门（人员）和参谋部门（人员）之间的矛盾很大程度上是双方的信息没有进行交流，双方相互之间不了解对方关注什么、应该关注什么。直线人员应该及时地将本部门的活动情况向参谋部门通告，希望他们提供什么方面的建议。这样就可以避免参谋部门提出的建议不切实际。

在直线和参谋的关系中要注意，生产系统和销售系统同是直线部门，但它们是不同的直线关系，如果销售部门主管跨系统对生产部门人员提出生产什么样的产品的要求，这就不是直线关系，而是参谋关系了。将跨系统发生的非直线关系及参谋部门对直线部门提供的辅助关系，统称为参谋职权或参谋关系。

（三）集权与分权

1.集权与分权的含义

集权是指决策权在组织系统中较高层次地集中；与此相对应地，绝对的集权或绝对的分权都是不可能的。如果最高主管把他所拥有的职权全部委派给下级，那么他作为管理者的身份就不复存在，组织也不复存在。因此，某种程度的集权对组织来讲是必要的。如果最高主管把权力都集中在自己手里，这就意味着他没有下级，因而也就不存在组织。因此，某种程度的分权同样是组织所需要的。在组织中，集权和分权只是个程度问题。

2.衡量分权程度的标志

衡量组织中分权程度的标志主要有四个。

（1）决策的数量。组织中较低管理层次做出决策的数目或频度越大，则分权程度越高。

（2）决策的范围。组织中较低层次决策的范围越广，涉及的职能越多，则分权程度越高。

（3）决策的重要性。组织中较低层次做出的决策越重要，涉及的费用越多，则分权程度越高。

（4）决策的审核。组织中较低层次做出的决策，上级审核的程度越高，做出决策前还必须请示上级，则分权的程度就越低。

3.影响分权程度的因素

集权与分权的程度是随条件变化而变化的。影响分权程度的因素有以下几个。

（1）决策的代价。决策付出代价的大小是决定分权程度的主要因素：一般来说，决策失误的代价越大，即从经济标准和信誉、士气等无形标准来看影响巨大的决策，越不适宜交给下级人员处理。高层主管常常亲自负责重要的决策，而不轻易授权下级处理。这不仅是因为高层主管的经验丰富，犯错误的机会少，而且重要决策责任重大，不宜授权。

（2）政策的一致性。如果最高主管希望保持政策的一致性，即在整个组织中采用一个统一的政策，则势必趋向于集权化，因为集权是达到政策一致性最方便的途径。采用一致的政策便于比较各部门的绩效，以保证步调一致。如果最高主管希望政策不一致，即允许各单位根据客观情况制定各自的政策，则势必会放宽对职权的控制程度。政策不一致有利于激发下级单位的创新和竞争，提高效率。

（3）组织的规模。组织规模扩大后，集权管理不如分权管理有效和经济。组织规模越大，组织的层次和部门会因管理幅度的限制而不断增加。层次增多会使上下沟通的速度减缓，造成消息延误和失真；部门增多后，彼此间的配合工作也会迅速增加。因此，为了加快决策速度、减少失误，使最高主管能够集中精力处理重要的决策问题，也需要向下分权。

（4）组织的成长。从组织成长的阶段来看，组织成立初期绝大多数都采取和维护高度集权的管理方式。随着组织的逐渐成长，规模日益扩大，则由集权的管理方式逐渐转向分权的管理方式。从组织成长的方式来看，如果组织是从内部发展起来的，由小组织逐渐发展成为大组织，则分权的压力比较小；如果组织是由合并的方式发展起来的，则分权的压力比较大。

（5）管理哲学。管理者的个性和他们的管理哲学不同，对组织的分权程度有很大影响。专制、独裁的管理者不能容忍别人触犯他们小心戒备的权力，往往采取集权式管理；反之，则会倾向于分权。

（6）人才的数量和素质。管理人才的缺乏和素质不高会限制职权的分散；如果管理人才数量充足、经验丰富、训练有素、管理能力强，则可有较多的分权。

（7）控制的可能性。分权不可失去有效的控制。最高主管将决策权下放时，必须同时保持对下级工作和绩效的控制。许多高层主管之所以不愿意向下分权，就是因为他们对下级的工作和绩效没有把握，担心分权之后下级无法胜任工作而承担连带责任，认为与其花更多的时间去纠正错误，不如少花一些时间自己去完成这项工作。因此，要有效地实施分权，就必须同时解决如何控制的问题。

（8）职能领域。组织的分权程度也因职能领域而不同，有些职能领域需要更大的分权程度，有些则相反。在企业的经营职能中，生产和销售业务的分权程度往往较高，原因很简单，生产和销售业务的主管要比其他人更熟悉生产和销售工作。但销售职能中的某些业务活动需要较高的集权，如定价、广告、市场研究等。财务职能更需要高度集权，只有集权，最高层主管才能保持其对整个组织财务的控制。

（四）授权

授权和分权虽然都与职权下授有关，但二者是有区别的。分权一般是组织最高管理层的职责，授权则是各个层次的管理者都应掌握的一门艺术；分权是授权的基础，授权以分权为前提。

1.授权的意义

授权对更好地开展组织工作是十分重要的。管理者授权的意义在于以下几点：

（1）管理者能够从日常事务中解脱出来，专心处理重大问题。随着组织规模的扩大，由于受一定的时间、空间及生理条件的限制，管理者不可能事事过问，而授权可使管理者既能从日常事务中解脱出来，又能控制全局。

（2）可以提高下级的工作积极性，增强其责任心，并提升工作效率。通过授权，下级不仅拥有一定的职权和自由，而且不必事事请示，可提高下级的工作效率。

（3）可以增长下级的才干，有利于管理者的培养。通过授权，下级有机会独立处理问题，从实践中提高管理能力，从而为建设一支高素质的管理队伍打下基础，这对一个组织的长期持续发展是十分重要的。

（4）可以充分发挥下级的专长，以弥补授权者自身才能的不足。随着组织的发展和环境的日趋复杂，管理者面临的问题越来越多、越来越复杂，而每一个人由于受自身能力的限制，不可能做到样样精通。通过授权，可把一些自己不会或不精的工作委托给有相应专长的下级来做，从而弥补授权者自身的不足。

2.授权的过程

授权是指管理者将分内的某些工作托付给下级（或他人）代为履行，并授予被授权者完成工作所必要的权力，使被授权者有相当的自主权、行动权。授权的含义包括以下三点。

（1）分派任务。分派任务就是向被授权者交代任务。任务是指授权者希望被授权者去做的工作，它可能是要求写个报告或计划，也可能是要其担任某一职务。不管是单一的任务还是某一固定的职务，都是由组织目标分解出来的工作或一系列工作的集合。

（2）授予权力。在明确了任务之后，就要授予被授权者相应的权力，如有权调配有关人员或相应资源，使被授权者有权履行原本无权处理的工作。

（3）明确责任。当被授权者接受了任务并拥有了所必需的权力后，就有义务完成所分派的工作。被授权者的责任主要表现为向授权者承诺保证完成指派的任务，包括向上级汇报任务的执行情况和成果，并根据任务完成情况和权力使用情况接受授权者的奖励或惩处。值得指出的是，被授权者所负的责任只是工作责任，而不是最终责任，授权者对被授权者的行为负有最终的责任。

授权并不是职权的放弃或让渡。管理者授权与教师传授知识类似，教师将知识传授给学生，学生获得了这些知识，但教师并没有因此失去知识。同样，授权者也不会由于将职权授予别人而丧失它，授出的一切职权都可由授权者收回和重新授出。

3. 授权的原则

为使授权行为达到良好的效果，需要灵活掌握以下原则。

（1）重要原则。授予下级的权限，要使下级认为是该层次比较重要的权限。如果下级发现上级授权只是一些无关紧要的小事，就会失去积极性。

（2）明责原则。授权时，必须向被授权者明确所授事项的责任、目标及权力范围，让他们知道自己对什么资源有管辖权和使用权，对什么样的结果负责及责任大小，使之在规定的范围内有最大限度的自主权。否则，被授权者在工作中不着边际、无所适从，势必贻误工作。

（3）适度原则。评价授权效果的一个重要因素是授权的程度。授权过少，往往造成领导者的工作太多，下级的积极性受到挫伤；授权过多，又会造成工作杂乱无章，甚至失去控制。授权要做到下授的权力刚好够下级完成任务，不可无原则地放权。

（4）不可越级授权。越级授权是上层领导者把本来属于中间领导层的权力直接授予下级，这样做会造成中间领导层工作上的被动，扼杀他们的负责精神。如果有时上层领导者越级授权是由于中层领导不力，也应该采用机构改革的办法予以调整。所以，无论哪个层次的领导者，均不可将不属于自己权力范围内的职权授予下级，否则，将导致机构混乱、争权夺利的严重后果。

第三章 经济管理的前沿理论

经济管理与我们的生活密切相关。探析经济管理的前沿理论，厘清经济管理的相关内容，可以为我们更清晰地了解经济管理奠定良好的基础。本章重点论述经济管理的前沿理论知识。

第一节 管理理论前沿

一、核心能力理论

1. 核心能力的构成要素

企业的核心能力所包含的内容既丰富又复杂，所涉及的内容较为广泛，主要包括以下三个方面。

（1）研究与开发能力

应用研究是为了获得新知识而进行的创造性研究。它主要针对某一特定的实际应用目的，可以连接基础研究和技术开发。技术开发是指利用从研究与实际经验中获得的现有知识或从外部引进的技术与知识，为生产新的材料、产品，建立新的工艺系统而进行实质性的改进工作。

（2）创新能力

社会在不断地进步，企业想要保持发展与竞争的优势，就需要不断创新。创新就是根据市场变化，在企业原有的基础上，不断优化资源配置，重新整合人才，寻找不足之处，不断改进，以更加贴合市场需求，进而实现企业的初级目标，使企业的产品、技术、管理不断创新。企业创新的主体是生产一线的管理层、技术层、中间管理层。

创新能力作为创新主体，在生产经营活动中善于敏锐地察觉旧事物的缺陷，准确地捕捉新事物的萌芽，提出相关的推测与设想，再进行进一步的论证，并准确地实施。创新能力与创新主体的知识素养、思想意识、心理特点及社会环境具有紧密的联系。

（3）转换能力

将创新意识与创新技术转换为可实行的工作方案或者产品，创新研究与开发才是有价值的。转换能力作为企业技术能力管理的重要因素，转换的过程也就是创新的进一步深化。创新只有转换为实际效益才是真正意义上的创新。转换能力在实际应用中的技能表现如下：

第一，综合。将各种技术、方法等综合起来，形成一个可实行的综合方案。

第二，移植。将其他领域的方法移植到本企业的管理与技术创新中。

第三，改造。对现有的技术、方法、设备进行改造。

第四，重组。根据企业的现实情况及社会的需求，对现有的方法、过程、技巧，进行重新改造，不断优化。

由于客观世界无时无刻不在发生变化，企业的决策者需要根据这些变化来做出及时的判断，还需要有敏锐的感应能力，这样才可以根据各种客观条件的变化做出适当的调整。

2.核心能力的基本特征

（1）技术经济性

企业核心能力既包括技术因素又包括经济因素。单纯的发明创造只是停留在技术性的层面上，只有将发明创造应用于生产，转化为现实生产力，产出一定的经济效益或者社会效益，才是企业的技术能力。

（2）非均衡性

承认核心能力的渐进性，并不否定其革命性。创新和研发能力是核心能力的本质体现，而创新和研发过程是充满风险和不确定性的。在这一过程中既有继承性的技术渐进发展，又有突变性的技术革命。正是这种革命性使企业的竞争既充满成功的机遇与希望，又具有失败的压力与风险；正是这种革命性推动着经济的发展和飞跃。

（3）整体性

不能只依靠一种能力或者一项技术就来判断企业的实力，而应兼顾企业的技术水平、设计能力、生产能力、经济实力等综合能力的表现。不只是技术因素，它还与企业的文化建设、员工的知识素养等非技术因素有关。换句话说，核心能力就是企业的综合能力。核心能力一旦形成，竞争对手在短时间之内是很难模仿的。

（4）动态性

企业的核心能力并不是一成不变的，需要根据时代的发展要求，不断强化自己的核心能力，企业的核心能力若只是固守在一个阶段或者是依靠一种技术，那么它的优势也会随着时间慢慢丧失。只有与时代的发展相一致、与科技的进步相一致，才可以保持企业的优势。

（5）渐进性

一些非关键性技术或者通用技术是可以在市场上通过购买获得的，而企业的技术能力是无法通过金钱购买的。企业的核心技术也不会在一朝一夕就能形成，而是长时间的知识技术的积累与经验的获得。

3.影响核心能力形成的要素

企业文化与企业的凝聚力；企业决策者的素质与能力，企业员工的知识素养；企业的经济资本；企业创新机制；企业的技术力量。

4.核心能力评价

核心能力作为企业综合素质的重要体现，根据企业的性质不同，制定的衡量标准也不相同。因此，想要全面评价企业的核心能力，并不容易。只能说做到相对客观与公正，结合定量与定性这两方面的评价标准，力求公正、客观、科学地评价企业的核心能力，主要指标如下：

（1）企业专利成果发明数量。该指标主要反映企业研究开发能力的效果和科技水平的领先程度，也综合说明了企业技术能力的强弱。

（2）企业拥有的核心科技员工的数量。作为企业科技力量的体现，所拥有的科技员工越多，就说明企业的科技力量越强大。

（3）企业产品占有市场份额的多少。该指标反映了企业产品的市场渗透能力。

（4）企业在消费者中的满意度。消费者作为企业经济效益的直接决定者，消费者满意，就会为企业带来更多的利益。

（5）企业产品的相关技术的更新速度。作为企业的核心能力，更新的速度越快，产品与技术的竞争力也就越大。

（6）企业适应市场的能力。市场消费需求变化日新月异，企业必须有适应市场的能力，这样才能及时推出适合的产品。

（7）企业要有与自己技术相关的衍生产品。

通过对上述因素的分析，核心能力理论作为管理理论中的重要组成部分，在选择哪些因素可以成为核心能力的同时，还需要关注核心能力的创新研究。想要培养核心能力，就需要重视产业的预判能力。企业需要根据员工的需求、社会的发展趋势以及技术的更新方向，合理地构想出市场对未来企业的需求与定位，培养出新的核心能力，使企业拥有竞争的优势，不被时代抛弃。

二、知识管理理论

1. 知识管理概述

（1）知识管理的定义

简单地说，知识管理就是以知识为核心的管理，具体来讲，就是通过确认和利用已有的和获取的知识资产，对各种知识进行的连续的管理过程，以满足现有和未来的开拓新市场机会的需要。知识管理的出发点是把知识视为最重要的资源，最大限度地掌握和利用知识作为提高企业竞争力的关键。

（2）知识管理涉及的方面

知识管理要求员工可以分享他们所拥有的知识，并且对可以做到的员工给予鼓励。知识管理主要涉及以下方面：技术方面；过程方面；员工方面；组织结构与企业文化方面；评价方面。

2. 知识管理的基本职能

（1）外化

外化首先包括一个强大的搜索、过滤与集成工具，从组织的外部知识与内部知识中捕获对企业现在和未来发展有用的各种知识。其次是外部储藏库，它把搜索工具搜索到的知识根据分类框架或标准来组织它们并存储起来。再次是一个文件管理系统，它对储存的知识进行分类，并能识别出各信息资源之间的相似之处。基于此，可用聚类的方法找出公司知识库中各知识结构间隐含的关系或联系。最后，外化的作用是通过内化或中介使知识寻求者能够得到捕获搜集到的知识。

（2）内化

内化知识通过各种各样的方法发现与特定消费者的需求相关的知识结构。在内化的过程中，需要对知识进行过滤，来进一步确定相关的知识，并将这些知识传递给需要的人。

内化可以帮助研究者就特定的问题进行沟通。在内化的高端应用软件中，提取的知识可以最适合的方式来进行重新布局或呈现。文本可以被简化为关键数据元素，并以一系列图表或原始来源的摘要方式呈现出来，以此来节约知识使用者的时间，提高使用知识的效率。

（3）中介

内化的过程注重明确、固定的知识传送。中介就是针对一些没有编码存储于知识库的知识，将知识寻求者与最佳知识源相匹配。通过对个体的深度挖掘，中介可以将需要研究的特定课题的人或者与之相关的人聚集在一起。

（4）认知

认知是上述三项职能交换之后得出的知识的运用，也是知识管理的最终目标。现有技术水平很少能实现认知过程的自动化，大部分都是专家系统或利用人工知识智能技术做出的决策。

3. 知识经济时代企业管理的模式

企业想要在知识经济时代站稳脚跟，就需要适应知识经济时代的发展，制定合理的企业管理模式，注重在管理上的创新。主要体现在以下几个方面：注重知识的作用，实现智力资本的管理；重视全球化的作用，增强现代意识管理；重视竞争的作用，实现人才的激励管理；注重生态意识，实现生态营销；注重技术的更新与升级。

三、人本管理理论

1. 人本管理的内涵

人本管理是管理学中的重要组成部分。这项理论的提出已经有一段时间，只是尚未形成统一的认识。不管是中国的古代文化，还是西方的各个管理学派，对人本管理的认识都是各执一词，但是他们的观点对人本管理的发展具有重要的影响，不断丰富着人本管理的内涵。

2. 人本管理模式

（1）生涯管理模式

作为人力资源管理内容的生涯管理，向人们昭示体现真正意义的人本管理模式的出现。生涯管理可以从两个方面去理解。从组织层面，可以理解为企业从组织目标和员工能力、兴趣出发，与员工共同制订和实施的一个符合企业组织目标需要的个人成长与发展计划（此时多称为生涯管理）；从个人层面可以理解为员工为寻求个人的发展，而与组织共同制订和实施的既使个人得到充分发展又能使企业组织目标得到实现的个人发展计划。生涯管理是在人类社会发展到一定阶段出现的一种全新的管理理念和管理模式。

第一，它是劳动者工作动机高层化与多样化的结果。由于社会经济的不断进步，人们的收入水平也有所提升，获取经济收入只是人们参与就业的目标之一。人们在参与生产劳动的过程中，同样希望丰富自己的社会经验，增加社会交往，提升自己的社会地位。他们也希望获得更多的权力，参与到管理的过程中，有更多的机会展示自己、提升自己。

第二，脑力劳动逐渐取代体力劳动，传统的过程管理模式已经不再适用于现代的经济发展，管理的效果也并不能使大多数人满意，生涯管理的方式更符合现代企业的要求。

第三，在市场经济条件下，企业的竞争压力越来越大。适应市场经济变化、更新产品的功能与品牌形象，需要企业员工能力的进一步提升，还需要企业优化员工的配置。

第四，员工希望企业可以照顾到个人的素质和兴趣特点，甚至是系统的素质开发与配置，为自己以后的成长与发展奠定良好的基础，这样才有可能实现人的多重发展。

传统的人事管理必须做出一定的改变才可以适应社会的发展要求。生涯管理消除了传统人事管理的弊端，将人力资源的各项内容有机地整合在一起，使人员配置得到进一步优化，从而调动员工的积极性。生涯管理可以说是人本管理最好的体现模式。

（2）能本管理模式

管理理念是支撑组织发展的核心文化精神，是组织文化的深层价值。能本管理的理念是以能力为本的。具体来说，现代形态的文化价值观，应建立在能力价值观的基础之上，要以能力价值观为主导来支撑和统摄其他价值观（如利益、效率、个性、主体性、自由、平等、民主、创新等）；而且当"权位""人情""关系""金钱""年资""门第"同"能力"发生冲突时，应让位于能力；在市场经济、知识经济和现代化建设条件下，人生的一切追求、一切活动应围绕如何充分正确发挥人的能力；人要依靠能力来改变环境，依靠能力立足，并实现个人价值，依靠能力来为社会工作；在对组织和成员的行为表现进行评定和奖惩时，应首先看其能力发挥及其为社会做出贡献的状况。

能本管理对组织与成员之间关系的要求：组织既要引导成员通过努力来实现自身的价值，还要发挥成员的优势，为组织、国家、社会做出贡献，进一步实现个人的价值。同时也要求组织为每一名成员营造良好的环境、提供相对公平的机会，引导成员将个人目标与组织目标联系在一起，使组织与成员成为共同体，将组织的发展与成员个人的发展联系在一起，实现组织与成员的共同发展。

努力消除维持型组织，建立一个创造型组织，逐步实现文化创新、制度创新、组织创新和技术创新；努力消除经验型组织，建立一个学习型组织，即从组织结构、形态和制度设计到组织成员的理念、价值观、态度、心理、思维和行为，都应具有强烈的自我组织、自我调整、自我发展和自我完善的能力，使成员具有主动驾驭组织的目标和任务，并能适应外部环境变化的意识和能力，而这些能力形成的一个重要途径，就是组织对成员的教育和培训，使成员在组织中能得到"终身学习"和"持续培训"。因此，组织应建立科学的教育培训体系，加大教育培训的力度；还要逐渐消除形式型组织，建立一个实效型组织，使组织注重实效，反对形式主义，力图增强组织的实力和活力。

能本管理对组织成员的要求是进一步挖掘成员的潜能，优化人员配置，使成员的才能得到进一步的发挥与展现。成员可以通过不断地学习来提升自己的能力，通过取得的成绩来证明自己的努力。

能本管理在用人制度上，尽量避免根据领导的喜好或者是人情关系来选拔人才。选拔人才的标准应建立在公正、公平、公开的原则上，将合适的人放在合适的岗位上才是最重要的。

四、再造理论

1. 再造理论的特点

再造理论的特点：向基本信念挑战；彻底性；跃进式的发展；从业务流程着手。

2. 企业再造

（1）企业再造的核心领域——业务流程

企业再造的核心领域是业务流程，企业再造的关键技术就是重整业务流程。业务流程是企业为满足顾客需求，通过输入各种原料，以创造出符合顾客需求的产品或服务的一系列活动。在业务流程再造前，企业首先应深入分析原有的业务流程，发现其中的不足之处。其次，分析和论证业务流程的重要性、问题的严重性及再造的可行性，以便安排业务流程再造的顺序。由于企业资源有限，不能对所有业务流程进行改造。因此，一般优先选择对顾客利益影响最大的流程进行再造，如影响产品特色、交货期限和产品成本的流程。

（2）业务流程改造的策略

业务流程改造的基本原则是执行流程时，插手的人越少越好；顾客了解流程时，越简便越好。依据这一基本原则，企业的业务流程改造可采取以下策略：

1）合并工序。企业可利用相关技术，将原有的被分割成许多工序的流程按其自然形态合并起来，以提高效率。

2）共享信息。企业可将业务流程中一些完成工序的人员组成团队，共同完成流程改造，团队之间能共享信息，减少工序交接的问题。

3）同步流程。将原有的平行式流程和连续式流程转变为同步流程。平行式流程是指划分流程中的所有工序，所有工序同时独立进行，最后将各个工序的部件进行汇总。连续式流程是指按照流程顺序完成工序，流程中的后一道工序要在前一道工序完成的情况下进行。平行式流程和连续式流程的缺点是运转速度慢、流程周期长。同步流程是指多道工序同时进行，各道工序之间可以随时沟通。企业实施同步流程能提高运转速度，缩短运行周期，有效提高流程运转的效率。

（3）业务流程改造之后的优势

1）没有装配线。改造后的流程将原本被分割的工序重新组合回去或者将几道工序压缩成一道工序。在新流程中，由服务专员或团队专门解决顾客的问题和需求。通过压缩平行的工序，装配线自然消失了，同时减少了监督工作，也精简了工作人员。

2）提高员工的决策权。新流程压缩了工序，组成了工作团队，垂直的等级制被压缩，减少了以往需要层层上报的程序，员工拥有一定的决策权。

3）提高工作效率。在新流程中，几乎所有的工序都可以通过信息处理系统同时进行，缩短运行周期，有效提高工作效率。

4）多样化服务。传统业务流程主要遵循标准化生产理念，以不变应万变，所有问题都以同一种模式来处理，整个业务流程刻板僵化。改造后的业务流程具有灵活应变的能力，提供多样化的服务方式。

5）超越界限。传统业务流程中，组织内部之间和组织与外部之间有着行为、权力的界限。改造后的业务流程为提高流程运转的效率，可超越界限行事。

6）减少审核与监督。在传统业务流程中，许多工序被分割，需要将分割的工序进行审核和监督后重新组合。改造后的流程合并了一定的工序，减少了连接点，也就减少了审核与监督，在一定程度上避免了组织中的冲突。

7）企业享有集权与分权的好处。通过改造业务流程，能克服传统流程管理中集权与放权的弊端。新流程管理的主要思想是放权，建立自我管理的工作团队。在新流程中，企业能通过现代信息技术实时掌握各工序的运行情况，节约了审核与监督的成本。

3.企业再造的同步工程

企业再造需要同步工程的应用，在企业进行整合业务流程的过程中，也需要整合企业的相关内容，主要内容如下：重新整合企业价值观；重新设计工作方式；重新设计考评体系。

五、学习型组织

1.组织成员拥有一个共同愿景

共同愿景作为组织成员共同的愿望，是建立在客观事实的基础之上对未来的合理规划。共同愿景又高于个人愿景，共同愿景将不同的员工聚集在一起，为了共同的目标而努力。

2.组织由多个创造型团体组成

在学习型组织中，团体作为最基本的学习单位，也是最具创造力的单位。组织是由多个创造型团队组成的，组织中的所有目标也是直接或者间接通过团队来实现的。

3."地方为主"的扁平式结构

学习型组织最大的特点就是尽自己最大的努力，将决策权下放到离公司管理层最远的地方，倡导决策权向组织结构的下层移动，可以让公司最底层的员工拥有一定的决定权，有了权力，也要对自己的权力与决定负责。这样的思想组织结构趋近于扁平式。

4. 组织的边界将被重新界定

学习型组织的边界建立在组织要素与外部环境要素的互动关系之上，可以超越根据职能或者是部门划分的规定边界。因此，组织的边界会被重新界定。

5. 员工家庭生活与事业发展的平衡

学习型组织注重员工家庭生活与事业发展的平衡。支持员工充分自由地发展，员工也需要承诺组织认真工作。这样一来，组织与个人之间的界限将会变得模糊，家庭与事业之间的界限也就没有那么明确了，很容易达到家庭生活与事业之间的平衡。

6. 领导者的新角色

在学习型组织中，领导者的角色又有了新的定位——设计师、仆人、教师。在学习型组织中，需要领导者对组织的整体要素进行整合与优化，不仅仅是要设计组织的结构、组织策略，还要设计组织的发展理念。

之所以将领导者定位为仆人，是因为领导者需要实现组织愿景，对组织的真实情况有所认识，可以准确地了解下属的真实情况，这样才可以促进每一个人学习。

学习型组织是通过组织成员与整个组织的持续学习而建立的，持续学习是组织持续发展的精神基础。它贯穿整个学习的过程，还需要在企业再造成功之后，继续深入学习。想要做到这一点就需要营造一种有利于学习的氛围，鼓励员工为企业的长远发展多做贡献。

六、管理创新理论

1. 管理创新的内容

（1）社会整体目标创新

知识经济下要求企业管理在追求自身目标的同时，还需要与整个社会的发展目标相联系。不仅要让顾客满意、员工满意、投资者满意，还要使社会满意，这就是全方位满意的管理原则，以丰富社会整体目标。

（2）精神激励创新

在传统的工业经济管理中领导者注重物质激励，对精神激励并不重视。根据马斯洛的需求层次理论，领导者更应注重人的精神需求。现代企业也不应该再满足于表扬、奖赏等传统的精神奖励，而应该创新精神奖励，赋予员工更多的责任与权力，使员工认识到自己的责任，充分调动自身的主动性与创造性。除此之外，还要重视精神奖励的及时性。

（3）组织文化建设创新

传统的工业管理最为重视规章制度等管理，现代知识经济管理则重视组织文化管理。企业文化建设已经成为企业建设中的重要组成部分，实现组织文化管理，在知识经济时代下，不管是企业内部还是企业外部原有竞争者将普遍联合，选择合作机制，在一种和谐的文化氛围中共同开拓与培育市场。

（4）知识管理目标创新

将信息与人、信息与过程、信息与信息联系在一起，实现大量的创新。通过将信息与人的认知能力结合在一起，进一步产生知识，运用信息创造知识，实现知识管理的目标。

（5）集体知识共享和技术创新

知识经济中员工的重要性不仅仅取决于他以前的知识掌握情况，更在于他不断学习、不断创新知识，将新的知识运用到实际中。培养员工这种潜力，实现员工之间的共享与集体拥有知识，作为企业竞争的核心所在，可以满足知识经济管理的要求。

2. 管理创新的空间

（1）企业外部环境的变动导致管理创新空间的存在

企业作为市场活动的主体，在进行市场经济活动的过程中，不可避免地会与外界的企业发生联系，甚至还会影响到企业内部的资源交换与配置。同时，将对原来企业的运行方式产生影响。对企业外部影响较大的因素主要有以下几种：市场结构的变动；经济周期性波动；政府、竞争对手及消费者；制度变迁和政策效应的影响。

（2）企业内部资源配置的复杂性导致管理创新空间的存在

随着社会的发展、市场完善需求的复杂化，企业内部资源配置呈现复杂与简单两种趋势。

一方面，由于科学技术的进步、大规模自动化设备的产生，产品生产规模化、简单化，对员工的操作要求并不高。

另一方面，面对市场需求的复杂性，企业只有开拓管理创新空间才可以实现销售产品的目的，才可以实现市场销售观念的转变，具体从以下几个方面得到论证。

首先，区分好作为管理对象的人与管理主体的人。企业中的人，是重要的资源要素。人既是管理主体也是管理对象。人的劳动成果只有投入资源配置的过程中与大生产的要素相结合，才可以创造出应有的价值。分工协作作为工业化提高劳动生产效率的重要手段，因为分工不同，在最终产品中难以确定每一个劳动者的劳动贡献，很容易出现在生产过程中员工搭便车的行为。

其次，技术的进步速度加大了学习的难度。技术进步既是企业资源配置的内在变量，又是一个外在变量。技术的进步速度日新月异，技术越先进，企业的竞争优势也就越大。企业在追求利益最大化的同时，也要追求最经济的方式，节约企业的成本，追求技术创新。

最后，深化资源配置对象的发展。伴随着经济的不断发展，企业的可利用资源也在不断深化，原来不被人们重视的材料，可能成为企业生产的重要资源。

3. 管理创新行为与范式

动机与运行激励作为主要的内在因素，在管理创新理论中占据重要的地位。动机就是产生某种行为的内在动力，包括心理需求与满足感。管理创新需求作为管理创新主体对某种创新目标实现的欲望，也就是管理创新主体希望自己的创新能力可以得到体现。

从一定程度上讲，创新管理需求是人的最高层次的需求。由创新管理需求产生的创新管理行动可以协调组织行为、提高活动的效率。它们之间可以平行进行，也可以交叉进行。因为不管采用哪一种模式，都是为了实现管理创新主体所设定的目标。管理创新行为没有固定的模式，但是有基本原则与规律（范式），主要包括管理创新原则、管理创新的边界及管理创新模式三个部分。管理创新原则是管理创新的基准与出发点；管理创新的边界则给定了一个具体管理行为的可行域——管理创新目标的达成域；而管理创新模式则是管理创新本身的一个系统流程。实际上不管是普通的员工还是领导者，在考虑进行创新时都需要考量以上三点，要不然只能停留在口头上，不能落实到行动中。

七、市场供应链管理

1. 供应链管理的概念

供应链管理是指对整个供应链系统进行计划、协调操作、控制和优化的各种活动和过程，其目标是要将顾客所需的正确的产品在正确的时间，按照正确的数量、正确的质量和正确的状态送到正确的地点，即"6R"，并使总成本最小。

2. 供应链管理的基本思想

与传统的企业管理相比，现代供应链管理体现了以下几个基本思想：系统观念；共同目标；主动积极的管理；采取新型的企业与企业关系；开发核心竞争能力。

3. 供应链管理的过程

供应链管理的过程主要分为四个阶段：竞争环境分析，准确识别企业供应链所面对的市场特征，掌握第一手的资料；企业现有供应链诊断，采用合适的方法与技术进行供应链分析；供应链的开发与设计，通过供应链诊断找出对顾客满意度有影响的因素，重新进行供应链的开发与设计；供应链改进方案的实施，形成供应链管理所设定的最初目标。

4.供应链管理的方法

在时间上重新规划企业的供应流程,以充分满足客户的需要。推迟制造就是供应链管理中实现客户化的重要形式,其核心理念就是改变传统的制造流程将体现顾客个性化的部分推迟进行。在整个供应系统的设计中,应该对整个生产制造和供应流程进行重构,使产品的差异点尽量在靠近最终顾客的时间点完成,因而充分满足顾客的需要。这种对传统的制造流程进行重构的做法实际上与当前流行的企业再造是一致的。

在地理空间位置上重新划分企业的供销厂家的分布情况,降低企业的经营成本。供应厂家与销售厂家的合理布局,会减少时间的浪费,更快地将生产的产品输送到消费者的手中。企业与供销厂家之间的沟通协作,可以进一步减少运输及存储费用,降低企业的经营成本。

在供应链管理中,需要实现生产商对所有的供应厂家的制造资源进行统一的收集与协调。企业的供应厂家不止一家,为了更好地完成用户目标,就需要对所有的供应厂家的生产资源进行统一规划与协调,将它们视为一个整体。

第二节　经济管理思想的演变

1.早期的管理思想

中国文化源远流长、博大精深,在管理方面也不例外,很多的管理思想甚至比西方要早几千年,至今仍有借鉴意义。

虽然,中国古代的生产力水平有限,但是,我国的司马迁、孙武等人都曾提出过一些重要的管理思想,只不过没有形成系统的管理体系。

18世纪60年代之后,西方国家开始了产业革命,很多的管理思想也由此出现。例如,罗伯特·欧文提出重视人的因素的观点,亚当·斯密的"经济人"的观点等。

2.古典的管理思想

古典管理思想主要集中在19世纪的末期以及20世纪30年代。其主要代表人物为泰勒与法约尔。

泰勒作为科学管理理论的代表人物,最重要的管理理论集中在组织管理与作业管理这两个方面。法约尔在实践中总结出了著名的"法约尔法则",还有13项一般管理原则。

3.中期的管理思想

中期的管理思想产生于1930年至1945年。管理思想的代表人物为梅奥与巴纳德,代表思想为人群关系学理论。该理论认为,员工不仅仅是"经济人",更是"社会人"。

管理者需要从社会与心理这两个方面来提高员工的积极性。在企业中，一定要认识到非正式组织的作用，平衡好正式组织与非正式组织之间的平衡，提升劳动效率与生产效率，还要提高员工的士气。

巴纳德是组织理论的代表人物。他认为，组织是一个系统，在组织内，主管人是最重要的因素，只有依靠主管人的协调，才能维持一个"努力合作"的系统；组织的存在要有三个基本条件，即明确的目标、协作的意愿和意见的交流；要使组织存在与发展，必须符合组织效力和组织效益原则。

4.现代的管理思想

现代管理思想，主要产生于 1945 年之后。此时的管理思想发展态势良好，出现了很多的管理学派，管理思想异常活跃。

行为科学学派的代表人物为马斯洛，著名的需求层次理论的提出者。他将人的需求划分为五个层次。还有一位代表人物是赫茨伯格，他提出了双因素论，将影响工作动机的因素分为两种：内部因素与外部因素。

权变理论学派的主要代表人物为菲德勒和卢桑斯。他们的观点是，不存在一成不变的、适用于所有情况的管理模式与方法，管理者应该根据所处的情况与现实条件，采取不同的管理模式与方法。

决策理论学派的代表人物为西蒙，他表示，管理的关键在于决策，决策作为一个复杂的过程，可以根据决策的性质分为程序化决策与非程序化决策，根据人的满意情况进行决策。

经验主义学派的代表人物戴尔与杜拉克表示，管理学的主要研究内容为管理经验，该学派主张从大企业的管理经验入手，对其进行总结归纳，从而给企业的管理人员提供可实行的建议。

第三节 经济管理的性质与原则

1.经济管理的性质

从微观经济层次的角度，对一系列社会现象进行深入的分析，促进政策的运行，对市场中存在的"市场失灵"等问题进行分析，制定相关的经济政策，实现收入的公平分配。还可以通过制定相关的货币政策、财政政策、收入政策等，进一步保障经济的平稳运行，政府通过对货币及汇率制度进行标准化的管理，确保国际收支平衡。

在微观经济学中，通过对个体经济单位经济行为的研究，来体现西方经济市场机制的运行与作用。在这个过程中，发现这种经济运行的不足，改善相关问题。其主要的组成部分为市场结构理论、生产要素收入分配理论、消费者行为理论、生产成本理论等。这些经济理论共同构成了公共部门经济学的主要研究工具。公共部门经济学的理论发展，也应该感谢微观经济学的发展。

经济管理是指经济管理者与管理机构为了实现特定的目标，对社会经济活动进行事前分析、决策、计划、控制、监督的过程的综合。经济管理作为人们进行共同劳动的一种客观要求，也是一个复杂且庞大的过程，更是一个有机的整体。

经济管理具有双重属性，既包含自然属性也包含社会属性。管理的双重性是由生产的双重性所决定的，经济管理的自然属性是经济活动中的共性，经济管理的社会属性是经济管理的个性。这就相当于同样的管理过程中的两个方面，掌握经济管理过程中的这一特点，有利于管理者对经济管理过程中客观规律的掌握，更有利于理解经济活动，正确借鉴资本与经济管理的经验。

2.经济管理的原则

经济管理的原则简单来说主要包括三种：经济效益最佳；物质利益；遵循客观规律。

3.现代企业经济管理的意义

经济管理概念是将经济学与管理学结合，一般企业在发展过程中，只注重企业的经济效益，而忽略了企业的管理，致使企业无法良好地运营下去。而经济管理拥有很强的实践意义，可以让企业良好地发展，将企业成本控制在合理的范围内，同时，合理配置人力资源，使人力发挥最大的作用。

（1）调动员工工作积极性

现如今相对于20世纪，更注重全方位发展，从员工在企业中的个人价值及薪资福利，到公司的企业文化及工作环境都受员工的关注。所以企业要注重员工的个人利益，同时兼顾企业本身的利益。对于每个公司企业来说，员工都是企业最核心的板块，让员工感受到企业的温情及良好的个人发展、薪资福利，是企业能持续走下去的重要内容。所以企业的管理者应该顺应时代的发展，制定合理的企业规章制度，满足员工的基本生活工作需求，此类管理模式可以调动员工的积极性，最大化员工的工作效率，提升企业的工作质量，稳固企业在市场中的社会地位，对企业的未来发展大有裨益，使公司能够长久地发展，获得更大的经济利益。企业的经济管理无论是对员工还是对企业都是一个双向的互惠互利的过程。

（2）提升企业管理水平

经济管理还可以提升企业的管理水平，弥补企业在传统的生产过程中因只注重经济而缺乏管理的漏洞。传统的企业在过去的生产发展过程中自身的管理水平并没有跟随时代而进步。管理模式较为单一，不能将人力作用发挥到最大也致使企业的经济成本过高。随着时代的发展，已经产生越来越多的新型企业，它们占据着年轻态的优势，吸引了大量的青年加入，而传统企业要面临转型，优化自身的企业体系，制定完善的规章制度，从而增强企业的市场竞争力。

随着我国企业制度的转型，很多企业已经取得了非常大的优势，增强了企业本身的管理水平。国家努力推进供给侧改革，企业要努力跟进国家推行的制度，不断改进企业本身的经济管理工作，使企业未来的发展有良好的支撑点。

（3）增强企业的创新性

现在我国的经济与国外、国内都有着密切的联系，这要求企业内部的经济管理一定要跟上企业的发展或者要领先于发展。因此，实行经济管理制度有利于公司把握市场的动态，以及公司内部运营的能力，给企业带来良好的经济发展。因此现在企业经济管理存在很强的创新意义，创新是企业未来能否步入良好境地的关键，可以增强企业的适应能力。

第四节　经济管理的内容与方法

一、经济管理的内容

经济管理的内容为企业的决策与管理提供依据，其主要包括以下几个方面：

1. 人力管理

人力资源管理作为经济管理中的重要组成部分，一定要加强人力资源的开发与管理。企业一定要做好员工的培训工作，提高员工的基本素质，不断挖掘企业劳动者的潜力，调动员工的积极性。相关部门建立健全人力资源开发机制，为企业人力资源管理提供相关借鉴，教育部门要做好教育工作，为企业输送更多优质的人才，促进企业发展。

2. 财力管理

财力集聚的对象，就是国内社会总产品的价值和国外资金市场中的游资。财力集聚的主要渠道有财政集资、金融机构集资和利用外资。在我国现今的市场经济发展中，除了搞好财政集资外，尤其应重视金融机构集资和利用外资。财政集资的主要特点是强制性和无偿性，金融机构集资的主要特点是有偿性和周转性。财力管理应坚持的原则：统筹兼顾，全面安排；集中资金，保证重点；量力而行，留有余地；维持财力平衡。

3. 物力管理

物力管理包括两方面的内容，一是自然资源的保护与利用，二是物力的开发、供应与使用。

想要更好地实现物力管理，就需要遵循经济规律与自然规律，主张节约、不能浪费。结合经济发展的要求与人们的需求，开发、使用、保护好物力资源，以合理的方式使用物力，促进企业的正常运行，促进经济与社会事业不断发展。

在设计自然资源的开发与利用的过程中，要根据可持续发展的相关要求，对自然资源进行合理的开发与利用，不能随意开发，要适度开发、合理利用，以提高资源的使用效率，保护自然环境。

4. 科学技术管理

科学是人类实践经验的概括和总结，是关于自然、社会和思维发展的知识体系。技术是人类利用科学知识改造自然的物质手段和精神手段的总和，它一般表现为各种不同的生产手段、工艺方法和操作技能，以及体现这些方法和技能的其他物质设施。

制订科学技术发展规划，合理使用科学技术，努力创新科学技术，积极推广应用科研成果。注重技术改造与先进技术的引进，提升自身的创新能力，加强创新型科技人才队伍的建设，为经济管理服务。

5. 时间资源管理

时间是一切运动着的物质的一种存在形式。时间资源具有不可逆性，具有供给的刚性和不可替代性，具有均等性和不平衡性，具有无限性和瞬间性。

时间资源的管理是指在同样的时间内，为了提升时间的利用率与有效性而进行的一系列的调控工作。时间资源管理的内容，简单来说，就是指对生产时间与流通时间的管理。

有效的时间资源管理，就需要做出明确的经济活动的目标与规划，对时间的使用有明确的规划、严格把控时间。对整体的工作程序进行深化与优化，提升工作效率。此外，还要保障有足够的时间用来休息与娱乐。

6. 经济信息管理

经济信息是指反映经济活动特征及其发展变化情况的各种消息、情报、资料的统称。经济信息的特征：社会性、有效性、连续性和流动性。

经济信息的分类标准多样，不同的划分标准会出现不同的分类情况。按照经济信息的获取方式不同，可以分为常规性信息与偶然性信息。按照经济信息来源不同，可以分为原始信息与加工信息。按照经济信息所反映的内容不同，可以分为外部信息与内部信息。

经济信息管理的要求应该建立在及时、准确、适用的基础上。经济信息管理的基本过程分为收集、加工、及时传递、分类储存。

二、经济管理的方法

组织的经济管理方法与行政方法都具有各自的特点。组织具有综合效应，这种综合效应是组织成员共同作用的结果。组织管理就是通过建立组织结构、明确权责关系、规定相关职务，组织成员各司其职，彼此之间相互配合，共同为了一个目标而努力的过程。

1. 经济方法

经济方法是指依靠经济组织，运用经济手段，按照客观经济规律的要求来组织和管理经济活动的一种方法。正确理解经济方法的含义需要把握以下要点：经济方法的前提是按客观经济规律办事；经济方法的实质和核心是贯彻物质利益原则；经济方法的基础是搞好经济核算；经济方法的具体运用主要依靠各种经济杠杆；运用经济方法，主要依靠经济组织。经济方法的特点是利益性、平等性、有偿性、间接性、作用范围广、有效性强。

经济方法的科学运用，在一定程度上可以体现经济杠杆的科学作用。有效地利用经济杠杆，可以加强对经济活动的管理，但是一定要认识到各种不同的经济杠杆的作用领域与具体的调节目标。经济杠杆的调节作用可以体现在社会经济生活中的各个方面，实现多种调节目标。例如，信贷杠杆是在资金分配的过程中发挥作用，可以促进社会总需求与总供给之间的平衡，还可以促进企业的发展，减少资金的占用，促进资金的合理运转，提高企业的经济利益。

2. 法律方法

经济管理的法律方法，是指依靠国家政权的力量，通过经济立法和经济司法的形式来管理经济活动的一种手段。法律方法的特点：权威性、强制性、规范性、稳定性。

法律方法是国家管理和领导经济活动的重要工具，在经济管理中之所以要使用法律方法，从根本上说，是为了保证整个社会经济活动的内在统一，保证各种社会经济活动朝着同一方向、在统一的范围内落实依法治国基本方略。具体来讲就是保障国家经济建设的大政方针，保护以公有制为主体的多种经济成分的合法权益，保障科技成果的有效应用，加强国与国之间的经济合作，保证顺利完成经济体制改革。

3. 行政方法

经济管理的行政方法，是指依靠行政组织，运用行政手段，按照行政方式来管理经济活动的一种方法。行政方法的特点：强制性、直接性、无偿性、单一性、时效性。

行政方法使用之前，一般会进行深入的调查研究，注重从实际出发，尊重客观事实。行政方法一般建立在客观经济规律之上，对各级组织与领导人的权力范围有严格且明确的划分，可以正确处理各级组织的关系；裁撤冗余的机构组织，建立健全行政工作责任制，提高办事效率；尊重人民群众的利益，发扬民主，积极联系群众。

合理的经济管理组织是管理者履行各种管理职能、顺利开展各项管理活动的前提条件。建立合理的经济管理组织应坚持的基本原则：坚持有效性原则，即管理组织结构的建立，包括它的结构形态、机构设置和人员配备等，都必须讲效果讲效率；坚持权力与责任相对称的原则，即各级经济管理机构和管理人员，根据所管辖范围和工作任务，在管理经济活动方面，都应拥有一定的职权，与此相对应，还要承担相应的责任；坚持管理层级及幅度适当的原则。一般来说，管理层级与管理幅度成反比例关系，即幅度宽对应层较少，幅度窄对应层则较多；坚持统一领导、分级管理的原则；坚持稳定性和适应性相结合的原则；坚持执行与监督的分设原则。

第五节　经济管理的效益与评价

1. 经济管理的重要性

企业的经营活动都是为了获得经济效益而进行的，经济管理是企业管理制度中的重要一环，采取有效对策对企业经济运行进行管理，能够促进企业的健康发展。

2. 将经济管理作为企业经营管理的中心

（1）加强资金管理

资金管理作为企业经济管理的核心，也是衡量企业经营标准的重要参考因素。加强资金管理、提升资金的使用效率、优化资金的配置是提升企业经济管理的重要方式之一，这也是企业立足的关键。

（2）坚持资金运转管理的思想

企业经济管理的最终目标就是保障资金的使用科学化与合理化，提高企业的经营效率。经济管理作为企业管理的关键，不只是相关的管理部门应坚持这种思想，而是企业的所有员工都应秉持资金管理的思想。

（3）定期开展经济预算

企业在日常的经营管理中，根据企业实际的资金情况，对企业的经济活动及盈利规划做出合理的设计方案，计算出有效的经济预算，为企业以后的经营决策提供依据。

（4）强化收支管理机制

企业只能设置一个账户，不能建立多个账户，将资源打散，用来掩藏资金。也就是说，企业所有的开支与收入应该用一个账户，禁止相关部门或者个人对资金进行不合理的使用，企业资金的开支应该由专门的负责人进行管理，其他人没有权力支配。

（5）做好成本控制

成本控制是经济管理的重要组成部分，做好成本控制就是协调各部门之间的费用分配，将最具有竞争力的产品指标进行有效的拆分，并在相关部门中严格贯彻。采用最先进的技术管理方式，做好成本控制、节约资金，加强企业的竞争力。

（6）策划经济方案

在进行经济管理的过程中，相关工作人员要根据企业的真实情况，做好经济方案，有阶段性的经济方案，也要有全年的经济方案，做好经济预算，及时解决经济活动的困难，便于经济管理。

（7）研究经济管理的结果

深入研究经济管理的结果，对经济管理具有重要的意义。可以找出经济管理中的不足，吸取相关的经验，不断完善经济管理活动，可以使企业有效地掌握资金，做好预算，促进企业的发展。

3.加大经济管理的力度

经济管理与企业的日常经营活动相结合，加大经济管理的力度。在企业的日常经济管理活动中，经济管理的作用可以说在各个环节都有所体现，以保障企业的正常运行，减缓资金供应的压力。

（1）影响企业资金周转不畅的因素

影响企业资金周转不畅的因素主要包括相关工作人员的经济管理的意识淡薄；客户欠款与拖款现象严重；所支持的资金的账目一直处于较高的水平。

企业要根据自身的实际情况，建立专项的管理团队，定期开展收回欠款的活动，还需要各个部门之间的相互配合，做好企业的成本预算，降低企业成本，提高企业的经济效益。

（2）拓展经济管理的途径

1）做好经济规划

良好的经济规划对企业的发展方向具有重要的指导意义，经济规划做得好，就会提升企业的经济效益，增强企业的经济管理。因此，想要做好经济规划就需要从以下几个方面着手：掌握企业的具体情况，对资金的流通规律有基本的认识；应该进行充分科学调研，依法经营；厘清投资过程，科学民主地进行经济管理；建立风险预警机制。

2）体现经济监督

企业想要维持正常的运转，就需要建立健全经济监督机制，成立管理领导小组，加强经济管理监督工作，反对不良经济行为。经济管理人员一定要具备高度的责任感，对不良的经济行为坚决抵制，发现问题，及时与有关人员沟通，坚守自己的职业道德，保障职工的合法权益。

3）科学分配企业盈利

盈利的分配直接关系到员工的切身利益。科学地分配企业的盈利，可以调动员工的工作热情，还可以促进企业的整体发展。现今来讲，大部分企业的分配原则都是采用平均分配，这在一定程度上挫伤了企业员工的生产积极性，也使企业的运行陷入一种不良循环。

根据经济管理的内容，企业的领导可以采用多种形式来改善盈利的分配，体现杠杆的调节作用，使企业的运行达到一种相对平衡的状态，提升员工的积极性，让企业朝着更好的方向运行。

想要全面提升企业经济管理的引导效果，就需要建立一个科学、全面、有效、可实行的经济管理体系，不只是依靠某一个部门或者某一部分人员，而应该是企业的全体部门与全体职工。一起努力致力于做好管理决策，提升员工素质，利用最先进的技术，做好成本控制、资金规划，提升经济管理的效率。除此之外，还要加强企业员工的相关培训，不断提高企业的管理水平，提升企业的经济效益，为企业的发展做出贡献。

4.如何提升企业经济管理效益的思考

经济管理作为企业管理工作的核心组成部分之一，贯穿企业经济发展的全过程。当今时代，社会经济发展迅速，企业在经营过程中，面临投资与收益风险并存的挑战，企业经济管理在企业经济发展中的地位不断提高。而传统的企业经济管理无法满足当前企业现代化发展提出的具体要求。因此，企业有必要在经营发展过程中，严格按照企业经济管理的原则，探索传统企业经济管理模式中存在的问题，并结合新时代企业现代化发展对经济管理的要求，探寻一套适应社会发展要求的新经济管理制度，以此进一步提高企业经济管理水平，切实提高企业市场经济效益，为降低企业经营发展风险和推动企业稳健、持续发展奠定良好的基础。

（1）企业经济管理相关内容概述

1）企业经济管理的内涵

所谓"企业经济管理"，指的是在国家法律法规和方针政策的指导下，依据国民经济发展的客观规律和企业对资金的管理要求，有组织地对企业财务活动及财务关系进行的一项管理工作。作为企业管理工作的核心内容之一，通过加强企业经济管理，可以切实降低企业经济风险，提高企业经济收益，是企业面临复杂多变的市场环境，提高自身市场核心竞争力，实现企业稳健、可持续发展目标的重要举措之一。因此，企业有必要深刻认识到企业经济管理的重要性和了解经济管理的具体内容，才能在实践工作中有的放矢地进行各项工作的优化，以此推动企业稳健、持续发展。

2）企业经济管理的地位

企业经济管理在企业经营发展中的地位，通常可以从三方面来表述：首先，基于资金筹集角度来说，经济管理主要是研究企业资金筹集方法、渠道和规模，并充分考虑企业所能够承受的最大财务风险，以此避免出现以贷还贷的恶性循环。其次，基于资金利用角度而言，经济管理要科学调节生产性支出和非生产性支出的比例关系，尤其是各产品之间的投资比例，以企业品牌产品为主，以次要产品为辅，确保企业产品核心竞争力。最后，基于企业经营环境角度而言，经济管理要着重研究企业所处地理位置生活水平等，以此为依据制订可行的经济管理方案，为推动企业进一步发展奠定基础。

3）企业经济管理原则

企业经济管理过程中，要想切实发挥企业经济管理既有作用推动企业稳健持续发展，还需要在经济管理过程中，严格遵循一定的原则，具体涉及如下几个方面的内容：

第一，风险、收益平衡原则。企业经济管理工作中的一个目的是在项目中获取一定的经济收益和资产。经济管理过程中面临最大的挑战是经济收益和风险的平衡。一般而言，投资风险大的项目，往往伴随着较高的期待投资收益；反之投资风险小的项目，期待的投资收益越低。因此，经济管理要想实现企业经济发展目标，唯有平衡风险和收益能力。

第二，合理配比原则。配比原则指的是短期资产所需资金应该运用短期负债方式来筹集，而长期资产所需资金往往采用长期借款方式来筹集。而企业经济管理工作在此所要发挥的作用是对资产和资金的利用，进行科学配比，确保资金利用效益最大化。在此过程中，要求企业相关人员对资产利用和资产剩余、分配具有全面、详细的了解，才能保证资产和资金配比的合理性和科学性。

第三，货币时间价值原则。货币时间价值决定因素具体包括时间长短、收益率高低。通常而言，期限与利率成正比关系，即期限长、利率高，这就决定了资产具有未来发展前景和升值空间。基于这一认识，企业经济管理中，要对资产来源和用途有一个全面的了解，才能有效把控资产未来升值空间。唯有如此，企业经济管理水平才能真正提高，从而有助于提高企业经济效益。

（2）企业经济管理现状分析

企业经济管理作为企业管理工作的核心内容之一，虽在企业经济发展过程中占据重要地位，并受到企业相关人员的高度重视，但是在具体操作中，当前的企业经济管理存在一系列问题，无法满足企业现代化发展的实际需求，问题总结如下：

1）投资决策和管理方面

企业经营发展过程中，项目投资是扩大企业规模、提高企业经济效益的重要举措，而在此过程中也面临项目投资失败的挑战，从而会给企业带来不可估量的经济损失。因此，企业的投资决策会直接影响企业的经济效益。但是当前企业投资决策和管理方面都出现了一些问题，甚至一部分企业的管理人员没有意识到投资决策和管理对企业经济发展和提高经济效益的重要性，造成其在投资决策和管理方面出现了盲目投资和忽视管理的现象，给企业带来了巨大的经济损失。另外，部分企业管理人员片面地认为企业经营过程中，要想提高企业经济效益，就得不断扩大企业经营范围，并忽视了所有投资项目的正确决策和管理，造成企业资金周转出现压力，长期盲目地投资会导致企业资金链断裂，不但无法从投资项目中获取一定量的经济收益，还会让企业资金链断裂，无法维持正常运营状态，从而让企业面临可持续发展的挑战。

2）企业资金管理方面

企业经营发展过程中，影响企业可持续发展的最大问题之一是资金短缺。现实中，企业之所以面临资金短缺问题，是因为企业经济效益不好，然而这并不是唯一的元素，且这类因素影响甚微，更多的是企业经济管理出现了问题。鉴于企业管理人员对现有资金管理不当，造成企业资金利用存在不合理之处，额外增加了不必要的支出，容易给企业增加资金负担，严重情况下会造成企业资金链断裂。除此之外，部分企业热衷于预算外资金的使用，造成企业资金无法正常运转。同时，部分企业一味重视品牌的推广，在此过程中，耗费了大量资金，其初始目的在于提高企业市场知名度，不断拓展企业和社会之间的社会关系，但是在此过程中忽视了资金回收和报酬水平的高低，单纯地向项目中投资，造成企业资金出现恶性循环，出现资金短缺，最终导致企业无法正常经营和管理，企业经济效益的提升自然成了一句空话。

3）企业费用管理方面

企业经济管理中存在的问题，除了上述问题之外，还在费用管理方面出现了一定的问题，没有做到科学合理的消费，造成企业资金浪费严重。部分企业对资金消费缺乏一个长远规划，而是在企业经营管理发展过程中，一味地进行花费，并在一些非生活性环境下产生了大量消费。甚至，部分企业管理人员出现了以权谋私的行为，将企业资金收纳到个人腰包当中，给企业造成了巨大的经济损失，且对企业经济发展产生了负面影响，重大事故发生之后，极有可能危及企业的可持续发展。

（3）企业经济管理效益的提升策略分析

基于上述分析可知，企业经济管理的目的在于降低企业经济风险、提高企业经济效益。而在实际操作过程中，企业经济管理出现了一系列问题，如投资决策和管理、资金管理等，不利于企业经济效益的提高。因此，企业有必要从更新经济管理理念、加强全面预算管理、加强资金管理等方面入手，采取有效措施予以提高经济管理水平，有效提升企业经济效益。

1）更新经济管理理念

近些年来，社会经济快速发展，市场环境也随之变得复杂多变，企业之间的竞争压力日渐提高。当前企业面临巨大的市场竞争压力，要解决此问题，唯有更新经济管理理念，并充分认识到财务管理对企业经济发展和规模扩张的重要性。首先，企业管理人员自身要深刻意识到经济管理的重要性，并定期对企业财务工作人员展开专业的经济管理知识和技能培训，让企业相关人员充分意识到经济管理、投资决策和管理的重要性，尤其是财务人员更需要对此方面有一个深刻的认知，唯有如此，企业相关工作人员才能在具体的工作中，严格按照相关制度做好与经济管理相关的工作。同时，企业要发动全体工作人员集体思考企业融资方法和渠道，以此保证企业经营管理过程中，拥有充足的资金，避免资金短缺问题，保证企业正常运营。除此之外，企业财务工作人员应实时对企业财务状况展开综合性分析，并将此情况全面告知企业全体职工，让企业全体职工意识到企业财务现状，为后续的经济管理工作提供一些依据。

2）加强全面预算管理

企业经济管理效益的提升拥有多种途径，而企业加强全面预算管理便是最为有效的途径之一。企业全面预算管理指的是企业管理人员对企业未来发展做预算安排和行为打算，并对企业内部各类资源进行优化安排，在此基础上，严格按照企业相关制度规范做好每一项工作，以此保证企业管理朝规范化、标准化、制度化方向发展，以此有效提高企业经济管理效益，为推动企业进一步发展奠定良好的基础。企业预算管理效果的评价，要以目标利润为基础，编制全面的销售预算、采购预算、费用预算、成本预算、利润预算等，确保企业各项经济活动能够严格按照预算的轨迹发展，不至于在企业经营发展中出现资金问题，以此有效提高企业经济管理水平，有利于企业进一步发展，且有助于提升企业经济效益。

3）强化企业资金管理

企业资金管理是企业经济管理的核心内容之一，一定程度上，通过加强企业资金管理，可以整体提高企业经济管理效益。现实中，企业要想加强资金管理，可从如下几个方面入手：一是采用合理且有效的方式筹集资金。二是严格按照货币时间价值，科学合理地做好企业短期借款和长期借款工作，以此保证企业资金利用率最大化，从而有效地提高企业经济效益。三是科学合理地支配企业每一笔资金，并保证企业资金支出时，与各部分进行有效的沟通，保证每一笔资金的支出是合理的。唯有如此，企业才能在经营发展过程中，规避资金浪费问题，进而保证企业资金运转的正常性，切实提高企业经济管理水平，为推动企业进一步发展提供资金保障。

总之，企业经济管理是提高企业经济效益的具体措施之一。因此，企业经济管理中，相关人员要全面了解经济管理内容和地位，并在实践中予以全面预算管理、强化资金管理等，切实提高企业经济管理水平，从而有效提高企业经济效益，以此推动企业进一步发展。

第四章 知识经济与企业创新

知识经济时代的到来，使经济模式渐趋多元化，也让企业面临着新的发展机遇。唐·塔普斯科特曾说："在知识经济时代，创新对企业的重要性远远胜过原料与厂房。"这句话同样体现出了知识经济时代下企业创新的重要意义。因而，本章就围绕着知识经济对企业创新方面的内容展开重点论述。

第一节 知识经济：全新的经济形态

一、知识经济的兴起

1. 知识经济现象

20世纪70年代以来，随着世界新科技革命的发展，尤其是信息技术及其产业化的迅速发展，全球（特别是工业化国家）经济增长方式发生了根本性变化。这一方面表现在知识对传统产业的高度渗透；另一方面表现在以知识为基础的新兴产业的崛起，尤其体现在计算机、电子和航空等高技术产业和知识密集型服务业中。

以美国微软公司为代表的计算机软件业的发展，计算机网络的产生及其在生产和生活中的广泛应用，构成了我们这个社会的新特点。这使经济的增长比以往任何时候都更加依赖于知识的生产、扩散和应用。知识作为蕴藏在人力资源和技术中的重要成分，其作用日益明显。据统计，经济合作与发展组织主要成员国内生产总值的50%以上是以知识为基础的。美国政府宣称，技术进步是决定经济能否持续增长的一个重要因素，技术和知识的增长占美国生产率增长总体的80%。1996年，加拿大国家研究委员会发表的《2001年构想》报告也强调"利用科技发展一个创新的知识经济"。1998年2月，欧盟委员会断言：以物质产品的生产为基础的文明已一去不复返，欧盟将日益成为一个"知识社会"。与此同时，亚洲国家也对此做出迅速反应，如新加坡提出要建设"智慧岛"、马来西亚要建立"多媒体信息定局"。为了适应经济转轨的要求，许多著名企业和公司，如"可口可乐""通用电气"等都已开始设立"知识主管""学习主管""智力资本主管""智力资产主管"等新形式高级经理,专司知识经济工作,以期在新构经济形态竞争中抢占市场制高点。这些趋势显示,一个区别于农业经济、工业经济的新的经济形态正在兴起,即一个"以知识为基础的经济"(简称"知识经济")时代已经来临。

2. 知识已成为最重要的生产要素

知识经济是以知识为基础的经济,它所依赖的真正的生产资料不再是以资金、设备和原材料为主,而是以人的知识为主。通过知识,一方面科学、合理、高效地利用现有的自然资源;另一方面不断探索开发新的资源。在知识经济时代,知识是比原材料、资本、劳动力、汇率更重要的经济因素。美国管理学权威彼得·德鲁克认为:"在现代经济中,知识正成为真正的资本与首要的财富。"

传统的生产要素——土地、人力和资本已成为经济发展的限制力量而不再是驱动力。在未来的世界经济中,知识将成为关键性的资源,成为经济发展的新动力,并逐渐构成人们新的消费基础。企业的关键资产也不再是固定资产和金融资产,而是知识资产。这些知识资产主要表现为企业在市场上获得竞争力的资产,如信誉、服务等;体现智力劳动的资产,包括专利、商标、版权等知识产权;体现企业内在发展动力的资产,包括企业管理和经营方法、企业文化和企业信息支持系统等;体现人力资源,包括员工的知识、能力、工作技巧等。

3. 经济发展过程也是知识积累过程

经济发展是一个资本积累过程,但更是一个知识积累过程。历史上以往发生的经济社会变革,都是由于知识的创造才发生的。18 世纪末,蒸汽机的发明把世界带入了工业的新时代;20 世纪 40 年代中期,无线电和电子信息业革命把人类带入了信息时代;20 世纪 80 年代以后,数字技术的突破,又把人类带入了一个新的经济时代。

现今,发达国家由于信息技术、通信技术的革命大大降低了人们获取知识的成本,大大增加了获取知识的机会,知识应用于制造业和服务业的速度加快了。同时,人们也追求着平等的价值观念、科学的头脑和对变革的开朗态度,且愿意有效地利用知识改变传统的生产交换方式,在组织内部,管理者从过去注重交易过程、后勤统筹和工作流为主的核心管理,转到支持员工沟通交流,促进人际网络形成,在工作中互相学习等管理上来。正是这一切使发达国家的经济增长方式发生了根本变革,使知识经济成为可能。

二、知识经济的概念和内涵

1. 知识经济概念的由来

任何一个新的经济形态的出现，都是人类经济实践基础上的认识升华。对于这一点，反应最快、最敏捷的是经济学家和政治家。早在 1962 年，美国经济学家弗里茨·马克卢普根据美国 20 世纪 40 年代中期至 20 世纪 50 年代的社会发展和产业结构调控背景，提出"知识产业"概念，其知识产业包括开发、教育、信息设备、信息服务、通信等。

1973 年，哈佛大学社会学家丹尼尔·贝尔出版了专著《后工业社会的来临》一书，提出了"后工业社会"的概念，引起了社会的广泛关注。贝尔以工业社会为中轴，把人类社会划分为前工业社会、工业社会和后工业社会三个时期。他指出，后工业社会是围绕着知识组织起来的，其目的在于进行社会管理与指导创新和变革，从而产生新的相会关系和新的结构。

1980 年，美国著名未来学家阿尔温·托夫勒的代表作《第三次浪潮》问世，提出了"超工业社会"概念。托夫勒写道："我相信我们已经处在一个新的综合时代的边境，处于历史性技术飞跃发展时期的边缘。"

1982 年，美国另一位未来学家约翰·奈斯比特发表《大趋势》一书，从 10 个方面论述了美国社会的发展趋势，并指出"知识是我们经济社会的驱动力"，这是一种"最微妙""最具爆炸性"的转变。奈斯比特还明确地揭示了信息社会的主要特征：起决定作用的生产要素不是资本，而是信息知识；价值增长不再通过劳动，而是通过知识。

1983 年，美国加州大学教授保罗·罗默发表了一篇权威性论文并提出了"新经济增长理论"。这一理论认为，在计算经济增长时，必须把知识直接放在生产体系中考虑，也就是说把知识列入生产函数。"新经济增长理论"的提出标志着相识经济理论雏形的初步形成。

1986 年，日本学者堺屋太一出版《知识价值革命》一书，提出"知识价值社会"概念，并写道："进入 20 世纪 80 年代以后，多样化、信息化技术的发展和多品种小批量生产倾向的出现，就是知识价值革命发生的前兆。"

1988 年，美国政府做出决定，对知识进行了全面的系统研究，探索其对经济社会所产生的作用及对当代的重大影响，并授权加尔格雷大学成立知识科学研究所。20 世纪 90 年代初，美国新建了一个信息学研究所，在它出版的《1993—1994 年学报》中，正式以"知识经济：21 世纪信息时代的本质"为总题，亮出论点：信息与知识正在取代资本和能源成为能创造财富的要素，20 世纪技术的发展，使劳动由体力转为智力。

1994年，温斯洛和布拉马合著的《未来工作：在知识经济中把知识投入生产》一书中使用了"知识经济"的概念，而且对这一概念的内涵外延做了较系统的论述，并揭示了知识的经济属性。至此，知识经济理论已基本形成。

到了1996年，国际经济组织和一些国家的政府开始接受并运用知识经济理论。以发达国家为主要成员国的经济合作与发展组织（OECD）连续发布了几个关于当代经济发展趋势的报告，在国际组织文件中首次正式使用了"知识经济"（Knowledge Based Economy）这一概念。在官方文件中直接使用英文词语"Knowledge Economy"的首推美国总统克林顿。

1997年，克林顿在不同场合多次发表演讲，疾呼新经济形态的出现其实质就是知识经济。至此，"知识经济"一词一直被沿用至今。

2. 知识经济的基本内涵

1996年，经济合作与发展组织（OECD）在一份题为《以知识为基础的经济》的报告中，对"知识经济"的概念首次给予较明确的界定：知识经济是建立在知识和信息的生产、分配和使用之上的经济。知识经济是和农业经济、工业经济相对应的一个概念，指当今世界上一种新型的富有生命力的经济，是人类社会进入计算机信息时代出现的一种经济形态。

上述定义强调知识信息在知识经济中的作用，大致说明了知识经济的基本内涵。但为了更深入地理解知识经济这一概念，还需要掌握以下三点：

（1）知识经济的资源配置

知识经济的资源主要表现为知识、智力资源，一般以无形资产的形式存在。它是知识经济资源配置中的第一要素，也就是说，知识经济的真正生产资源不再是以资金、设备、原材料和其他自然资源为主，而是以人的知识、智力资源为主，自然资源的作用退居第二位。

（2）知识经济的产业支柱

知识经济以高技术产业为支柱，高技术产业以高科技为主要的资源依托。根据联合国组织的分类，当今高技术分为八大类，即信息科学技术、生命科学技术、新能源与可再生能源科学技术、新材料科学技术、空间科学技术、海洋科学技术、有益于环境高新技术和管理（软科学）科学技术、以人类科技为资源依托的高新技术产业，共同构成知识经济的支柱。

（3）知识经济的消费

知识经济的消费是指知识的使用，而这种使用是以高技术产品通过信息产生的新知识为主要对象的，并受知识产权的严格保护。知识经济利用知识与智力开发富有自然资源为载体的知识财富将大大超过由传统技术对稀缺自然资源所创造的物质财富。

三、知识经济的基本特征

知识经济作为一种全新的经济形态或模式，与传统经济相比，具有以下几个方面的主要特征：

1. 知识经济是一种信息化经济

知识经济是微电子技术、信息技术充分发展的产物，是信息社会的经济形态。这一特征具体表现在五个方面：信息技术在全社会广泛渗透和使用，信息技术对于政治、经济、社会、文化、道德等的影响是全面、全方位的；信息产业成为国民经济的主要经济部门；信息和知识成为重要的资源和财富，国家与国家、地区与地区、企业与企业之间的差距，主要表现在对信息与知识的生产、传播、使用能力上的差异；拥有先进的信息网络，信息流动时间加快；全社会生产自动化程度大大提高，自动化技术将在社会管理、经济管理、企业生产管理等方面全面普及。

2. 知识经济是一种网络经济

随着信息技术的快速发展，世界经济正经历着一场深刻的"革命"。这场革命极大地改变着世界经济面貌，塑造了一种"新世界经济"，即"网络经济"。互联网的崛起、电脑的广泛普及标志着人类在跨入信息时代的同时，直接从两个方面接受信息化的根本改造：

（1）信息化建立了企业与市场之间的桥梁。企业可以快速、准确地了解市场动态和顾客需求，传统的大规模市场和推销可能被灵活高效的信息服务取代。

（2）信息技术由过去的大型主机统一处理信息和发布指令，发展到个人电脑成为信息形成、处理、发展和传输的主要角色，提高了人与人之间交换信息及协调合作的水平，使众多电脑组成的网络得以在商业活动中完成最佳媒体的作用。如今网络贸易已不是天方夜谭，而是世界上许多大公司的实际业务。

3. 世界经济是一种智能化经济

知识经济亦可称为智力经济，它是一种以智力资源的占有、配置、生产、分配使用为主要因素的经济。应用知识提供智能、添加创意成了知识经济活动的核心问题。财富和权力的再分配取决于拥有的信息、知识和智力。正是智力资源对经济发展的特殊重要性，现在世界各国对智能的开发越来越看重。一方面强调对知识和人才的管理，对发挥组织内外相关专家学者的督察作用给予高度重视，甚至连企业都被看成是"学习型组织"；另一方面，在企业或组织中推崇人本管理，创造一种使员工精神愉快、关系和谐的组织文化和工作氛围。

4.知识经济是一种创新型经济

创新是知识经济的灵魂。创新是经济增长的发动机。中国科学院提供的一份研究报告指出，知识经济正在逐渐成为国际经济的主导。在这个过程中，世界科技的发展将更加迅猛，技术革命向产业革命的转换周期将更短。据科学家的研究，技术进步对发达国家经济增长的贡献率，在20世纪初只占5%左右，20世纪40—50年代上升到40%左右，20世纪70—80年代达到60%左右，20世纪90年代已达到80%左右，信息高速公路联网后，将提高到90%。这就说明，在技术和产品的生命周期日益缩短的知识经济时代，"不创新，就灭亡"，唯有全面创新，包括知识创新与技术创新，并形成一种持续创新机制，使技术与经济、教育、文化有机结合，协调发展，才能取得和保持竞争优势。

5.知识经济是一种可持续发展经济

知识经济是促进人与自然协调、可持续发展的经济。知识经济产生在多种自然资源近乎耗竭、环境危机日益加剧的时代，它把科学与技术融为一体，反映了人类对自然界与人类社会科学、全面的认识。知识经济发展的指导思想是科学、合理、综合、高效地利用现有资源，同时开发尚未利用的自然资源来取代已近耗竭的稀缺自然资源。

第二节　全面创新：知识经济时代企业的生存哲学

一、创新是知识经济的灵魂和精神内核

1.日美国际竞争力倒转现象

知识经济是以不断创新的知识和对知识的创新运用为基础培育出来的知识密集型的新型经济形态。实践证明，知识经济时代经济竞争的优势来自知识的持续学习和创新。一个国家的知识创新能力，成为决定其综合国力的重要因素，其创造及应用知识的能力和效率决定着其国际竞争力。国际竞争力倒转现象就是一个典型的例子：20世纪80年代初期，日本经济咄咄逼人，相当一段时期内取代美国居于世界经济之冠，但20世纪90年代以来，却出现了一个引起全球关注的现象，那就是日美经济实力和国际竞争力的倒转。美国《幸福》杂志每年公布的"世界500家大公司排名榜"上日美企业排序和入选企业变化情况形象地揭示了这一现象，1994—1996年，日本入围世界500强的企

业数量，减少了23家，而美国却增加了11家，且位次发生了变化。日本的"三菱商事"和"三井物产"在1996年把占据了多年的冠军位置让给了美国的"通用汽车"和"福特汽车"。

探究这一现象的深层原因不难发现，20世纪80年代日本相对美国经济的领先是在钢铁、汽车、机械和化工等传统工业，继而是电视、录像机等家电产品和半导体、集成电路、计算机外设等非主流电子产品上。由于这些产品当时正处于高速成长中，美国在这些行业中简直没有立足之地。但美国人并没有因此而气馁，因为他们发现日本占优势的行业和产品的知识密集程度并不很高，而美国经济已转向了知识高度密集的兴产业领域，只不过他们以新技术为支撑的产品仍没有释放出最大效益。善于运用长远战略的美国人在克林顿入主白宫后，采取了一系列措施和出台许多庞大的计划来鼓励企业和科研教育机构的知识创新和技术创新行为，并注重用它们来武装美国经济。到1994年，以信息技术为代表的科技创新及应用彻底改变了美国经济的面貌，初步建成了覆盖全国的高速信息网络，实现了知识、信息在社会各种经济组织内部及跨地区、跨国的快速流动、传递、处理和共享。在此基础上，美国政府和企业又围绕经济运行的各个层面开展了一系列的创新活动。正如美国人自己所言，他们正以全然不同的方式做事，改变设计制造方法，改变企业业务流程，创建新的经济运行模式。可见，是以知识为基础的创新使日美的国际竞争力倒转了过来，并使美国"光复失地"，成为世界经济增长的"领头羊"，并在知识经济的发展中占据主导地位。

2. 知识经济的创新本质分析

抛开人类社会生活的种种现象，从理论角度，从与工业经济的对比中，我们可以更深刻、更清晰地认识到知识经济的创新本质。

（1）经济增长方式由"资源推动型""投资推动型"变为"创新推动型"

在由工业经济向知识经济演变过程中，创新是打破旧的经济均衡结构实现经济增长的主要动力。事实上，20世纪40年代中期后的世界经济结构变化和增长方式的转变，与知识创新科技经济一体化有越来越明显的互动作用。可见，知识生产与创新、科技投入的递增进一步加快了"资源推动发展"的粗放型经济增长方式的转换变形，并通过调整结构的"投资推动发展"过渡到"创新推动发展"的经济增长方式阶段。现今一些进入"创新推动发展"阶段的发达国家，科技产业部门的研究开发支出已超过投资额，企业成为科技投入的主体。

（2）基于知识生产、扩散和创新的结构调整是经济增长方式转变的重要原因

工业经济发展的阶段水平通常取决于阶段性知识及科技作用于结构调整和把握结构

性变化的能力。发达国家、新兴工业化国家和科技经济一体化，形成科技产业的比较优势和新的增长方式，就必然加速推动产业结构的调整，促使经济技术结构和阶段发展水平发生内质性变化。

（3）以信息技术为主的新技术革命是知识经济时代社会经济发展的新型推动力量

人类从农业经济转向工业经济的推动力量，是蒸汽技术和电气技术。知识经济的推动力量是以信息技术为主导的高新技术革命，特别是 20 世纪 90 年代以来的数字化信息革命。最为明显的是，人类制造技术进入了一个新的阶段——信息化制造阶段，表现为工人离开车间，通过信息操作机器生产产品，出现车间无人化、物质生产非物质化——标志着知识经济的到来。

（4）制造业和服务业逐步一体化，提供知识、信息的服务业成为新型社会主导产业

工业经济的主导产业是制造业。知识经济时代则是制造业和服务业逐步一体化，而且服务产业将占据越来越重要的地位，特别是提供知识和信息服务将成为社会的主流，以致"数字经济""网络经济""虚拟经济"成为知识经济时代的新特点。主要表现在两个方面：

1）制造业竞争中劳动力要素的作用降低，知识密集强度和产品知识含量成为竞争的焦点。

2）制造业向服务业转换，尤其转向知识密集的服务活动。

在知识经济中，第一产业和第二产业等传统产业在社会生产中的比重将大幅度降低，以知识和信息服务为代表的第三产业将成为社会生产的主导。

（5）知识生产率取代劳动生产率成为新的效率标准

工业经济时代的效率标准是劳动生产率。在知识经济时代，是知识的生产率，劳动生产率已经不能创造更多的价值。由于技术的迅速发展，一个企业、一个国家，如果没有新的知识、新的技术并转化为新的产品，那么，劳动生产率越高，产品积压越多，浪费越大，亏损越严重。知识经济时代的关键，是知识的生产率，即生产知识并把知识转化为技术、转化为产品的效率，即知识有用的程度。知识的生产率取决于知识的开发与传播，包括研究、教育、培训等。

（6）非标准化、分散化的新型生产方式正在形成

工业经济时代的生产方式，是标准化、专业化、社会化和集中化的生产方式。知识经济时代是非标准化的生产方式。应用计算机辅助制造，按事先编好的程序，在一条生产线上，每一个产品就是一个型号。如果说标准化生产是"刚性"生产的话，那么非标准化生产则是"柔性"生产。知识经济还是分散化生产。员工通过计算机网络，在家里

或分散的小办公室内指挥生产过程的运转。欧美正在流行的 SOSH，就是"小办公室"或"家庭办公室"的生产方式。

（7）劳动力结构发生变化，知识阶层成为主体

工业经济时代，长期以来直接从事生产的工人占劳动力的 80%，工人阶层是社会的主体。知识经济时代，直接在车间的工人逐步被机器取代，占劳动力的比例将不到 20%，而且劳动力结构的变化使知识阶层成为社会的主体。

美国经济学家杰里米·里夫金说，第一次技术大变化，机械力被用来代替人力或兽力。现在信息化和自动化、新技术却是要代替人的思想（部分脑力劳动）。"智能"将在各个领域代替人劳动或工作。在发达国家，75% 的就业人口从事的工作或多或少都是重复性的劳动，而越来越完善的自动化系统、机器人和计算机完全可以从事这类劳动。

二、创新是赢得竞争优势的关键

知识经济的到来，把人类社会及经济活动带入一个日益复杂的时代：科技发展速度越来越快，竞争越来激烈，市场越来越动荡，企业组织越来越复杂多变，企业的生存发展拥有一个更广阔的空间和更良好的环境，但要保持竞争优势比过去任何时候都更加困难。兴衰成败、跌宕起伏在知识经济时代的企业生存发展中司空见惯、俯拾皆是。

"不创新，就灭亡"——知识经济时代企业生存发展的真实写照。一个企业，只有通过创新才能保持领先的竞争优势，一个富有创新精神的企业能够面对瞬息万变的市场和新机遇，以敏锐的洞察力、正确的决策和迅捷的反应迎接新的挑战，从而保持企业的创新发展和维护企业的利益格局。

从企业核心能力的形成来看，创新还是形成企业核心能力的关键途径。事实上，对企业而言，难的不是进行一次创新，而是创新之后如何保持自己的持续竞争优势，这就涉及一个核心能力问题。核心能力是企业持续创新和形成并维护竞争优势的有力手段。印度管理学权威普拉哈拉德认为，核心能力有以下几个要素：核心能力是企业独特的竞争能力，它给消费者带来的独特的价值、竞争力主要通过产品、服务而体现出来；核心能力可超过单个产品，它涉及企业的一系列产品；核心能力是其他企业难以模仿的能力。索尼公司的产品小型化，美国电话电报公司的网络管理都是这种核心能力。

创新与核心能力的关系：核心能力的获得要求企业把握技术、市场的发展趋势及由其带来的企业制度和组织的变革方向、核心制定创新战略，使各项创新之间形成一条有机的纽带。国际上一些著名跨国公司的发展，都是通过创新形成核心能力的结果。

在知识经济时代全球化、网络化、一体化的大趋势，社会经济活动瞬息万变，每一

个企业及企业家，都应该从世界经济的整体走势和国家经济形势的大局来看待本企业的生存发展，随时发现自身的不足、弱点及有悖于时代的陈旧思想观念及经营管理模式，就应通过有效的创新，实现跨越发展，赶上或超越知识经济时代的企业发展步伐。创新已经成为知识经济时代企业成败和能否赢得竞争优势的关键。

三、知识经济时代企业新的内外生存环境

以"知识战""信息战"为标志的国家创新能力和企业创新能力的竞争凸显于社会经济运行的各个层面，社会经济结构、产业结构、消费结构和市场行为随之而发生着深刻而又显著的变革。

1. 一个崭新的生存发展环境

（1）企业面临无国界的全球经济一体化的新秩序

随着知识经济时代的到来，世界经济一体化出现又一次新的飞跃，进入一个新的阶段。对企业而言，传统的国界概念已显得无足轻重，无论是发达国家还是发展中国家的企业都被统一到世界经济整体之内，企业经营管理都处于全球一体化的进程中，依托功能强大的信息网络，不仅一般的商品和劳务，就连资金、技术、劳动力、原材料、设备等所有生产要素都可以在全球范围内以前所未有的速度进行自由流动和转让。在这种情况下，经济活动突破国界成为全球活动，企业组织已渐渐演变成一个没有边界、与全球相连的国际营销中心，它的投资、贸易、生产布局及资本流动都以全球为背景。

（2）跨国经营成为企业生存发展的基本状态和基本内容

在知识经济时代，对企业来说，跨国经营不再是一种手段和策略，而是生存发展的状态和基本内容。跨国公司在当今世界的经济活动和投资就是进入跨国经营时代的典型标志。现今，世界生产总值的40%、国际贸易的60%、国际民间游资的35%，国际直接投资的90%被控制在全球44万家跨国公司母公司及其28万家境外分支机构手中。仅排名前100家的世界大跨国公司之间的贸易已占世界贸易额的1/3，发达国家跨国公司经营70%的世界技术转让，占制造世界所采用的80%以上的新技术和新工艺。发达国家40%的国民生产总值是它们的跨国公司在母国之外取得的，在21世纪初，将出现一些经济规模超过一国经济规模的巨型跨国公司，并在全球经济贸易中扮演重要角色。

（3）企业和市场的体制发生了重大的变化

在知识经济时代，企业生产和流通的内容发生了重大的变化，知识生产要素的投入，不仅生产出具有具体形态的商品和劳务，而且也生产出没有具体形态的信息流或有载体的信息流。企业的生产和流通概念也发生了显著变化，设计、施工、生产、销售一体化，

大大缩短了新产品的面市时间，企业固定的地域空间概念将不复存在，逐渐成为"无国籍"的、虚拟化的企业，资本、原材料、人才和其他各项资源都来自世界各地。通过各种不同的方式出现国家与经济的分离。知识经济将不是简单地对旧经济环境改进，而是一种发生根本改变的、全新的经济环境。未来企业的竞争，将由传统的"硬"与"硬"的较量，变成"软"与"软"的较量，即生产和经营中研究开发、战略分析、决策、管理、形象设计等软组织功能的竞争，是用知识构筑的"立体知识网络"的大决战，它涉及企业的生产、交换、服务等各个层次。

（4）企业交易对象、经营方式和管理内容被赋予新的特征

在知识经济时代，知识、技术密集型的产品，将取代劳动力和资本等传统生产要素、知识含量低的实物产品，成为企业经营和商务活动的主角。服务、信息、专利技术和知识产权等，将成为经营和商务活动中的主要交易对象。各种各样的商业交易将通过信息网络来实现。而如何管理网络，即如何进行不同数据库的整合和高效管理、如何准确有效地采用资料数据、如何防止网络黑客入侵等，都将成为强化管理工作的另一个重要内容。这些正是企业经营由传统管人、管物、管资产到现代企业"管网"的变化。

（5）市场竞争的本质发生了变化，而且竞争与合作逐步和谐统一

知识经济时代先进信息工具的广泛使用和企业经济活动的透明度逐步扩大，使市场竞争的本质由传统工业经济中追求获得规模效益转向发展和传播信息利益，在国际竞争中，竞争对手与合作伙伴之间的分界越来越模糊，两个企业在某一项目上是竞争者，而在另一项目上则可能是合作伙伴，并且这种竞争与合作甚至是同时进行的；同时，竞争是系统化的，是战略、政策、目标、条件和资源共同作用的结果，要求国家、机构、社会、企业组织的协调与合作。

2. 新的威胁与挑战

知识经济的到来对企业的生存发展而言，是一把双刃剑，它在给企业生存发展环境带来正面影响的同时，也会带来许多负面影响。

（1）发展中国家的企业面临着更大威胁

在人们心目中，知识经济的到来使知识传播和信息交流的速度加快，发展中国家的企业可以通过学习、掌握知识实现跨越发展，是一次难得的机遇。但从另一方面来看，又是一种严重的威胁，主要表现在对发达国家的依赖性日益严重；在市场竞争中处于更明显的劣势地位；发展中国家企业的规模和实力与知识经济时代国际经济竞争特点之间的矛盾日益突出。

（2）企业交易行为的安全性受到严重挑战

由于知识经济时代社会经济的运行是建立在信息网络基础之上的，企业在进行交易行为和发送信息时既没有一个统一规范的标准，也没有一个权威可依的机构来审查和核实这些知识和信息，这无疑给企业在交易中的知识和信息选择带来了困难。知识经济时代企业交易安全主要包括计算机网络系统安全、知识源和信息源安全、知识传播和信息流动安全等方面。

（3）新的市场障碍和新的贸易保护主义以不同的方式出现

知识经济时代的产品和服务，都具有知识高度密集的特征，从而也就意味着丰富的人文特征，也必然带有明显的政治倾向和文化色彩，其跨国流动导致传统地理上的国界在知识经济时代形同虚设，对社会制度、法制体系等构成了极大的威胁。因而，如何在知识经济时代保持本国在政治、经济、民族、文化、宗教等方面的特色，已经成为当前世界各国十分关注的热点问题。体现在经济行为上，虽然商品的国界正在消失，但取而代之的技术国界日益明显，技术民族倾向比以往任何时候都更加严重，各种新的市场障碍纷至沓来，且花样不断创新。知识经济时代的企业在经营中面临着更多的意想不到的非产品和服务本身的其他问题。

（4）企业内部管理日益复杂并面临更大困难

知识经济时代企业经营管理对知识资源和计算机网络、信息技术的依赖程度越来越大，企业日常经营管理活动和生存发展往往会因为知识资源不能有效利用、信息交流不畅、信息技术使用不当等而受阻，员工的行为也会因为知识创新、信息技术应用方面的障碍而失效。

四、现代企业必须走全面创新的生存发展之路

1. 全面创新是知识经济对企业生存发展的客观要求

所谓全面创新是指综合运用"知识—技术—信息"实现企业研究、生产、经营、管理全过程的变革，实现经营管理与社会经济形态向知识经济的同步转换，从而在新的市场竞争中赢得优势，实现企业持续发展。

与一般意义上的创新相比，全面创新有着更广泛的内容，除通常所说的制度创新和技术创新外还有组织、营销、管理、市场、服务、品质、品牌、企业文化、发展战略等方面的创新，而且，随着知识经济的进一步成熟，它还必须容纳更多、更广泛的内容。同时，全面创新也是制度、技术、组织、管理等创新具体方面的有机集合体，是各创新层面相互影响、相互制约、相互渗透、相互促进的必然结果，是一个企业综合因素不断

自我发展、自我强化、自我更替的动态适应过程。这就要求企业一方面紧跟知识经济的步伐，密切关注市场动态和竞争趋势，发掘内部的创造性因素；积极吸收利用各种有益于创新的知识、信息和技术手段，为企业全面创新发展打下资源、技术基础。另一方面要主动出击，努力使自己成为知识经济发展中创新的主体，从而成为创新活动的组织实施者，以期享有创新所带来的全面权益。

2. 推动企业成为创新的真正主体

创新主体既是创新活动的组织实施者，又是创新权益的所有者。对企业来说，其创新主体的地位不仅是建立和完善全社会知识创新、经济创新体系的必然要求，而且是激发和鼓励企业创新活动开展的前提和基础。

第三节 经济时代企业的管理创新

一、知识经济对企业观念提出全新挑战

企业的许多观念是在资源经济或工业经济的背景下形成的。社会进入知识经济时代，经济形态的变革要求有相应的观念与之相适应，这样，企业传统观念就受到诸多新的挑战。

1. 知识经济对企业生产观念的挑战

（1）知识经济的主要生产要素发生了根本变化

在农业社会中，农业经济的主要生产要素是土地和劳动力，这里的劳动力主要是从人的体力上来讲的。在工业社会，它的主要生产要素是资源和资本，谁能更多地拥有资本和占有资源，谁就可以创造更多的财富。而在知识经济社会中，经济的发展对劳动力、资本、资源的依赖程度越来越弱，知识的作用越来越突出。在这个特定的经济社会中，知识将代替资本、资源成为生产的主要要素，从而物资资源得以节约，经济效率得到提高。经济合作与发展组织的专家指出，体现在人力资本和科学技术中的知识已成为经济发展的核心。

（2）知识经济提出新的生产过程的概念

资源经济是以资源投入为主的物质生产，是一个从资源的投入、加工、控制，经过多道工序加工制成成品的过程。这个生产过程是人为程序化控制的过程，过程长而复杂，并且资源不能被重复使用，而在知识经济的生产时代，知识产品是以知识投入为主，其

产品中的知识含量被逐步提高，并且，由于知识能被反复地使用，在其使用过程中不消耗其价值，而且产出报酬可以递增发展。正是由于知识的运用大大提高了劳动生产率，所以，知识经济是一种低物耗、低能耗、高效率的经济。

2. 知识经济对管理观念的挑战

在以"泰罗制"为代表的传统管理中，由于机器生产是以机器为中心，工人只是机器系统的"配件"。因此，人被异化为物，管理的中心是物。既然人从属于机器，因此，管理部门要求雇员成为"标准人"，以便实行规范的标准化管理。

随着现代科技革命的开展，人类社会即将逐渐进入知识经济社会，生产过程中人的因素——创造性、个性、才能，在生产活动中呈现出越来越重要的作用。这就促使管理部门日益重视人的因素，管理的中心由物转移到了人。对人的管理不仅仅要考虑如何实现企业的生产目标，更应考虑如何使人发挥出最大效用。人的能力发挥受人的感情思想的影响，人的感情和思想受外部环境的影响。企业管理者为企业中的人创造必要的外部环境，对于发挥企业中人的积极性、创造性来说，是一个莫大的激励。

3. 知识经济对产品观念的挑战

在知识经济社会中，将出现许多新的产品形式，具体体现在两个方面：

（1）绿色的、微型化的、多功能型的高科技产品不断出现。在这样的社会中，产品之间的竞争也越来越集中于产品的科技含量的高低上。比如在电视行业中，这种延伸人类视觉和听觉的技术，正在向高清晰度、多功能和超薄化方向发展。

（2）各种策划、创意等无形产品成为知识型产品的重要组成部分。近年来，各种从事策划、创意等方面的智力公司如雨后春笋般出现并迅速发展起来。这些公司的产品形态和一般公司产品的形态不同。它们所出售的是集合集体智慧产生的智力产品，是一种无形的产品。

二、观念创新：企业创新的先导

1. 理念的创新决定企业的存亡

（1）在知识经济社会中，交往产业之间的竞争是一种高技术的竞争，是一种创新，不能创新就不能促进企业的发展。

美国著名学者迈克尔·波特在他的《竞争优势》一书中指出："竞争优势归根到底产生于一个企业能够为其客户创造的价值，这一价值超过了该企业创造它的成本。"在信息高度发达的知识经济社会中，被称为"智慧资本"的经济要素悄然成为获得维持企业竞争优势的崭新角色。

在知识经济兴起和形成的时代，知识以及知识的开发和运用，是一种智慧型的资本，这样的智慧资本对经济的发展起着传统概念上的资本（资金、劳动力、土地等）无法相比的作用。智慧资产决定着企业面向未来的竞争优势。智慧资本不是资金与技术的密集运用，而是对资金、技术和机会的创造性运用，是一种开发创造性的运用。

（2）知识社会是信息化、网络化的社会，时间在知识经济社会中具有特殊的意义，它的变更速度更快，企业创新的快慢决定着企业是否能够占有市场。

信息化的全面展开，对经济的推动作用不可低估。由于信息技术渗透到制造、加工、运输、信息获取与传递、交易等各个领域，加快了企业经济活动的节奏，大大提高了企业的生产效率。利用新兴的信息技术手段能极大地改善企业的生产、销售等活动，这一观念已被越来越多的企业接受。企业在信息及网络方面的调整应用会改变企业的命运。

（3）知识经济要求技术、产品、市场、管理等方面的创新，但这些知识必须以观念创新为向导。

在知识经济社会中，企业之间的竞争变为产品技术含量之间的竞争，要求技术与管理上的创新。为了能尽快适应知识经济发展的需要，必须树立一种"不创新，就灭亡"的观念。

2. 企业观念创新的艰难性

（1）观念创新要首先打败自己。企业能否抛弃以前的思想重新建立一种新的思想，取决于企业管理者思想更新的程度。这是一个非常痛苦的阶段，需要经营管理者将以前的思想加以修正并接纳很多新的思想，等于给管理者做了一次"洗脑"手术，也等于给企业做了一次"洗脑"手术。

（2）观念的创新需要突破已有的利益格局。观念创新的一个明显特点就是把矛头直接指向现存的利益格局。观念创新就是不满足现状，就是试图准备改变已有的利益格局。没有这种旧的平衡的打破，就永远不会建立更高层次的新的平衡。

（3）观念创新要有充分的准备，它是一个充分积累、学习的过程。观念创新的基础在于有效的学习。农业社会强调经验的积累，强调向过去学习；工业社会强调实际问题的解决，强调向现实学习；在知识经济社会，我们应当强调理性的指导，强调面向未来的学习。

现今国际上"组织的学习"和"学习的组织"已成为热门话题。

在市场经济环境中，从一定意义上讲，通过学习获得技术上的更新和提高还不是最为重要的，重要的是通过学习产生超前的观念并实现已有的观念的突破。

（4）观念创新面临巨大的风险，接受重大的挑战。观念的创新往往是摒弃了原来社会环境下的思想，而创造一种前所未有的观念，可以说是一种"反叛"的观念。因此，创新观念所面临的风险是很大的，有时是需要付出极大代价的。

三、现代企业应倡导的新观念

1. 知识价值的观念

随着科技的进步与发展，知识的价值越来越被人们重视。20 世纪 80 年代美国的工业竞争研究委员会经过两年多的研究发现：在经济发展中知识日益成为经济增长的主要因素，它所产生的影响力将超过 18 世纪末工业革命初期机器的产生对英国经济发展的冲击。

在知识经济社会中，创造财富的力量已不完全在于机器、设备、原料，而在于一种更为重要的资源知识。技术和人的智力劳动的作用成为创造财富更为有效的因素，知识的价值更有效、更直接地体现出来。

2. 人力资本的观念

人本管理是在 20 世纪 60 年代提出的，到了 20 世纪 80 年代已受到国内外企业的普遍重视。在知识经济社会中，传统的人事管理进一步向人才开发管理发展。企业人力资源是一个企业全体职工所具备的现实和潜在的生产能力。人力资源开发把人视为一种资源，以人为中心，强调人和事的统一发展，特别注重开发人的潜在才能。人才开发管理除具有人力资源开发的特征外，更注重人的智慧、技艺和能力的提高与人的全面发展，尤其是人的智力资源的开发。也就是说，未来企业的发展，不只是依靠设备先进、技术高超，同时更要靠那些具有智慧的人。

3. 新的竞争观念

知识经济社会是全球经济一体化的时代。全球意识的国际化经营与竞争观念，是每个企业必须具有的思想。为了使一些企业很好地步入国际化经营，除了要利用国际资源、占领国际市场的战略意识和雄心壮志外，还需要有全局的、分步实施的发展战略和策略。企业的国际化经营有一个由初级形式向高级形式的发展过程。它一般都经历了从单一的贸易型或生产型向贸易、投资、生产、金融一体化，即向综合型跨国公司发展的过程。

4. 企业应当追求可持续发展的观念

企业的可持续发展是企业存在的本质要求。企业发展应当是持续性的和阶段性的，因而企业内部支持发展的各种要素也应当具有可更替、可继承、可发展的梯队结构。

（1）具备市场拓展功能的替代型产品技术梯队；

（2）具备开发和运用知识功能的层次型人力资源梯队；

（3）具备把握运作企业内外资源功能的后继型领导能力梯队；

（4）具备稳定与推进结合功能的多元型企业文化体系，包括管理机制、价值观念、文化传统等。

5. 企业应该具有管理企业文化与企业形象的观念

企业文化和形象建设是 20 世纪 80 年代以来从企业管理理论丛林中分化出的一种新理论，被人们称为管理科学发展的"第四次革命"。企业未来的文化与形象建设，主要应该在以下方面努力：

（1）致力于企业价值观的塑造。因为企业文化的核心是企业精神，企业精神的核心是企业价值观；形象识别系统的核心是企业的理念识别系统。企业的价值观是企业广大职工对客观事物、对自己所从事的生产经营活动意义总的看法和评价，是劳动者的价值观念在生产和生活中的沉积，对构成企业文化、企业形象的要求起着导向和决定作用。

（2）格外突出本企业的气质个性。在未来国内外市场竞争日趋激烈的情况下，企业自己的经营没有特色、产品没有特性、管理没有气质，很难有自立于国内外市场的能力。为适应未来的市场竞争，企业必须突出本企业的气质个性。

四、知识产权认证评价驱动高质量创新发展

知识经济时代的到来，给世界经济和技术发展带来深刻变革，创新成为组织获得和保持竞争优势的重要手段。规范组织知识产权管理工作，将全面提高其知识产权创造质量、运用效益、保护效果和管理水平，激发组织的创新活力，让创新过程中的知识产权资产发挥应有价值。

1. 我国知识产权认证相关背景

认证作为一种信用保证，是由认证机构证明产品、服务、管理体系符合相关技术规范的强制性要求或标准的合格评定活动。

自 2013 年 2 月，我国在知识产权标准化方面加强探索与实践，发布了首个国家标准《企业知识产权管理规范》，随后又陆续出台了《科研组织知识产权管理规范》等适用对象不同的知识产权标准。

2018 年 2 月 11 日，为规范知识产权认证活动，提高知识产权认证的有效性，加强对认证机构事中事后监管，国家认监委、国家知识产权局联合制定发布了《知识产权认证管理办法》，标志着我国知识产权认证发展进入新的阶段。而为有效解决知识产权认证实践中所凸显的一些问题，如部分企业知识产权管理体系与实际运行"貌合神离""难以有效融合"，部分地区甚至出现违规套利等现象，2019 年 9 月 3 日，国家知识产权局

发布《关于规范知识产权管理体系贯标认证工作的通知》，从政策扶持精准化、服务能力提升化、咨询培训规范化、打击套利严格化四大方面着手，进一步有序推进我国知识产权认证工作，保障知识产权认证行业健康有序发展。

我国的知识产权认证工作从零摸索、立足实际、持续发展，对组织提升创新能力，提高知识产权创造、运用、保护和管理水平都起到了较大的促进作用，有力地推动了我国知识产权强国建设的进程。

2.我国知识产权认证发展现状

基于企业知识产权认证情况进行大数据统计分析，下述数据来源于中规（北京）认证有限公司于2020年4月发布的《知识产权认证行业白皮书》。

《企业知识产权管理规范》实施以来，认证工作的开展可谓朝气蓬勃。由2015年起开始出现贯标认证企业，截至2020年3月，贯标认证的有效证书已达到3.2万多件。其中，2019年是有效证书变化量最多的年度，增加1.8万多件。另外，2020年第一季度有效证书变化量近2000件。其中，贯标企业数量较多的包括广东省、江苏省和浙江省。深究原因，上述地区的优势在于发布了较多贯标引导政策，明确了具体要求和衔接政策，同时也组织了大量的贯标培训和政策宣讲。为此，一些知识产权认证发展较慢、但潜力巨大的地区也可以结合区域发展需求和企业特点，适应性地借鉴示范地区的良好做法，补短板、促发展。

知识产权认证工作至今已开展多年，通过认证的组织中逾半数都认为建立知识产权管理体系帮助其提升了创新能力、竞争优势和市场收益。综合上述情况可知，我国的知识产权认证工作初见成效、未来可期，必将为推动创新驱动发展战略和知识产权强国建设提供强有力的支撑。

3.知识产权标准化第三方评价

除知识产权认证之外，知识产权标准化工作中还有一些相关的第三方评价，同样对提升组织的知识产权管理水平、推动组织创新发展起到了巨大的推动作用。以下选取两种第三方评价进行阐述。

（1）企业标准化良好行为评价

企业运用标准化理念和方法，进行生产、经营、管理和服务，建立企业标准体系并有效运行，取得良好的经济和社会效益的标准化活动，即"企业标准化良好行为"，也被简称为"标良"。而标良评价则是指由第三方评价机构选派专家组，按照相关标准对企业标准化工作、企业标准体系及体系运行的效果进行评价。

第三方评价机构作为实施评价的主体，需经过标良办公室审查后，被划分为A类和

B 类评价机构。以中规公司为例，因被认定为 A 类机构，为此可以开展 A 到 5A 级评价活动；而若是 B 类机构则仅可开展 A~3A 级评价。企业经由第三方机构评价后的结果则分为 A~5A，共计 5 个等级，经评价后最终获得的标良评价证书将成为企业标准化工作综合实力的有效证明。

（2）企业创新能力评级

知识经济时代下，越来越多的组织开始重视创新，但对于创新能力如何量化却一筹莫展。如果能有一套科学系统的评价方式，一方面评估出组织的创新管理能力，另一方面识别出管理环节的薄弱点，则能够更好地提升组织的创新管理能力。

企业创新能力评级应运而生，由深耕知识产权标准化领域多年的中规公司，联合中石化集采购、销售功能于一体的平台"易派客"共同开创，致力于帮助平台上的组织提升知识产权管理能力、强化风险防控、促进实现无形资产的价值。

创新能力评级是在开展知识产权管理体系认证业务的基础上，通过知识创新能力分级评价标准体系对不同组织进行评级。以规范、统一的评价方法，对创新主体信誉、资源能力、技术能力及管理能力等进行定量和定性分析，完成对组织的精确评级、精准画像，提供企业创新能力的凭证，也为供应商的选择提供参考。

综上所述，知识产权认证、分级评价的交叉开展，既是组织知识产权管理水平的"诊断师"，又是提升组织知识产权创造、运用能力的"助推器"，能够帮助组织找准问题、持续改进，驱动组织高质量地创新发展。

第五章 现代企业经济管理的创新与发展

企业经济管理是企业发展的核心。在新的历史背景下，只有将创新作为经济管理的重要目标，才能确保企业的长期可持续发展。虽然我国经济的快速发展和国际化交流日益频繁，现代企业制度已逐步得到了企业的认可，但实现先进的经济管理措施与企业自身实际状况相协调还有许多工作要做。本章将从现代企业经济管理中存在的问题、创新策略和创新发展三个方面进行阐述，提出经济管理创新应把握的重点。

第一节 现代企业经济管理中存在的问题

一、企业经济管理概念

企业在工作上有切实可行和长远规划战略目标的前提下，引入各项经济管理体系的做法被称为企业经济管理。其中，经济管理体系的项目包含了经济管理体系文件和评审、组织机构设置和职能、内部审核、资源管理、数据分析、不符合控制和材料采购过程的经济控制、遵循法律和法规等。在解决管理企业问题与各种人事和经济问题时，都要通过系统的管理方法来发现和解决，并通过加强工作上的严谨性、优化企业的内部编制来切实推动企业的发展，提高其外部竞争力，使企业利润的实现保持稳定，从而更好地提升自身的核心竞争力，以便在竞争中长期立于不败之地。

二、企业经济管理中存在的问题及相关对策

（一）存在的问题

企业在进行生产经营活动中，是同时受到内部条件和外部条件制约的。如今的企业在经济管理方面，无论在哪个环节都无法做到完美，且总会有各种问题出现。

企业发展状况的好坏直接体现在经济管理水平和质量上。企业健康发展的重要标志是优秀的经济管理模式，企业的经济效益直接由它决定，它同时还对企业要实现的目标和决策部署有着深刻影响。到目前为止，依旧有非常多的问题在我国现代企业的经济管理中出

现，如果得不到合理解决就会使企业得不到健康发展。因此，企业的决策者在解决问题时先要知道经济管理的问题都有哪些，针对出现的问题依次采取有效措施加以改进。

我国的改革开放是朝纵深发展的，市场经济体系也逐渐变得健全与完善。各类企业都已经走出国门、走向世界，在世界市场经济的竞争中抢占一席之地，同时各企业的经济管理理念和管理方式也慢慢与世界接轨。这无疑是为了给我国的企业发展提供更为广阔的环境与空间，但也要注意，这不仅仅是机遇，也是一个巨大的挑战。我国改革开放四十余年，在现代企业的经营管理中，能够借鉴的经验不太多，特别是跨国公司之类的大企业在逐步走向世界时，就明显可以看出它们的管理模式和经验，与那些快速扩张的企业规模是不匹配的。因此我国现代企业需要解决的问题就是，企业在做大做强中遇到困难该如何解决，以保证企业的发展健康有序。

1. 缺少有效的管理控制

尽管在经济管理过程中，企业已经制定好相应的管理制度，但这些制度在实际实行的过程中并没有得到好的应用，基本都流于形式，执行力度不足，最终并未将其价值充分发挥。在现代经济发展中，企业的管理制度和实际经济水平并不均衡，很多问题都没有得到及时解决。

2. 企业管理观念滞后

这一观念对开展企业的经济工作有着直接的影响。企业在传统的经济管理中重视的是怎样实现利益最大化，从而使以人为本的管理理念被忽视；但新的经济管理前提为实现可持续发展的目标，要求企业同时注重企业利益和以人为本的管理理念，使企业的经营效益做到最大化。现今企业经营管理者还没有注意到这一点，于是便出现了企业管理和发展较粗犷的现象。

企业的管理创新和管理制度创新都需要人们足够重视，制度是约束经济管理的很重要的一点。经济管理制度的创新不仅可以采用约束性的条款，在市场经营中使企业成为高效经济团体，并在企业内部构建出经济团体框架，让企业自己承担盈亏风险，以便在产品开发时体现出创新与活力；还可以在企业内部实行激励体制，让企业在发展中尽量不受阻碍和限制，也不会因为企业过多开放产生各种风险。此外，企业经济管理中制度创新的控制、协调和规划的依据是企业的日常生产经营，在企业的生产经营中合理规划并组织好制度创新，形成全面的企业经营管理制度格局，能让企业经营管理制度的控制与约束能力得以提高。

3. 企业管理组织结构存在的问题

如今我国的很多企业因为计划经济存在惯性，在内部的组织结构中，国有企业和私有企业的计划经济特点都非常明显,普遍存在的特征就是等级森严,且组织结构紧密。很多国有企业中的大型企业,为了方便管理和一些其他原因,会专门设置很多职能部门,但这种组织结构通常会给一线职工增加不必要的工作量,从而导致职工的工作积极性明显降低,并对企业的主要生产流程产生阻碍。职能部门多且复杂是大型企业存在的通病,部门多意味着管理者也多,会有更多的部门推卸责任,将"烫手的山芋"传来传去,就会直接导致审批的程序复杂化。

4. 管理人员落后

很多企业在经营过程中已经差不多构建出了基本人员队伍,方便完成经济管理的相关工作,也使工作能更规范地进行。但在对很多企业进行研究时发现,其经济管理人员的素质并没有那么高,这些人也没有受到过专业培训,只是简单了解了经济管理的相关内容。结果就是他们过早地投入到了经济管理相关的工作中去,在方法和理论还没有掌握充分的情况下,很容易出现各类问题。即使有些人已经掌握了相关的专业技能,但他们的科学价值观还没能养成,综合素质也都不高,因此经常会出现在工作时因为自身导致工作无法按照相关规定完成,还会导致各种问题在经济管理的工作中出现,使企业发展停滞不前。

(二)相关对策

1. 控制与审核

信息化管理在现代企业管理中的重要性逐渐提升。要建设企业网络化的管理信息系统,并在公司内部实行控制制度建设的技术基础就是建立统一的管理信息系统。企业管理一旦实行一体化,即从开始就可减少管理中出现的错误和偏差,对企业可能出现的经营风险进行有效规避;同时要注重内部文件的时效性,让最新的公司决策能在第一时间被员工知晓;对外方面还要对信息进行全面的收集,时刻注意建立和客户的联系,对政府最新的政策和法律法规有充分的了解,在政府、公司与客户之间建立平台便于三方联系,在最终传递给公司决策层时要确保准确及时。企业在审核内部经济管理体系文件时要按计划进行,其中形成文件的有经济管理手册、经济方针和目标,以确保过程的有效策划、控制和运行。企业还要对审核人员的组成、审核方法、资格和范围等进行策划,使其记录能符合要求并能得到有效实施。要注意,内审记录的保留要保证清晰,方便人们的检查和识别。

2. 改善企业生产过程

企业生产中,无论是前期采购还是真正投入生产,或多或少都会有无法预知的因素存在,并且会对整个生产目标的实现有影响。因此,为了保证企业在较长时期内能有好的收益，还能持续不断发展，采取的经济管理模式一定要稳定。

（1）采购

企业在明确经济管理要求时，要保证其采购活动和质量是符合标准的，能够实现利益的最大化。进行采购时要实行招标制度和企业资质审核，其中包含供方的经济实力、信用状况、运输手段和经济管理状况等，并且要评价采购的程序、方式和供方的履约能力。等到交货阶段，要定期检查国家规定的计量器具，如秤砣，要有准确性和交易的公平性，以此来确保买卖双方的利益。如今信息化管理已经被很多企业使用，计算机软件在实际应用中也要反复进行确认才可以。

（2）生产

企业在刚开始投入生产时都会对生产计划和目标进行制订，因此也难以避免地会有意想不到的情况阻碍其实现生产目标，因此企业要积极采取措施对存在原因予以消除，并且还要组织评审，确定需要实施的措施。在经济管理体系的实施过程中，企业也要采取适当的方法进行测量与监视，以此证明策划结果得以实现的能力，并对纠正措施的结果进行详细的记录和评审，对经济目标实现的多少有充分了解。

为了让不符合标准的情况不再发生，在评审措施后要采取适当的预防措施。企业在确定措施后，应测量、监视和内部审核其过程与结果，防止残留潜在的不符合因素。一旦发现不符合应该立即采取措施，首先要消除已经发现不符合的；其次相关方要与顾客进行协商，决定是否接受不符合；最后为防止不符合继续蔓延采取相应措施。企业应该对不合格的原因找到解决方案并消除，以免再次发生类似情况，要按照评审结果和有关记录对程序进行重新制定，将不合格因素去除，并分析不符合的原因。

3.改善观念加强创新

观念是行为的前提，所以企业在管理观念上应该及时地更新。企业的管理者还要结合企业和行业的发展特征与趋势，用新的管理理念替代旧的。现代企业管理的思想基础就是管理观念，同时它也是指导思想，即用来指导具体的管理工作。经济管理中的先进理念可以在一定程度上加快公司的发展进程，而落后的观念则会让企业的经济发展停滞不前，因此，加强管理理念的宣传力度是必不可少的，不仅能够使员工时刻保持危机意识，还可以使企业内部经济管理的利益得到积极稳固的提升。另外，为了充分激发员工潜力，企业还可以适当营造出竞争的氛围，让其环绕在员工左右产生竞争意识，使员工除了完成本职工作之外还能发挥出自身潜力，为企业发展贡献出自己的一份力量。

一是可以创新经济管理的方式，从组织结构上下功夫，使其变成扁平化结构，这样不仅减少了管理的层次，还使企业的管理幅度得到增加，便于一些与经济相关的信息和反馈更加及时；二是让组织结构柔性化，企业必须解除原来的机构组织对其自身的强大束缚，建立柔性化的组织结构就可以让企业在面对外部环境时更加灵活。

4. 构建高素质队伍

在企业中，经济管理工作的主要执行者是人员队伍，为了有效地开展经济管理工作，就要构建一支人员有较高综合素质的经济管理队伍。在开始建立队伍时，企业要对管理人员进行选择并制定较高的标准，即为了应聘人员能在日常实际的工作中有效处理各类问题，应要求其熟练掌握专业经济管理技能，此外还要有较好的思想道德品质，认真负责自己的每项工作。

第二节　现代企业经济管理的创新策略

一个企业的精髓是其经济效益的好坏，它不仅作为关键标准来判断企业是否在正常运行，还作为依据来观察企业间的相互竞争，而提高企业经济效益的前提条件则是先提高资金的使用效率。所以在企业经营过程中，占核心地位的是提高资金的使用效率，这同样也是现代企业中需要反复强调的重点。随着经济全球化与一体化进程的不断加快，市场竞争日益激烈，在此背景下，企业要想在竞争中脱颖而出，必须不断更新设备设施，提高经济管理水平，不断创新，让企业的经济管理更好地服务于生产经营，认识到企业要想发展就离不开经济管理的创新。但实际上，我国企业的经济管理过程还有很多没能解决的问题。下面将立足我国现代企业的经济管理现状，按照企业经济管理的特点，对创新经济管理在企业中的重要作用进行较为详细的阐述。最后为了企业能更好更快地发展，从多个角度提出经济管理的创新策略。

一、现代企业经济管理创新的重要性

1. 经济改革的要求

企业的经济管理是作为重要手段来对企业资源进行优化整合的，在一定意义上也是生产力的一种表现形式。如今，市场经济正处在高速发展的时期，科学技术的更新换代也是突飞猛进。当今社会中，互联网经济和知识经济的优势不断显露出来，新经济时代下的企业要想赶超其他企业，就要加强对经济管理的创新。如果不能适应市场经济和时代的发展，企业就将在这场竞争中处于不利地位。

2. 企业发展的需求

不同的企业，它们的管理体系和经营模式也各不相同，但相同的基本上是企业的管理体系和经营环境，首先这两点都是受经济全球化趋势逐渐加强的影响。除此之外，在知识经济是主体的情况下，经济发展新形势的影响和互联网技术发展的影响也很重要。受外部环境影响，企业面临着逐渐开放的态势，其在国际市场中的竞争压力也日趋增大。在如今这个新经济形势和环境中，企业将同时面临着机遇和挑战，要对创新经济管理进行不断创新，才能加强企业的综合竞争实力，企业才会不停地进步与发展。

二、现代企业经济管理的职能

如今企业的各项制度已经日益完善，其组织结构也在不停地健全发展之中。经济管理是企业管理的核心内容之一，它的具体职能和管理的内容同样发生着改变。企业经济管理职能是通过企业再生产的环节体现出来的。具体来说就是，决定经济管理职能的，有来自管理理论和实践发展的影响，以及财务工作本质的影响。而经济管理的主要职能有财务计划职能、财务控制职能、财务协调职能和财务组织职能。

三、具体创新策略

1. 企业经济管理理念创新

企业中经济管理理念创新的先导有思想观念的转变与创新，要切实贯彻理念的创新，对经济管理理念的创新概念给予正确的理解。纵观我国企业的现状，我国企业的经济管理发展仍然会受到陈旧经济管理观念的影响，从而阻碍企业的发展。很多的企业管理者思想更新意识薄弱，观念也落后，危机和竞争意识更是少之又少。因此企业首先就要努力倡导理念的创新，只有创新了理念才能更好地对经济管理进行创新。经济管理理念的创新是通过独特的思维方式、管理机制与视角，纠正和摒弃过时、陈旧的思维模式，在企业内部真正做到创新管理，树立创新观念，使企业经营有长足的发展与进步。不仅如此，以后的其他管理创新机制都要将理念创新放在重要位置上。

2. 加强对企业经济管理制度的创新

实现好的企业管理自然少不了制度的支持，企业管理制度也是制约经济管理创新的重要一环。所以，企业要创新，就要将经济管理和经济管理制度都进行创新。企业应当首先将人性化的管理机制放在第一位，以此为员工创设好的发展条件；此外，还要重视和加强人力资源的管理，完善管理制度，让所有员工都参与进去，建立决策与监督机制，将员工的工作积极性充分调动起来。

3. 加强对企业经济管理组织模式的创新

经济管理组织同样在企业经营发展中起着重要作用，为提升企业经济管理的效益，可以建设有效的经济管理组织。由此，企业需要对经济管理组织模式的重要性有深刻的认识，对其创新也要有所加强。首先，可以实施柔性化的管理方式建设管理组织，使其更加多样化；其次，实现扁平化的企业经济管理模式，让企业的组织层次有所简化，提高经济管理效益；最后，加快建立虚拟化的管理机制，通过先进的计算机技术合理规划经济管理组织，实现整合，为加强企业经济发展建立无形的经济管理机制。

随着经济全球化进程的加快和市场经济体制的完善，企业也面临着巨大的竞争压力。创新作为企业发展的基本动力，在当前经济发展的背景下，是企业提高竞争实力的基本途径。企业要想在当下获得更好的发展，提高企业在市场中的竞争实力，就必须对经济管理引起重视，针对企业当前存在的问题，制定有效的经济管理创新对策，不断提高企业经济管理水平。

第三节　企业经济管理的创新与发展

一、当前企业发展的环境概况

随着我国市场经济体制的日趋完善，市场经济体制下的企业依靠制度创新等来赢得市场大份额和竞争力的要求越来越急切。我们常说的经济管理其实就是企业以自身的战略目标和长远规划为依托，通过系统理论发现不足并提出有效的解决措施，从而提升其经营利润和核心竞争力，实现可持续发展。当前企业发展环境的典型特点是知识经济。同样在这样的知识经济时代，各种信息化手段的运用是最不能缺少的，把握信息化变革的脉搏，加强构建现代化的决策系统，合理运用先进的信息技术，这样才能在实质意义上对企业的作业流程进行变革。此外就是使企业的管理层次得到精简，实现三重提升，即信息反馈、信息传递和管理效率的提升。

能够收集整理是适应知识经济时代的关键因素。企业在对经济管理制度进行变革时，一定要对自身的知识结构主动进行更新，也一定要重视企业管理人员的管理理念和思维模式现代化，为企业的经济管理创新提供智力支持。

（一）企业进行经济管理创新的必要性

1.经济管理创新是更新企业管理理念的必然要求

虽然我国企业在参与国际市场竞争和适应市场经济体制方面有很大的进步，但与有几百年市场经验的国外企业相比，我们仍然需要加强变革和学习。我国企业中出现最多的问题就是管理理念落后。其实很多企业已经意识到了这一点，也想对企业进行革新，但总是会因为各种原因，导致有良好时机表现的企业只占少数。管理理念的落后使很多企业的经济管理革新只局限在表面，而本质性的转变则很少或是根本没有。

2.经济全球化是更新企业管理理念的外在动力

如今我们都知道，世界经济的联系已经逐渐密切起来，在国际市场中直接体现为其他国家的经济波动，会产生不利于本国经济的影响。我国的企业在这个日益激烈的国际市场竞争环境中，想只依靠低成本就能占领国际市场的想法已经不适用了。因此，企业想要长久实现可持续发展，就必须要对经济管理进行创新，通过提升产品质量、加强创新能力和突出企业特色等来实现。与此同时，国外企业都已经开始慢慢地进行自我变革，突出自身特色优势，这一点也给我国的企业发展提供了启示。

3.制度落后是更新企业管理理念的内部原因

我国企业在自身建设方面和国外优秀企业对比，还有着很大的差距。随着市场竞争的日趋激烈，企业一定要将企业经济管理的变革不断向前推进。很多的企业经营实践都说明了管理制度的落后导致企业管理制度的先进性并不能体现出来，在内部控制中也无法落实。如今有不少企业内部控制目标的定位偏低，且常常趋于形式化，无法确保控制企业内部运作的规范性和高效性，使企业没办法对协调机制做统一化处理，最终降低了企业的经营效益。

（二）新历史形势下进行经济管理创新的途径和方法

1.以先进理念为指导思想

在新历史形势下，企业创新是经济管理创新的新方法、新路径。只有依靠先进理念的指导，才能保证经济管理制度原则的正确性和创新方向，企业才能制定出科学合理的执行方法和管理策略，才能确保企业的根本发展战略与创新规划是相适应的。企业在贯彻先进理念的过程中要做到以下两点：

第一，要坚持贯彻上下结合的理念。作为企业的领头人物，领导和管理层都应该掌握先进的经营理念，因为它与企业的发展状况息息相关。企业中人数最多的就是企业内的职工，并且他们还是作为一线人员来执行先进理念的，而这种理念的执行会影响企业的各项经营方针和管理制度的执行效果。所以，只有通过企业基层和高层的共同努力，才能真正实现先进理念的执行，让企业的所有人都能感受到先进理念带来的创新，以此实现各种相关政策的执行。

第二，应该抛弃旧理念。这一做法是相当有难度的，需要有卓越的精神和强大的勇气，企业领导在纠正旧理念时要加强引导、循序渐进，不能没有计划和目的地盲目展开，一定要等已经将旧理念的一部分消除之后，再将新理念逐步推进并落实。

2. 强化企业的内部控制管理

企业的各部门首先要加强调控，在经济管理中最重要的组成部分就是企业的内部控制，无法适应市场经济发展要求的一般是以财务为依靠的企业，因此就需要财务部门相应地做出改变，以便让财务管理的发展更加全面化。其次是要将企业的监督体系予以完善，市场经济是不断发展变化的，对财务内部监控工作的完善在竞争激烈的市场经济体制中有不可预估的效果。具体要培养财务各部门认真负责的态度，建立以控制财会为核心的体系，实施内控机制，防止出现违反规章制度的情况发生。

3. 提高企业的信息化技术实力

实现经济全球化与一体化的基本保证是信息化技术，它也是作为首要条件之一来进行发展社会化生产的。建设能够加快技术创新和降低成本的革新，帮助企业推行现代的企业制度，并且转换经营机制，使企业的产品不断增强市场竞争力。对信息的快速反应能力是当前企业信息化实现的标志之一，也是企业检验工作效率和竞争力的重要标志。企业实现信息化能从一定程度上适应市场发展的需要，还能满足社会改革的需求。就现今来说，我国企业的信息化技术正处于发展阶段，企业内部改革也随着发展不断深入，很多企业已经开始朝着创新管理的方向推进了。

新的历史形势要求企业经济管理制度应当与客观环境的变化相适应，与时俱进，不断满足企业新环境的发展要求。因此，创新企业经济管理制度，其发展宗旨一定要与企业的高度契合，并保证在管理措施和经营目标上能清晰明确，保证获取企业发展目标所需的资源。

二、企业经济管理创新存在的主要问题

没有创新就没有发展，一个企业内外部环境的转换要让创新与其相适应，就需要打破原有的平衡，实现新的平衡状态，以此实现企业新目标。

1. 企业经济管理创新重形式、轻落实

企业已经对创新的作用有了普遍的认识，但很多企业还是会出现重形式轻落实的问题，体现在三个方面：第一，管理层关于经济管理创新的认识不全面。现如今，管理者常常在培养人力资源和升级设备上投入大量的精力，但在经济管理创新上却没有很全面的认识，最终导致创新没什么效果。第二，工作人员对待经济管理创新的积极性不高。经济管理人员对创新的认识不到位，还是会依照传统的管理经验和模式进行管理。第三，企业缺乏进行经济管理创新的良好氛围。这种情况多出现在以合伙式和家庭式为主的中小企业，在这些企业中很多都没有将创新作为核心动力进行落实。

2. 企业经济管理创新缺乏人才支撑

企业经济管理实施的关键就是人才。企业经济管理的工作人员由于有各种问题存在，从而无法形成创新。首先就是拥有不正确的观念，有很多企业人员并没有将创新作为自己的本职任务，而将其归为管理层的行为，致使其对怎样提高工作质量没有基本的认识；其次就是企业监管力度不大，企业内部的管理不够规范导致在进行经济管理时没有科学的评估，结果会造成企业管理的效益不足；最后就是员工动力不足，企业在对员工创新时的鼓励不够，员工的积极性没有被充分调动起来，在以后发挥作用时也会受到影响。

3. 企业经济管理创新缺乏必要保障

企业经济的管理活动是一项系统工程，涉及企业的方方面面，所以实现创新时需要有一定的条件做保证。很多企业在实际工作中会很难实现创新，大部分因素是由于缺少必要的保障。其主要体现在三方面，分别是不合理的经济管理组织、不科学的经济管理评价和缺少必需的奖励机制。这些都多多少少影响着经济管理活动的展开，使工作的质量和效果受到很大影响。

三、企业经济管理创新应把握的重点环节

企业的核心工作之一就是企业经济管理，在企业的发展中，它的创新价值有着非常重要的作用，所以更要紧抓重要的环节不放，由小及大加快企业经济管理质量的发展。

1. 经济管理的观念创新是基础

进行经济管理的过程中一定不能继续使用传统的模式，而是要学会结合企业实际和市场的发展变化，首先要做的就是树立与时俱进的观念。管理层应时刻牢记创新就是企业管理的核心，是重点，还需要在对员工进行工作质量考评时，将创新作为重要依据，以此保证有良好的外部环境。另外还要让员工将创新当作义务来对待，鼓励普通员工在

企业经济管理的创新活动中贡献自己的一份力量，真正提升企业经济管理质量。

2. 经济管理的技术创新是保障

发挥科技进步的优势，在经济管理活动中加入先进设备，如网络、自动化和电脑等，还要建立完善的管理数据库和亲民的管理平台。建立完善的管理数据库可以提高企业方方面面的管理质量及效益，并提供精确的数据给管理人员；建立亲民的互动平台则是让员工在提出建议、反对问题时能有一条通畅的渠道，具体可以建立聊天群和论坛等。

3. 经济管理的组织创新是关键

组织模式也是对资源的一种配置方式，包含对人、财、物等资源结构有着稳定性的安排。在如今这种市场变化明显和信息量巨大的环境中，企业经济管理创新的关键就变成了要建立一个适应市场需求和满足企业发展的管理组织模式。所以首先应当建立一支精干的管理团队，通过结合先进科技手段和职能细化分工的方法，解决传统机构会发生的各种问题；其次是构建高效的组织形式，在加强企业管理模式的改变上，要善于运用责任追究和分工合作等方法，将管理组织变得高效且务实；最后是要培养核心的团队精神，通过改变企业文化的管理结构等方式，提高管理人员的凝聚力，为落实创新提供可靠保证。

4. 经济管理的人才培养是核心

首先，应当先加强对现有人员的培养，通过对经济管理人员的在职、脱岗培训等，提升他们的综合素养，在其观念中牢固树立创新意识，以此来提高管理质量；其次，还要对新进人员的素质认真考察，可以在招录新人时，对其标准有相应的提高，不完全按照学历进行人才选拔，而是在多方面，如综合素质和创新能力等方面进行考核。

四、网络经济下企业财务管理的创新

网络通信和多媒体技术的发展非常迅速，由此一系列新的企业系统应运而生，如网上企业和虚拟企业等，也就慢慢形成了网络经济。网络经济的快速发展给企业参与市场竞争迎来了全新的机遇和挑战，改变了财务管理的环境，改变了人们传统的财富、资本与价值观念，也对推动企业经营的全面管理创新发挥着重要作用。

（一）网络经济下企业财务管理的缺陷

1. 信息化程度不够高

在一个国家中，任何一个单位或企业的信息化程度都会在很大程度上决定国家行业未来的走向与发展。我们现在虽然生活在互联网时代，但依然有很多实际表明了我国的信息化程度较低，在计算时仍然不能很好地使用国内外的数据，并通过信息化工具进行分析和对照，还是运用之前单纯的会计核算。这就要求我们将传统财务管理的粗放型逐步转变为数据对比精细化，通过信息收集，科学地对企业的未来走向与趋势进行预判，做好风险规避。

2. 财务管理体系落后

网络经济时代的到来使很多企业发现其财务管理体系只能起到非常单一的作用，不能通过多角度、全方位的监督对企业各财务间的往来有充分的掌握，也无法及时地进行分析、查处，这就导致了无法进一步落实财务活动，在管理财务方面也会出现问题。在互联网背景下的企业创新财务管理模式和传统企业不同，但二者的共同目的都是让企业提升利润和利益。这就告诉我们在企业的长久发展中，不能单纯地只走一条发展模式道路，而是要在发展过程中，努力吸取教训经验，发现互联网时代中创新的企业财务管理的形式和走向，从而按照不同企业的经营特征和实际发展，将更多具有针对性的、不同的战略规则展现出来，使企业财务管理的利益最大化，也能更好地开展今后的工作。

3. 管理人才缺乏专业化

我国的经济水平一直在不断地发展与提高，我们都知道，经济基础决定上层建筑，在这里为我们带来的是国家、企业、人才的进步与发展。现今，专业化的管理人才是我国企业迫切需要的，在已有职员中，很少有能够对一个行业的金融经济水平发展有一定熟悉度的人，对经济发展走向的预判也不是很准确，这些问题都会阻碍财务的管理。

（二）财务管理目标的创新方式

人类的生产经营活动和社会活动的网络化是网络经济的重要标志之一。因此，财务管理一定要对网络资源进行充分利用，顺应潮流趋势，并从以下三个方面进行创新。

1. 融资与投资创新

在网络经济下，企业的融资财务管理的重心是知识和人力资本。于是，企业的投资和融资重心都开始逐渐转向知识和人力资本。就现在来说，网络经济下的企业竞争同样也是知识与人力资本之间的竞争，想要拥有发展和生产的主动权，就要首先拥有知识与人力资本。因此，网络经济下财务管理的重要环节也就变成了储备人力资本和筹集知识资本。

2. 资本结构优化创新

企业的发展战略和财务状况的基础是资本结构，而网络财务中资本结构优化创新包括以下三个层面：确立传统金融资本内部的比例关系、层次和形式；确立传统金融资本和知识资本的比例关系；确立知识资产证券化的期限与种类，以及非证券化知识资产的债务、权益形式和知识资本中人力资本产权形式。企业资本结构的创新一般情况下来说，实现的过程都是通过对融资和投资的管理。

3. 收益分配模式创新

在互联网环境背景下，财务管理模式的创新可以将任何的物理距离变成鼠标的距离，使管理能力能够在网上延伸到全球的任一节点。财务管理模式为了避免速度运营而产生巨大风险，它将过去的局部分散管理转变为远程集中处理式管理，并对财务状况实施监控。企业集团在进行远距离财务监控中，可以利用互联网对所有的分支机构进行数据的远程报账、处理和审计等，还可以对销售点经营和监控远程库存等情况进行把握。在这样的创新管理模式下，企业集团可以轻松地通过网页登录实现集中式管理，还能进行集中的资金调配，提高企业竞争力。

五、电子商务企业管理创新

电子商务浪潮席卷全球。电子商务对现有的作业方式和手段进行了彻底改变，也能实现缩短商业循环周期、提高服务质量、提升运营效率和降低成本的目的，这代表企业未来的发展已经离不开电子商务了。它将对厂商生产行为、市场营销、企业组织、国内外贸易的方式和手段等产生巨大的冲击，还将引起经营管理思想、行为模式，以及管理理论、方法的深刻变革。

（一）电子商务对企业管理的重要影响

1. 对企业组织管理的重要影响

随着电子商务的发展日益加快，企业如果还是坚持已有的组织管理体系，而不与电子商务的变化相适应，最终的结果只能是给自身的发展造成困扰与阻碍，并将与社会脱节。组织结构不分明、层次多又复杂是传统企业组织结构管理的最大特点，再这样发展下去将会大大降低企业获取信息的速度，并且员工的创造性与积极性也不容易发挥出来，阻碍企业的发展。这时电子商务的出现，突破了企业内部在地域和时间上的限制，企业的发展迎来了全新的机遇。

2. 对企业生产管理的重要影响

在企业实施电子商务后，各生产阶段的联系都能通过网络进行，传统的直线生产也可逐渐改变，变为在网络经济背景下并行生产，这样做的目的主要是能节约很多等待时产生的时间，这样不仅可以提高生产效率，还能使企业在现场管理和全面质量管理方面能又好又快地完成。影响电子商务业务顺利开展的前提条件，可以概括为生产过程中低库存、现代化的生产，以及数字化的定制生产等，使企业的生产、供应、配送与设计各环节更加有条不紊地进行。

3. 对企业财务管理的重要影响

对现代企业来说，电子商务的出现将时间和地域的局限逐渐打破，并扩大了企业贸易的范围，同时也给企业带来了较高的经济收益。企业想要求得进一步的发展，就一定要学会随着时代的发展进行改变，最新态势的发展要求已经不能单纯依靠传统意义上的财务管理模式了。财务管理在电子商务发展后，要逐步实现从静态事后的核算转变为参与企业经营过程的动态性方向；从单机性和封闭式的财务数据处理手段发展到集成化互联网的方式；从具有内部性及独立职能的管理模式发展为信息流、资金流和物流的集成性管理模式。企业的财务管理在电子商务的发展下，要求应具有的特点是智能性、战略性、实时性和预测性，并在此基础上加快财务管理工作的不断进步。

4. 对企业人力资源管理的重要影响

如今，人力资源的竞争已经慢慢替代了市场的竞争，企业想要加快其竞争力的步伐，最重要的就是人力资源管理方面的工作要做好。电子商务是依靠技能型人才来控制的，是一种新型的生产力，它的发展使企业在人力资源上的工作，如引入、培训、测试和录用等方面进行得更加容易和顺利，且所需费用也得到了有效降低，并成功引进了大批人才。与此同时，越来越多的企业已经开始接纳通过电子商务进行招聘的形式，并且还带动了人才测评和流通手段等的发展，企业和员工也有了较之前更为自由的沟通，使企业在人力资源管理上的发展越来越快，不仅很好地跟上了时代步伐，还使企业间的其他工作有了良好的革新与发展。

（二）电子商务背景下企业管理创新的良好策略

1. 重视企业人力资源管理的改革与创新

如今已是知识经济的时代，社会中的各个行业都少不了人力资源，特别是以电子商务为背景，人力资源管理的创新在企业中占有非常重要的地位。也就是说，企业应当自觉主动地按照发展的实际情况，利用现有的便利条件，利用电子商务发挥人力资源的各方面优势，如在引进、录用和培训等方面的加强，保证这些人才培养的模式是完全适应企业发展的。还可以通过多种方式，如带有主题性的拓展训练活动、电子商务专题会议和邀请外界专家等，在人力资源管理中，使所有工作人员都能认识到电子商务模式的重要性；此外，在员工日常工作和生活中，企业领导要经常与其交流和沟通，尤其是在电子商务方面，要及时询问员工的意见和建议，集思广益，这样不仅可以拉近相互间的距离，还能促使电子商务的运用更加合理化，在之后企业开展人力资源管理工作时也能更有针对性。

2. 加强企业财务管理的创新

企业的财务管理在受到电子商务、知识经济和经济全球化等浪潮的冲击下，唯一能做的就是加强创新和完善自身建设。有效做法就是进行创新。首先应在财务管理理论上创新，企业的财务目标和无形资产等方面的变化，是企业投资决策的重点，人力资本的所有者都被规定参与企业税后的利润分配，以保证财务实践在理论的指导下顺利进行。其次应在财务管理手段上创新，并要求企业在电子商务的背景下，与自身财务实际相结合，使财务管理信息化系统更加完善，使其从传统的数据，如电算化初步磁盘数据和纸质数据，逐步转变为网页数据，并应帮助企业实现财务和业务在审计、协同和远程报表等方面的管理，提高财务管理效率，降低成本。最后，是对安全建设信息系统的重视，除去工作中必要的常规性检查、规定用户权限和防火墙设置等，还要对电子商务背景下的财务管理走向，指派专业人员定期或不定期地完善和补充其信息系统，使企业的财务工作更加科学合理。

3. 加强信息化建设的创新

在电子商务背景下，企业要将财务管理和信息技术进行结合，重新建立组织架构和流程，以便能及时有效地实施财务管理措施。虽然很多企业对财务管理进行了信息化建设，但还是有很多问题存在。

第一，财务管理的系统相对落后。虽然我们身处的时代是信息发展的时代，但大部分中小企业会为了节约成本不去更新财务管理系统，因此就影响了企业生产经营的决策，也使财务信息在处理速度方面有所下降，这就要求企业应加强信息化建设，以企业的需求为主，对财务管理信息系统进行及时更新与完善，并寻找新方向参与多方合作。

第二，财务管理的效率较低。财务人员经常会忽视对生产和运营成本的控制，只关注产品销售的好坏，致使不完整的财务信息出现。并且，各部门之间还存在竞争，有虚假汇报、财务信息迟缓等问题出现，没有发挥信息化的优势。

第六章　财务管理与会计实践创新

谈到经济管理，自然绕不开对财务管理的研究和探讨，那么，本章就针对财务管理展开说明，详细讲述针对各财务要素而进行的管理及新时代、新趋势下，财务会计的实践研究与创新发展。

第一节　财务会计内部控制的创新

为了提高企业的市场竞争力，占据有利的市场地位，必须要通过加强财务会计内部控制，进一步优化企业内部管理的发展。为进一步推动企业财务会计内部控制体系的建立，必须要通过更加规范和科学的内部控制手段建立良好的财务监督机制来适应不断变化的市场格局，所以当前在企业发展过程中，要高度重视资金内控管理工作，建立健全管理体制机制，针对国家各项政策及发展情况，构建良好的监督管理内容，避免企业存在资金走向不明、资金调配效率低下的问题。

一、企业财务会计内部控制概述

企业财务会计主要是将财务信息提供给内部和外部，通过有效的财务信息综合管理方式来对各种财务信息进行企业经营策略的指导，在信息使用过程中，企业管理部门需要明确债权人及投资者，对不同环节的财务信息进行综合管理，加强企业内部的完全把控。在新的要求下，对企业工作人员的工作技能提出更多挑战，财务会计内控模式的更新需要全新的会计理论、会计体系及管理体系综合，通过构建完整的工作模式才能提高其效果。企业内部控制是一个重要的过程，需要对企业管理层、领导层及各个部门之间进行综合分析，加强对内部的把控。

第一，在进行财务会计内部控制体系设计时，首先要确保资金的安全和资金的利用率，对很多企业尤其是大中型企业来说，其资金链比较长，涉及资金使用环节较多，任何一个环节出现问题都会影响到资金的安全。

第二，要及时对各项信息进行综合管理，提供有效的会计信息，能够为企业长远发展提供信息基础。

第三，要保证各项管理决策和制度能够有效实施，通过正确地实施相关管理策略才能够加强内部控制的完整性。在企业开展经济活动时，通过有效的内部控制能够更好地降低成本，使企业提高收益，获得更大的效益。在企业发展过程中也会存在诸多风险，通过内部控制能够有效地纠正风险，保证企业在经营时稳定，提高企业经营效益，所以财务会计中的各种信息十分重要，各个部门都要将财务放在重要位置，避免对企业生产经营结果造成巨大的影响。

二、企业财务会计内部控制的意义

企业经营管理过程中，不仅是前端销售、产品设计以及客户维护能够提高企业的竞争力，内部的会计控制贯穿企业经营和发展的各个环节，无论什么性质的企业内部的会计制度控制在内部管理中都有重要的作用，并且对企业的发展有积极影响。企业财务会计内部控制能够有效地保证企业的资产进行科学的管理，企业资金链稳定、资产有序使用是保证各项生产经营的基础，所以通过有效的会计内部控制制度能够得到稳定的金融支持。此外，企业财务会计内部控制可以加强企业会计信息的综合管理，对不同会计人员进行规范的会计核算和信息汇编，能够更加系统地提供给企业管理决策相关的信息，提高其科学性和稳定性，避免企业在进行策略制定时存在财务风险。此外，通过内部控制能够加强对外部环境变化下的综合管理，所以说企业各项管理水平的提高、企业内部不同部门之间的联系也更加密切，财务部门和其他部门只有加强合作了解企业当前的发展形势，才能制定出更加符合当前行业情况的内部控制体系。

三、企业财务会计内部控制原则

在进行企业财务会计内部控制时要遵循三个原则。第一，将会计内部工作的开展与企业的发展密切联系；第二，财务会计内部控制工作的开展需要保证各个管理活动的合理和合法；第三，当前财务会计内部控制工作开展过程中也要具有针对性，对于不同的财务会计内容要更加灵活，对企业财务会计信息、内部运行信息和市场变化信息等进行收集，并且综合分析以上信息。所以当前企业财务会计在内部开展过程中一定要保证企业稳定长期地发展，按照企业当前的战略规划及长远的目标，并根据政策及相关法律法规的改变进行灵活控制，这样才能够实现企业内部控制的高效管理，让企业在长期稳定的情况下健康发展。同时，在企业进行各项经营活动的过程中，要保证合法性和合理性，通过正当手段获取利益才能够促进企业长久发展。此外，企业在经营过程中也要坚持有针对性的原则。只有实事求是，按照企业内部的经营活动有针对性地制定相关内部控制措施，才能够提高内部控制的质量，保证企业的经济实力。

四、企业财务会计环境的变化

1.财务政策的变化

各行各业的财务会计都是引领整体正常运行的重要核心内容，而在新会计制度下，企业内的财务政策发生了一定变化，传统的财务会计、预算会计也发生了不同模式的变化，在同一会计系统内，可以通过双重功能来达到财务会计和预算会计的共同计算，通过双功能、双基础、双报告来达到当前财务内部控制要素需求的满足。而在预算会计当中，通过对预算收入、预算支出、预算结余等系统进行分析能够更好地将资金有效利用，而对财务政策的变化也使企业需要更加全面地了解财务会计的核心内容，将资金运用到重要地方，通过规范使经费合理的使用，实现有效的内部控制。在新企业经营管理理念下，应用新财务会计方法能够使原本的财务会计更加高效，通过完善的体系提高教育和服务行业的管理要求，更好地完善当前的管理内容。

2.会计制度的变化

在市场经济下，各行各业都按照新会计政策对自己的财务会计进行细化，使很多传统的财务问题得到解决，保证企业各项经费的严格使用，明确使用目的，更好地落实企业内控制度的实际要求。在不断发展过程中，企业财务会计制度也发生了一定的变化，为了更好地适应当前财务制度的要求，应该严格按照新政策来修订企业内财务制度，通过较高的政治觉悟和政策，运用好财务会计内控制度，在实际应用过程中合理配置资产，加强资金管理的全面把控，对企业有关财务会计方面的内容进行分析，提高资金的安全稳定性。

3.企业的内外部环境的变化

在社会的不同发展阶段出现不同的问题，我国在当前企业内部仍然面临着多种资金问题，不进行有效的财务会计管理就会使企业内部的资金链出现断裂，影响企业财务方面的正常开展，所以企业对资金的灵活应用结合不同的项目加强资金和财务方面的管理，这给企业提出了更加严峻的挑战，也让企业内部控制与财务政策之间联系越发密切。

五、企业进行财务会计内控时面临的问题

1.财务会计制度落后

在新的会计制度下，对企业内的预算管理提出了更高的要求，新会计制度层面包含两

方面内容，一方面是对企业内部的支出和收入进一步规范，另一方面是对企业的实际收入和支出进行相应的差额补助。通过不同方面的内容更好地将企业内部的财务进行管理，但当前现有企业内部财务会计工作与实际的会计制度规范化要求仍然有较大差距，并不能真正地对企业内部的支出和收入进行完全分析，也无法按照实际情况规范自身的财务会计内容，无法进行及时的调整影响了其正常发展。此外，在进行资金核算时，要根据企业的实际情况进行，但是实际情况和预算仍然有差距，无法真正达到当前财务会计的需求。

2. 会计模式创新度不够

面对新的财务会计管理要求，必须要有效地发挥其应有价值和效果，深入地分析解决其中存在的问题，更新会计理论体系，实现当前会计内控制度的创新性，能更好地解决当前企业中存在的问题。此外，会计理论在实施过程中需要科学的理论验证，需要将会计理论和会计制度置于相同框架内，但是企业财务会计内控在实际应用过程中仍然存在着严重不足，没有按照实际情况进行相关工作的安排，会计模式存在着滞后性，很多资金依赖于管理层决定，无法对一些细节性问题仔细检查，对实际情况及内部的会计管理情况缺乏有效管理。

3. 风险把控能力不强

现如今，我国每年有针对性地拨付大量资金用于企业的发展，而很多企业在使用相关资金时并没有完善的风险意识，规避和把控风险能力不强。在这样的形势下，影响了企业内部财务会计控制的有效性。此外，很多企业虽然制定了风险预警体系，但没有与当前会计制度有效结合，无法真正地按照当前的会计制度完善内部的控制体系，导致自己内部财务会计模式混乱，影响了会计核算工作和风险预警工作，使我国当前企业内部风险防控系统很难进行有效的升级和改革。

4. 企业财会内部控制意识不足

当前企业在进行内部控制过程中仍然执行效果不佳，很多企业并没有完善的治理机构，导致企业财务内部控制出现混乱。财务会计内部控制需要有顶层加强设计，必须要提高管理层的内部控制意识才能真正发挥其监督和管理职能。一些企业管理者认为财务会计内部控制并不重要，缺乏系统的管理，没有针对性地制定相关的内控机制，导致企业在进行内部控制时没有依据，经常凭借自己的管理经验进行决策，这样会使内部控制的效率降低，质量也无法达到真正的要求，增加财务会计管理隐患。此外，一些企业内部会计控制虽然认识到了其重要程度，但并没有对各部门之间有效连接，部门之间缺乏基本的沟通和协调，导致财务部门与资产管理部门出现信息壁垒，无法真正了解企业当前的资产情况，缺乏基本的正确判断，就无法起到财务会计监督作用。长期在这样缺乏协调性和系统性的管理模式下，企业内部控制人员的积极性也会降低。

5. 企业内控审计监督工作设置不到位

在企业管理过程中，内部的审计工作是保证各个环节正常进行的重要部门，企业在发展过程中需要制定完善的发展战略才能实现企业的长远发展，但是当前很多企业审计与财务部门出现混乱，独立性较差，很多审计项目都是由财务人员来完成，这样无法真正发挥效果。同时，内部审计需要系统化的方案制订更加全面，系统的审计内容才能够突破局限，保证审计工作的正常进行。在招聘审计人员时，没有对其审计能力进行考核，只是精通财务知识，对审计的方式方法及当前更新的审计内容不够重视，只将重心放在财务数据核算上，无法按照企业未来的发展进行详细的规划。此外，很多企业内部审计存在徇私舞弊现象，对审计数据信息的真实性和准确性造成了影响，使审计出的风险评估报告与企业发展情况严重不符。

6. 企业绩效考核机制不健全

企业在发展过程中需要健全的绩效考核机制，通过高效地管理员工才能符合要求，很多企业虽然结合自身的发展情况，构建了业绩考核管理体系，但是仍然存在诸多不健全的情况，一些企业在对内部控制过程中只对技术层面的员工进行综合考核，没有对财务人员及内部控制人员进行针对性的考核，长此以往，就会导致财务人员和内部控制人员在实际工作中，工作积极性和工作主动性不高，存在工作懒散情况。只有完善的绩效考核机制，对员工的内部控制效果制定有针对性的管理体系，才能够体现考核的公平和公正，才能营造良好的内部控制效果。对于一些中小型企业来说，没有将内部控制工作情况融入员工绩效考核当中，使员工的行为得不到有效约束，无法发挥监督作用，影响内部控制机制的正常运行。

六、新会计制度下企业财务会计的创新及有效策略

1. 制定完善的财务会计制度

在新会计制度下，企业进行财务会计的创新策略首先要制定完善的财务会计制度，只有在制度层面提高财务会计的重要性才能让工作人员真正提高财务会计效果。所以，企业管理者需要全方位考虑，加强顶层设计，对企业的预算制度进一步完善，结合现代化信息系统加强各项资金的实际使用记录。同时，通过信息化管理更好地加强预算的编制和执行效果，使整个内部控制管理的成效提升。此外，可以通过进一步完善风险管理制度，通过设立风险预警机制来加强风险的防控。在新的企业内部控制要求下，必须要认清自身存在的问题，有针对性地根据企业的实际经济活动进行严格的管理，通过最新

财务会计手段与当前企业的整体规划相符合。

2. 构建财务信息化管理系统

在科学技术不断发展过程中，信息系统是保证财务会计内部控制能力提升的重要手段，对企业来说更需要借助先进的信息管理系统来提高财务会计效率，通过对当前企业的经济活动进行综合分析，加强各个业务部门之间数据的联动，保证各部门之间能有效连接，极大地减少了经济数据之间的误差，也使企业财务会计更加顺畅。在内部控制制度实施过程中，通过有效地将不同会计核算模式相互连接，加强数据的记录和编制；通过预算会计的分析和录入更好地建设信息化体系。在引入信息系统时，可以根据企业的实际情况，同时加强信息系统的定时更新，根据自己的经济业务做好财务会计内容的创新设计，使其能够自动生成数据效果，保证财务会计更加顺畅安全。

3. 组织财务相关人员的培训

企业财务会计内部控制工作难度较大、内容复杂，所以相关财务会计人员需要定期进行相关培训全面学习新的会计制度，并根据当前会计制度加强不同内容的研究，通过其内涵和实际的意义结合市场经济情况了解会计制度本质的变化。企业管理者需要加强人员的培训，对会计学、计算机技术及综合能力的提升更好地为财务会计内部制度执行奠定基础。同时也要加强财务队伍的建设，通过引入复合型和技术型的人才让财务会计人员具有终身学习的意识，加强各方面知识技能的提升，不断强化财务和信息管理知识，避免内部控制制度给企业内部会计管理带来冲击。

4. 对企业财务会计内部控制意识进行强化

企业管理层需要建立健全财务会计内部控制体系，逐步加强每一个部门之间的控制意识，通过有效的内部控制制度来管理财务风险。在进行财务内部控制管理过程中，要明确管理目标，严格按照当前的会计法律法规制定内部的管理制度，有效地加强内部控制工作质量的提升。此外，企业领导应该加强员工之间的相关教育工作，通过对企业财务会计内部控制的重要性进行分析，按照实际的企业发展情况，加强内部控制的全面性。其次也要对企业财务管理的内部控制制度进行健全和完善，明确内部控制的内容和方向，对财务会计内部控制的薄弱环节找到关键点，并有针对性地解决。通过更加健全的控制系统来帮助各种措施得到落实。最后也要对员工进行定期培训，加强会计内部控制监督意识，使内部控制的效率和质量提升。

5. 建立风险评估机制

在现代企业发展过程中，通过做好风险评估工作能够有效地加强内部控制的效果。所以，一定要通过合理的评估风险来为企业提供更加专业的决策，确保企业正常运转。

在财务管理过程中，工作人员要对各项工作的事前、事中及事后进行把关分析，制定风险评估方案，按照风险评估机制和要求对经营过程中的各种风险进行积极应对。同时，企业在不同的发展阶段可能会面临不同的问题，要结合实际的工作情况，采取有针对性的措施进行控制。此外，企业还要进一步完善财务机制，构建更加科学、全面的内部控制责任体系，对各项工作人员的工作职责进行明确，只有专业的财务管理才能严格按照要求降低管理风险，进一步推进各项工作的正常进行，实现企业经济的快速发展。

6.构建完整的内部控制监督机制

企业在经营和管理过程中，必须要完善财务管理内部控制监督机制，这样才能够对财务管理的各项内容进行综合把控，提高管理效率和质量。构建完整科学的监督机制是保证财务会计内部控制的首要条件之一，所以要满足不同工作的需要，针对当前财务会计存在的问题进行有效的完善，有效地加强不同机制之间的联合，通过财务会计内部控制的合作，形成更加系统的监督制度，这样才能够提高监督的有效性，避免企业内部存在徇私舞弊的情况，导致企业内部存在经济损失。同时，企业内部也要进一步优化审计、纪检、法律相关部门之间的协调性，建立反馈机制，通过数据实时共享为各项工作的管理和监督提供数据支持。此外，也要构建更加完善的企业财会内控机制，可以引入外部监督与内部监督共同发展，提高监督的准确性和全面性。在企业内部，要加强企业管理层对财务风险控制和识别的能力，通过定期开展风险排查工作，遵循当前企业的资金成本效益原则，加强各项风险预警系统的设定，通过审计检查和风险评价，为企业内部控制提供更多数据支持。

第二节　现金管理创新

一、新形势下的现金管理及其机制的完善与思考

（一）当今时代新形势

1.时代数据化趋势不可逆转

随着科学技术的飞速发展，网络在人们的生活中已经逐渐普及，在互联网飞速发展的情况下，人类已经进入"第四次革命"，也就是信息时代。在这样的时代背景下，经济发展模式在时代的驱动下迅速转型，"互联网+"已逐渐成为催生经济发展的强有力的动力。网络以其高效、普遍、综合的优势不断拉动我国经济持续健康的发展。"互联

网＋”已化理论为实际，并在一定程度上成功。同时这也是我国经济转型——由贸易拉动到信息化拉动经济发展。“互联网＋”的出现代表着网络贸易、信息化经济已经成为现实，并不断完善发展原有的信息理论。网络化、信息化以其顽强的生命力和不可比拟的绝对性优势推动我国经济形态不断变化，为社会经济实体注入不竭的活力，从而为我国改革、创新、发展提供广阔的网络平台。由此我国现金管理行业在信息智能化浪潮的推动下开始思考其完善发展问题。

2. 经济全球化深入发展

当今时代，在科学技术的推动下世界各国之间的联系日益紧密，世界逐渐成为一个不可分割的有机整体。以跨国公司为载体，科技、资本、贸易全球性发展为主要特征的经济全球化深入发展，这一定程度上推动了世界经济的发展。然而任何事物都有其两面性，经济全球化作为随着科技进步出现的新趋势也不例外，其对于广大发展中国家而言既是机遇也是挑战。

（二）现金管理的基本概况

1. 现金管理的含义

在一般情况下，现金管理是指在权衡现金流动性与收益性的基础上进行选择，包括多种服务在内的、以降低风险、有效地分配现金、获得最大的经济效益为目的的资金管理分配制度。

2. 现金管理的目的

现金管理行为的根本目的是获得收益。在保证个人、企业能够维持正常的活动所需要现金的基础上将一部分闲置资金进行科学合理的管理投资，减少现金闲置现象的出现，提高资金利用率。

3. 我国现金管理领域现状

与西方发达国家相比，我国现金管理行业起步时间较晚。尤其是对于一些投资规模较小的小型企业而言，由于种种客观条件的限制其在很长一段时间内都没有在企业内部建立相应的现金管理体系，导致企业内部资金分配不合理，出现资金链断裂、财务使用风险过大、资金使用不合理等诸多问题。更为严重的是这种情况并不是个例而是在我国普遍长期存在，却并没有引起人们足够的重视，由此导致我国经济转型困难重重。其次，对于国家而言，当今时代各国之间的竞争归根到底是综合国力的竞争，即经济、科技、文化的竞争。而经济因素更是国家之间竞争的核心，由于我国在经济发展过程中走过许多弯路，导致我国在很长一段时间内落后于西方各国，自改革开放以来我国经济飞速发展，在经济的高速运转下我国在获得巨大经济效益的同时也暴露出了许多问题，其中过快发展的经济速度必然导致我国经济建设中的基础不牢固，缺乏稳定、持续的发展动力，随之而来的是一系列问题的产生，在经济领域众多的公司中缺乏强有力的现金管理制度便是其中之一。在建立现金管理体系的企业之中也存在大量的问题，如结算渠道不畅、结算工具落后、缺乏现金管理监督机构、未能有效地整合企业之中的可用资源等。

（三）完善现金管理的措施

1. 颁布相应法律法规，加强法律制度建设

法律是一个社会强有力的行为规范，法律条例的制定应符合当下时代发展的要求，但是就现今来看，我国法规制度建设严重滞后于经济发展现状。以经济领域中的现金管理行业而言，我国与此相关的法律条例严重脱节，只有一部《现金管理暂行条例》存在，而且此条例颁布于 1988 年，现如今的发展状况与 30 多年前已经大不相同，面对经济领域存在不当竞争、现金管理不完善等乱象，法律的强制性对于我们构建和谐稳定的社会促进经济发展来说其重要性不言而喻。法律体现着社会文明的发展程度。因此，出台现金管理保护法，在全社会营造一种重视现金管理制度的氛围，对于推进我国的依法治国方略和"互联网＋经济"的发展具有战略性意义。

2. 建立完善企业现金管理监督机制

市场经济在资源配置中占决定性地位，然而市场经济具有盲目性、滞缓性等缺陷，这就需要我们去不断加强完善企业监督管理机制。在建立企业现金管理制度的同时也应该逐步确立并完善监督体制。

3. 创新现金结算工具

工具是有效推动发展的关键性因素，我们若想建立完善的现金管理制度就必须要加大现金结算工具的开发适应当前经济发展。尤其对于我国现在的大量的私营企业和个人企业而言，由于自身经济实力不足，新型结算工具的出现将会对它们产生更为深刻的影响。另外，我国建立市场经济的时间较短，作为市场经济衍生物的现金管理制度，人们对其还很陌生，因此我们必须要加大宣传力度，以分发传单、插播广告的方式提高人们对于这种制度的重视程度，增强人们的金融意识和使用现金结算工具的自觉性。

4. 重视人才，着重培养引进先进管理人才

人才是企业、国家乃至社会发展最为重要的资源。当代社会，人才占据着越来越重要的地位。21 世纪竞争的焦点已经不再是武力、人数的较量，已经转变为科技与知识的竞争。人才是从事科学研究的主体，因此科学技术与知识的竞争从本质上来说是人才的竞争。而科技与知识的竞争就是人才的竞争。人才并不是单纯地指具有高学历的人——当下学历已经不再是衡量一个人水平高低的唯一标准，人才更多的是指拥有高学历、高

素质、创新能力等多种优秀品质的人。人才并不是企业成功的唯一因素，却是关键性因素。在经济全球化趋势下，中西方经济、文化等交流日益密切，在带来巨大机遇的同时也造成了巨大的竞争压力。因此在激烈的市场竞争中，只有具备了丰厚的人才资源储备，企业才能在市场竞争中取得优势。

（四）完善现金管理制度的重要性

1. 有利于减少流通费用，节约社会劳动

对于企业而言，其现金存量过多过少对企业的发展都不合理，甚至会对企业的发展产生一定的影响，因此企业的现金储备应该维持在一个相对稳定合理的范围内。当企业持有过多现金时，极有可能造成机会成本增多，这是对资源的一种浪费；当企业拥有的现金较少时，企业内部将会面临极大的压力，如威胁企业的偿债能力、错失企业发展投资机会、资金链薄弱等。在这种情况下，我们应当制订一个合理有效的现金使用计划，以加强企业的现金管理，促进企业的长远发展。

2. 有利于深化经济体制改革促进我国经济发展

作为现代企业制度重要组成部分之一的现金管理制度，其构建与完善对我国经济发展极其重要。企业是市场经济的主要参与者，我国众多企业能否发展壮大，在很大程度上影响着我国经济社会的走向。

3. 有利于完善现代企业制度

作为随着市场经济发展而形成的现代企业制度，其在很大程度上受市场经济的影响。现代企业制度涉及的内容较为广泛，现金管理制度便是其中的组成部分之一。

4. 有利于提高企业经济效益

作为现代财务管理组成部分之一的现金管理，其发展完善对企业发展、社会经济转型都有着十分重要的作用。随着"互联网＋"时代的到来，大数据化趋势深入人心。在这样的新形势下，越来越多的企业经营管理者意识到网络、信息在经济生活中的重要性。作为在互联网发展基础上形成的现金管理制度，其能否建立并不断完善是决定一个企业能否成功并处于不败之地的关键性因素之一。当现金管理制度完善时，企业资金使用效率极高，在相对较小的风险下取得了最大的经济效益，这使企业在市场竞争中处于优势地位，促进其长远发展。

（五）如何促进基层央行管理科学性转变

规范现金业务运行的主管机构便是基层央行，面对业务不断快速发展的新态势，为了能够更好地与新型现金管理与服务模式匹配，其必须做出适应性的转变。加强基层银行管理对深化改革开放、推动经济发展及我国现金管理制度的完善具有极为重要的作用。

如何加强基层银行管理成为当代经济社会亟待解决的问题之一。首先从制度层面上来说，加强基层银行管理应转变原有的粗放的经济管理模式，从而推动现金、银行管理机制向制度化、规范化方向发展；其次，完善基层银行管理要充分利用当代高科技的发展，以科学技术预防"智能化犯罪"；最后也是最为重要的一点就是我们要充分发挥以个人信息库为主体的个人征信体制在加强基层银行管理中的作用。

二、现金流量管理及其在现代企业财务管理中的应用

在当前市场经济发展、企业间竞争压力逐渐增大的情况下，企业管理模式的更新与升级将成为必然趋势。企业的现金流量管理是为企业经营、把控市场风险，以及提高企业整体管理质量的重要环节和关键性保障。因此，务必要积极主动地采取强有力的有效措施，不断地完善和优化企业现金流量管理与运用，以提高企业的财务管理水平。

1. 现金流量管理的定义及特征

现金流量管理，主要是指在当下或是将来的一定时期内，在企业的经营、投资或筹资等经济活动中，对企业资金流入与流出等方面进行系统化的分析、预测等研究，以获取有效、真实的数据依据，从而促进企业长期发展的战略与经营管理目标的科学性与合理性。

现金流量管理一共有以下几点特征：第一，具有综合性，企业会通过多种管理手段的运用进行现金流量管理，并且企业中的所有活动都会将现金流量管理应用在其中，促进企业更好发展，它不是一个环节，也不是一种管理活动；第二，具有风险性，企业的现金流量管理和货币的时间价值有着紧密的关联，但是货币时间的价值是不确定的，因此无法预测相关现金流量的具体数额，在现金流量管理的过程中会出现一定的风险；第三，具有预测性，现金流量价值的含义会在现金流量管理的过程中经常被应用到，主要是预测未来的预算能否实现。

企业的财务运行与市场经济有着密切的关联，一旦市场经济呈现出不稳定的状态，会严重影响企业的财务运行状况，甚至会引发一些问题；相反如果市场经济处于过度饱和的发展状态，企业可能无法继续进一步发展，企业最终可能面临倒闭的现实状况。因此，从客观的角度来说，企业想要做到持续性的发展，就必须将现金流量充分重视起来，并且要将其作为企业发展的重要部分，从而为企业提出更合理更有效的发展战略。

2. 现金流量管理运用的问题

（1）缺乏对现金流量管理重要性的认知

企业现金流量管理中，企业财务工作人员往往只将其当成一项单纯的数据统计工作，

而未能结合本质属性进行现金流通相关问题的研究。这一问题的根本原因在于，企业领导层或相关财务人员缺乏对现金流量管理重要性的认知，导致现金流量管理无法发挥出真正的效益作用，无法促进企业财务管理的全面性与科学性。

（2）管理方式不完善

单就理论上而言，现金流量管理大致可划分为前期管理、中期管理与后期管理，三个阶段互相作用，又紧密联系，其涉及的预算、控制与分析一定程度上影响着现金流量管理的完整性持续发展。但事实上，诸多的企业在管理现金流量时却只注重后期管理的数据分析，而忽略了前期管理和中期管理的重要性。这种管理方式不仅限制了财务管理的效率，也制约了现金流量管理的应用价值。

（3）管理手段实效性较低

现今，许多企业的发展往往以自身的经济利益作为发展的主要核心，而轻视了内部现金流量管理的导向性作用，使企业现金流量管理的运用无法跟上时代发展的进程。长此以往极容易导致现金流量管理手段的实效性较低，不符合新时期发展的需求，最终造成企业财务管理效率和质量低下的问题。

3. 优化企业现金流量管理的应用措施

（1）强化现金流量管理意识

随着社会市场经济环境的不断发展，企业需要积极转变传统的财务管理理念，尽可能地避免"老旧"的程式化的工作观念，树立新时期下的先进的管理理念。在企业展开财务管理工作的过程中，不断地强化现金流量管理的意识，加强对其重视性的认知，以此为基础严格把控企业各经营环节上的资金运转活动，从而真正发挥现金流量管理的导向性作用。一方面在各项资金的详细规划上，要根据企业发展的实际需求，合理地进行资金的规划与使用，同时严格把控企业资金的动向，为项目的投资回报提供实际的保障。另一方面，要尽力完善现金流量管理机制的相关规章制度，以确保现金流量管理应用的规范性，从而促进其管理质量与效率的全面提升。此外，企业领导层也理应有意识地加强企业内部财务相关工作人员的专业培训与指导，为提升企业财务团队人员的综合职业素养提供根本保障。

（2）建立全方位的预算管理体系

现金流量的预算管理是现金流量管理的前期工作，也对企业内部管理起着举足轻重的核心作用，所以建立全方位的预算管理体系就显得尤为重要。特别是在企业的规划、协调发展的过程中，全方位的预算管理体系不仅可以促进企业内部业务预算、财务预算、资金预算等的科学性与实效性，还能够推动企业现金财务管理质量水平的大幅度提升，从而促使企业得到更好的长远发展。

（3）健全风险防控系统

现金流量管理是企业经济运营过程中的组成部分，必然会面临一定的风险隐患，不利于企业的长期稳定发展。为了推动企业健康持续发展，在实际运用的过程中，务必要有意识地提高现金流量管理的风险防控能力，建立健全的风险防控系统。想要达到降低企业经营风险的目的，首先就是要保证企业经营的现金流与利润之间相匹配。其次，要规避短债长投的风险。同时，强化财务警示意识，将可能存在的财务风险扼杀在摇篮里。再次，实时掌握资金受益方的最新动态，把控资金流动与速动的比率。此外，还应加强对企业运营中可能会存在的信用风险的关注与重视，加强对账款回收率的提高。最后，面对不同类型的财务风险，结合实收账款的具体回收情况制定合理的预警方案，避免账款长时间拖欠，提升风险防控效果。企业运营资金风险防控，需要综合权衡销售额增长和现金循环周期比率之间的关系，任何一个指标变化都会加剧财务风险的出现。

（4）使现金流量管理水平得到经营性的提高

企业领导者在制定发展战略时，需要以经营性现金流的预算为依据，合理规划企业的经营状况，使经营性现金流量管理预算有所保障，并保证资金能够灵活周转，使企业在科学决策方面得以更好地发展。制定管理方案时要以企业的经营状况为依据，可以在三个方面进行考虑：第一，企业要对最佳的面临储物量确定好，使企业资金周转的速度能够提升，在此基础上进一步管理现金的流动与收益二者之间的关系，从而能使企业在获取利益方面具有较强的能力；第二，企业在经营活动的时候，需要支出的资金应该遵循一个原则，即量入为出，对于支出标准的制定，一定要以企业现金的实际收入情况为依据，由此能够使企业有效地运转，使企业的良好发展得到一定的保障；第三，企业要适当调整生产经营规模，企业在发展的过程中需要挖掘自身在经营上所具备的优势，进一步明确企业发展的重点方向，尽量减少投资一些风险比较大的项目，确定最佳现金储存量，协调现金流量和收益之间的关系，使资金更加稳定地流动。

（5）现金流量管理在企业投资过程中的水平需要提升

投资对企业的发展非常重要，是企业获利的主要途径，它能够用新的经济增长点来使企业的发展空间扩大，为企业开辟更大的盈利空间。但同时也有一定的风险，企业投资额越大，伴随的风险越大。所以无论企业对什么项目进行投资，必须结合企业实际情况，深入市场调查，控制风险程度。比如，管理层看到房地产可以带来巨额效益，准备涉足房地产投资领域。因此，要求财务管理人员投资前深入市场调查，了解房地产企业的发展情况、盈利能力和企业价值，预测企业的投资回报率，为后续的管理和投资提供可靠依据，提升投资准确率，将投资风险控制在合理范围内。同时，应该强化市场部门职责，完善现金管理体系，对投资方案科学合理评价，并将时间价值纳入评价标准范畴。公司还要建立评议小组，市场部提出相关投资方案之后，由评议小组评价，在评价体系中加入货币时间价值，通过净现值法来科学地判断这个项目是否可行、公司是否能得到较高利益。

（6）加强筹资性现金管理

面对当前激烈的市场竞争挑战，财务管理人员应该选择科学合理的管理方式，提升现金流量管理效率，控制风险在合理范围内，尽可能降低企业的生产成本，为企业带来最大经济效益。比如，小型投资现金流量管理中，要依据企业的资金流动效率制定合理的现金流量管理方式，明确企业的资金运转需求，收集企业的成本、利润和负债等数据信息，预测企业的资金运转情况，在此基础上编制合理的资金运转方案。此外，企业要结合自身的应变能力与债务偿还能力，严格控制企业的贷款数额区间，合理设计贷款数额和自由资产比例，尽可能避免企业无法偿债的问题出现。

第三节　成本管理创新

一、成本管理创新的必要性

（一）成本管理的重要性

成本管理是在产品设计、生产、销售及售后服务的整个过程中，企业围绕所有发生的成本、费用所进行的一系列管理工作。企业的一切成本管理活动应以成本效益原则进行，即以尽可能少的成本付出，创造尽可能多的使用价值，为企业获取更多的经济效益。

1.成本管理是企业的生命和竞争力，是企业发展的基础

在市场竞争日趋激烈的今天，企业面临着同业竞争、政府课税和经济环境逆转等外在问题，以及职工改善待遇和股东利益等内在压力，在这种情况下，只有加强成本管理、提高产品质量、创新产品设计、增加产销量，才能在市场竞争中立于不败之地。其中，加强成本管理是其核心竞争力，只有降低成本，才能提高边际贡献率，提高企业在同业中的竞争力，企业才有能力改善职工待遇和增加股利，稳固经济基础，在市场竞争中生存与发展。

2.成本管理是企业提高经济效益的重要手段

企业的产品成本和经济效益密切相关，成本管理水平的高低直接左右着企业的经济效益，成本管理水平越高，企业的利润空间也就越大。因此，企业只有重视成本管理，

把加强成本管理作为企业管理的核心，以成本管理带动和促进企业的其他各项管理工作，才能达到提高经济效益和企业整体素质的目的。

（二）企业成本管理中存在的问题

在企业的成本管理中存在一些问题，这些问题降低了企业成本管理效果，使企业难以提高效益。

1. 成本管理观念缺乏、落后

企业管理者成本管理观念淡漠，没有认清市场竞争的核心是成本竞争，成本是反映企业生产技术、管理工作质量的综合指标，降低成本是提高经济效益、增强企业竞争能力的关键；对企业成本管理的范围、目的没有清晰的认识，往往只重视生产过程中的成本控制，忽视产品研发、材料供应、市场营销和售后服务等环节的成本控制。其中，产品研发过程中的成本虽然只占到产品总成本的 3%，但会影响后续生产及销售过程中产品 70% 的成本，所以在产品研发时，要特别对产品成本控制进行关注。随着市场经济的不断发展，流通性成本所占的比重也越来越大。因此，如果企业只重视生产过程中的成本控制，将无法有效地达到成本降低的目的。

2. 成本管理方式、手段落后

大部分企业依靠财务人员进行成本管理，成本管理上缺乏全局观念，只注重成本核算。在事后控制中主要的方法是通过研究财务报表，利用报表中的数字去管理成本，对成本没有做到事前控制和事中控制。企业成本核算方法陈旧，仍靠传统的手工操作，没有建立管理信息系统或对系统末端进行延伸，难以及时地、全面地、准确地提供成本管理信息。

3. 成本目标责任不健全

企业没有明确的成本目标，没有进行成本控制的标准和依据。有的企业虽然确定了成本目标，但缺乏落实目标的具体措施，没有明确的成本责任制度，导致目标徒有其名，未能起到成本控制的作用，造成企业物耗上升、费用增加。

4. 成本管理缺乏激励机制

企业没有把成本管理同职工的绩效考核相结合，对成本管理较好、经济效益有所提高的车间、班组、个人缺乏有效的激励机制，无法调动管理者和广大职工的积极性。

（三）企业管理创新的必要性及对策

1. 企业管理创新的必要性

（1）企业管理创新是提高企业利润的有效举措

企业管理创新的直接目标是优化企业生产要素的有效配置，降低企业的经营成本。

这一目标虽然可以通过多种方式得到体现，但是最终还要在经济利润上有所体现。提高企业经济利润可以分为两个方面：一是提高企业当前的利润；二是提高企业未来的预期收益，即着眼于企业的长远发展。企业管理诸多方面的创新，有些是以提高前者为目标的。很显然，无论企业管理创新是提高当前的经济利润还是未来的收益，无疑都是在增强企业的实力和竞争力，从而有助于企业的长远发展。

（2）企业管理创新是激发员工工作积极性的重要手段

企业的发展应建立在人的发展基础之上，因为人是构成企业的最根本因素。一套设计良好的企业管理制度和这个管理制度的有效实施，能让员工预期到企业的未来发展前景和自己的人生价值目标的实现，将会最大限度激发企业员工的积极性、主动性和创造性。

（3）企业管理创新有助于企业家精神的培养

企业家是人类社会最稀缺的异质性资源之一，任何一个充满活力的企业，都拥有一位杰出的企业家。企业管理创新将有助于企业家精神的培养，因为企业管理创新将会使企业的所有权与管理权发生分离，企业的管理权掌握于企业家的手中，从而提高了企业资源的配置效率。

（4）企业管理创新是适应市场、制定战略的重要法宝

企业进行企业管理创新的依据必定是市场，如果企业不能在发展壮大过程中不断创新自己的管理方法和手段去适应市场可能出现的变化，那么企业发展不可能是一帆风顺的。如20世纪90年代中国家喻户晓的秦池集团，在夺取央视"标王"后，便曝出使用勾兑酒的丑闻，从此一蹶不振。究其原因，秦池集团没有一个适应市场需求的战略目标，没有自己独特的企业品牌，只是在广告上不断推陈出新，吸引大众的眼球，赢得了短期效益。

2. 促进企业管理创新的对策

（1）重视和加强战略管理，提高企业核心竞争力

企业战略是企业为了在竞争中谋求相对优势，根据自身状况和外部环境变化制定的指导企业中长期发展的战略性设想和具体规划，是企业生存和发展的根本。因此，一定要把战略管理作为大企业管理工作的重点抓好。要正确分析所处行业的市场状况，准确把握在行业中的地位，详细了解和掌握竞争对手的发展情况，做到知己知彼。要目光长远，以全球的视野衡量企业的发展，把企业放到国际同行业中去比较，找准赶超对象，确立长远目标和方向。

（2）全面加强质量管理，提高企业综合竞争力

质量是企业的生命。产品质量的好坏，决定着企业有无市场，决定着企业经济效益的高低，决定着企业能否在激烈的市场竞争中生存和发展。一是要牢固树立质量第一的观念，把用户的需求和认同作为确定质量标准的重要因素，把消费者的满意程度当作衡

量质量高低的最终标准。二是大力实施品牌战略,注重从整体上培育和塑造产品和企业的形象,创造知名度和美誉度高的企业品牌,走质量效益型的名牌发展之路。三是大力实施标准化战略,加快建立以产品标准、技术标准、管理标准和工作标准为主体的标准化管理体系,严格执行国家强制性标准和安全认证的规定和要求。

（3）加强技术创新管理,提高企业自主创新能力

技术创新是企业创造知识产权、提高核心竞争力的关键,是企业赖以生存的支柱和持久发展的动力。首先要加快以企业为主体的技术创新体系建设。技术创新体系由企业、政府部门、科研单位、高等院校和技术中介机构等构成,企业是核心,其他机构都要围绕如何促进企业的技术创新开展工作,保证企业成为技术创新的决策、投资、开发和受益主体。要把技术创新贯穿企业生产经营的全过程,做到既有集团总部的创新,又有生产经营各环节的创新。

（4）加强财务管理和内控制度建设,提高防范和化解风险的能力

财务管理是企业管理的中心环节,也是决定企业成败的关键环节。要不断完善企业财务管理体制。以现代财务管理理论为指导,根据企业内部组织结构形式,实行不同层次的、合理高效的财务管理体制,建立健全企业成本费用、资金结算、固定资产、对外投资等各项内控制度,不断提高企业财务管理水平。要重视会计管理,把好发展脉搏,加大对生产经营的调控力度,不断提高识别、防范和化解风险的能力。

二、成本管理创新的原则

（一）我国企业成本管理中存在的主要问题

1. 员工参与成本管理的意识淡漠

长期以来,人们存在一种认识偏差:把成本管理作为财务人员、少数管理人员的专利,认为成本、效益都应由企业领导和财务部门负责,把各车间、部门、班组的职工只看作生产者,导致管成本的不懂技术、懂技术的不懂财务,广大职工对哪些成本应该控制、怎样控制等问题无意也无力过问,成本意识淡漠。职工认为干好干坏一个样,感受不到市场压力,控制成本的积极性无法调动起来,浪费现象严重,企业的成本管理失去偌大的管理群体当然难以真正取得成效。

2. 成本管理片面

从成本管理的内容上看,只注重对生产成本的管理,而忽视了对产品生命周期成本的管理;从经营过程上看,企业成本管理只注重对生产过程的管理,而忽视了对产品设计阶段的成本管理;从空间范围上看,只注重对企业内部价值链的成本管理,而忽视了

对上下游供应商和顾客的成本管理。企业只注重短期效益，不注重长远发展，片面追求战术成本管理，而忽视了战略成本管理。

3. 忽视了"质量成本"管理

质量成本是指企业为保证产品达到一定质量标准而发生的成本，是定量评价企业质量管理经济性的重要指标，也是连接质量与成本的纽带。质量成本包括预防成本、鉴定成本、故障成本（内部故障成本和外部故障成本）。一般而言，预防成本发生于研究开发阶段，鉴定成本和内部故障成本发生于生产阶段，外部故障成本发生于营销阶段。质量不是免费的，质量意味着成本，如何权衡质量与成本之间的关系成为企业关注的焦点。现今我国企业成本管理缺乏科学性，割裂成本与质量的辩证统一关系，片面强调成本的降低，而忽视了对产品"质量"的管理，成本降低是以牺牲质量为代价的，降低了预防成本、鉴定成本和内部故障成本，同时也增加了外部故障成本，更重要的是失去了消费者对企业产品的依赖程度，削弱了企业在市场中的竞争力。

4. 成本管理方法落后

我国企业大部分属于粗放式生产，对消费个性的重视不够，缺乏产品的创新能力，带来成本核算方法选择上的简单化。现今我国企业大部分采用品种法和分步法，采用分批法的企业不足 6%，而当前世界生产发展的趋势是小批量多品种的生产方式，因为购买者的偏好并非完全相同。随着生产的发展，购买者完全可以根据自己的需要要求厂方设计并生产自己最满意的商品，厂方也可以高效地保证购买者在短时间内取得理想的商品。在这种情况下，一条生产线上可能只有几台相同甚至是没有两台完全一样的产品。这样的生产方式将适用于分批法计算成本。标准成本、计划成本和目标成本是现今成本与成本管理中较为流行的现代成本管理方法，在我国企业中也有使用。但是，先进的作业成本法、成本企划法在企业中未得到广泛推广。

（二）成本管理的创新原则

1. 成本管理制度化

成本管理制度化是指企业建立明确的成本管理制度，在经营活动中所产生的各类材料消耗均要建立明确的标准，将成本管理的责任落实到个人，即无论是管理人员还是生产人员均应明确其在成本管理中所扮演的角色、所承担的责任及义务。成本管理的制度化是成本管理的前提及保障，即在成本管理时有据可依、有章可循，杜绝成本管理中的个人主义及随意性，以确保成本管理的措施长期有效地实施。

2. 管理措施现实化

管理措施现实化是指成本管理的措施要符合企业的生产实际，针对企业生产经营活动中的具体问题具体分析，采取相应的具体措施，合理地控制企业的各项费用支出。管理措施现实化的内在含义是一种灵活性的变化，它会随着市场格局的变化而变化，也会随着企业制度的变化而变化。管理措施的实施并不是一成不变的，而是灵活运用、具体问题具体分析。这样才能根据企业的经营特点有的放矢，才能在成本管理中得到事半功倍的效果。

3. 权利相结合

权利相结合是指将企业的成本管理与管理人员、生产人员的切身利益相结合，使他们不仅在思想上认识到成本管理的重要性，更重要的是要求他们共同参与成本管理及管理措施的实施。这样才能调动成本管理各相关人员的积极性，才能在成本管理中得到节约资源、降低资源粗放式耗用、减少不必要浪费的效果。

4. 点面相结合

点面相结合是指在成本管理中将重点管理与全面管理相结合，全面管理中要突出重点，重点管理中要体现全面管理。重点管理是指在成本管理中抓住核心部分和关键环节，即在成本管理中要有所侧重，成本管理的投入不能搞平均主义，要做到核心部分精力投入的"有所为、有所不为"。全面管理是指在成本管理中要充分考虑到影响企业成本的各个环节，不留成本管理的死角与漏洞。

三、成本管理创新的路径

当前，随着全球化进程的快速推进和知识经济在企业生产经营中的全面渗透，企业面临来自国内外的激烈的市场竞争。面对新形势，企业应当迎难而上，在明确自身定位的基础上，以成本管理为核心进行企业经营模式的重大创新，企业成本管理的特有功能和展开路径的优化应成为创新的首要目标，在优化成本管理的基础上显著提升企业在市场竞争中的应变能力，确保企业在市场竞争中收获最佳的经济效益，充分适应全球化带来的严峻挑战。基于以上认识，根据近些年国内外企业成本管理中积累的经验，本节提出当前我国企业优化成本管理的有效路径的一些构想，希望能够为企业的生产经营决策提供有益的借鉴。

1. 企业经营模式的创新是成本管理的当务之急

多年来的传统式企业成本管理主要是致力于企业生产经营中成本投入的有效控制和降低，以此来提高企业的经济利润。其主要的管理环节是最大限度节省生产过程中的物资性耗费，尽可能压缩企业经营管理过程中的费用支出。但是随着传统计划经济的淡出和市场经济体制的创建和推进，以及企业参与全球化进程中新知识和新技术的快速更替，传统的企业成本管理模式越来越无法适应迅速变化的市场环境，形势逼迫着企业成本管理的模式必须根据形势的变化做出根本性的重大调整与创新。企业成本管理不应仅仅局限于对物耗和能耗的控制及各项管理费用的支出，更应该运用现代管理科学的方法和手段去积极发挥成本管理的生产要素组合与调节功能，在此基础上实现企业的物力、财力与智力资源的有机配置。为实现企业生产运营中自身潜能的发挥，企业应主动向外出击，积极致力于新技术、新能源、新工艺和新材料的适时引进和有效吸收，要自觉地引入新的现代的企业管理方法。要通过现代的成本管理方式提高企业的综合素质，从而切实增强企业的市场竞争实力。

2. 现代性成本管理的目标定位要依据市场竞争的态势来制定

目标成本是传统式企业成本管理的主要方式，其主要方法是：在测算本企业现今的成本水平的基础上，查找出企业生产的历史最佳水平，然后与国内同行业同类产品的先进成本水平进行充分的对照，从而得出企业成本的数值，或者是以本企业同期实际发生的生产经营的平均成本为基础，按照上级企业主管部门最新下达的成本降低率来算出成本的数额。但是上述的传统成本管理模式在当前市场经济体制深入推进的形势下，已经无法适应现今的外部环境。企业的成本管理急需转换思维，企业成本推算的参照系不仅仅是区域和国内市场的同类产品的成本，而且要瞄准海外的国际市场，按国际通行标准来确定企业的目标成本，按照国际通行的计算方式，将目标成本进行逐层的分解，成本的倒推需从制成品一直回溯到原材料的价格。只有如此，企业才能适应全球化带来的激烈的市场竞争，企业才能真正走上创新挖潜的科学管理之道，也才能够真正确立现代化的成本管理模式在企业生产经营中的核心地位。

3. 现代成本管理必须实现从以物质成本为轴心向以智力成本为轴心的积极转换

企业传统式成本管理的主要对象是生产用原材料和辅助材料、机械配件、生产用半成品、生产用燃料和动力等方面的物性消耗，显而易见，以物质成本为轴心的传统式管理无法适应全球化进程中知识经济发展带来的冲击。企业的领导层应该敏锐地意识到新知识是知识经济时代企业最核心的生产要素，是企业实现经济利润快速增长的源头活水。智力成本越来越成为企业现代成本管理的核心内涵，成为成本管理的新轴心。在成本的动态管理中，要关注随着市场的变化在整个成本构成中智力成本的位置变化，及时地促进新型的智力成本的投入和有效使用。面对激烈的市场竞争格局，企业的管理层既要关注对企业智力资源的积极开拓和有力保护，也要切实防止企业的智力资源在生产管理过程中的不当疏忽、人为浪费和不当流失。

4. 现代的成本管理模式主张绝对控制与相对控制的有机结合

传统式企业管理将绝对的成本控制作为关键工作，在测算目标成本的基础上，将预定的成本支出控制金额或成本下降率层层分解到各个生产经营部门、各道工序、各项环节中，以这个成本数为标准严格贯彻落实，从而达到降耗节支的目的。但是传统的成本管理方式显然无法应对当前市场经济快速推进和知识经济日新月异的新形势，多变的外部环境要求企业应当对市场的最近变化、价格指数的浮动、国家政策的调整有敏锐的掌控，对知识更新和技术创新给企业的成本带来的冲击应当有充分的估计。因此企业应自觉地掌握好相对控制的方法，给成本控制预留出足够的灵活性空间，从而给企业采纳新技术、新能源和新工艺创造必要的条件。成本管理中要把成本同销量和收入有机结合起来进行综合性控制，比如生产过程中的某一工序超出了预定的成本控制数额，但是该工序的使用给企业贡献的收入增量明显地超过了成本支出，企业的经济利润有了显著的提高，那么这样的技术引用非但不受罚还应得到积极奖励。相反，如果实现了成本支出的大幅节约，但是同时又阻碍了企业的销售量，降低了企业盈利的水平，则应视作企业成本的相对浪费。

5. 全过程动态监控和网络化信息管理在企业管理中的运用

在激烈的市场竞争中，由于新技术、新材料的不断涌现，企业生产中成本的流动性越来越快，在此情形下企业的成本控制不应仅关注于成本方案的拟订、目标成本的测算、企业内控责任制的创建和成本指标的考核，而应根据形势的最新变化不断推进管理模式的创新。立足于 21 世纪网络信息化社会的全面建立，企业应当积极主动地运用现代化的电子信息手段，通过信息网络的方式建立现代化的成本管理体系，在此基础上实施成本运作的全程监控，这样才能确保市场中的大量动态信息可以最快地为企业的管理层所捕捉到，从而推动企业快速提高其成本管理对市场变化的有效应对，真正做到风险的预估和化解。企业应利用信息手段定期对成本管理体系进行综合评估，从而做到对成本目标的制定与控制。

6. 对成本管理进行动态的全面综合性评估

在成本管理的运作过程中，企业都十分重视成本目标的制定、成本的控制、成本的考核和成本的分析，这是必要和必需的。但是当前国内很少有企业就成本管理机制进行定期的效应评估。成本管理机制是否完善和有力直接关系到企业的生存和发展前景。企业为积极应对市场的压力和挑战，应合理规划，定期对某一时期或某一阶段的成本管理机制的运行状况做一个全面综合性的效应评估。效应评估的规划应由企业主管领导亲自负责，制定过程中需有生产、科研、营销、财务、物资供应等管理部门的主要负责人参与，这样才能跳出就成本管理谈成本管理的狭小圈子，真正从企业的全局和发展前景出发，各个部门经过通力协助形成一个科学的规划体系。

7. 培育具有现代市场意识的企业营销队伍

企业的销售队伍是直接站在变幻不定的市场前沿的，他们的工作充满竞争和挑战，异常艰巨，因此销售工作需要相当大的创造性。现代市场经济体系下企业的成本管理，不能不涉及营销人员的市场意识这一方面。如何对企业的营销工作进行科学的规划和引导，如何通过有效的管理和激励方式使企业的营销人员成为开拓市场的能手是企业必须重视的一项核心工作。

当前不少企业已逐渐将营销组织从企业的整个管理机构中单列出来，形成一个相对独立的部门。它的组织形式包括有形和无形两方面的因素。从有形方面来看，就是按照什么方式去组织营销队伍；从无形方面来看，它包含了一系列新的概念，如重视信息、重视人才开发和培训等。这里着重谈谈营销人员的现代市场素质的培训。任何一个现代企业都非常重视员工的培训，培训的目的一直被认为是缩小被选拔从事营销工作的员工个人素质与营销工作本身的要求之间距离的最有效方法，也是现代企业销售组织管理中十分重要的一环。

第四节　营运资金管理创新

一、营运资金管理的现状

1. 我国企业在进行营运资金管理中存在的问题

我国企业在进行营运资金管理的过程中存在着许多问题，主要表现为以下几个方面：

（1）企业管理者的营运资金管理理论基础薄弱，对营运资金管理认识不足

企业管理者对营运资金管理认识不足，造成了部分企业在营运资金周转期超过其行业周期的情况下，盈利仍然差强人意或破产。这都是因为企业管理者没有认识到进行企业运营资金管理的重要性。其具体表现为企业内部上层建筑权力过于集中、经营信息流通受阻、管理队伍专业素质水平低下等，因而造成了企业在进行营运资金管理的过程中管理过于封闭、信息不灵通、管理阶层不懂得利用运营数据对企业运营状况做出正确分析的情况产生。这些情况都是企业实现缩短运营资金周转期、优化内部结构目标的阻碍。

（2）企业的营运资金管理体制不完善，致使企业的营运资金缺乏有效控制

一套科学、完善的营运资金管理体制不仅是企业进行营运资金管理的基础，还是企业对自身的发展状态、发展前景进行审计、考核、监督、控制、工作的基本依据，更是实现企业经营活动正常运作的重要保证。但是我国仍然有相当一部分企业在运行过程中，缺乏一套科学、合理、完善的企业营运资金管理体系，致使大部分企业对营运资金管理的没有科学、合理的预算计划。

企业营运资金缺乏完善的管理体制的有效控制，致使企业运营资金的预算管理随意，给企业的生存发展带来了重大负担。其主要表现为企业运营资金管理具有随意性、盲目性。在企业进行营运资金管理的过程中，营运资金的使用缺乏计划，企业上层建筑的意志成了营运资金管理的主体，营运资金使用计划成了一纸空文。

企业为了实现盈利目的，将企业重心投注在企业的生产、经营工作上，忽视了对现有资源和资金的有效配置和调度。专注于生产，不仅使企业存货量与企业经营状况及市场需求不相适应，还造成了企业营运资金在外长期滞留，既影响了企业正常的生产经营活动和资金的有效使用，又给企业未来的经营埋下了隐患。

部分企业采取向银行进行短期借款来实现其在一定时期内的经营计划的手段，造成企业流动负载负担过重的情况产生。因银行的短期借款资金成本高，加剧了企业的运营风险。

2.完善企业营运资金管理的对策

从上述分析中我们可以看出，我国企业营运资金管理中存在的问题主要来源于企业本身。因此，我们主要从企业内部管理的角度出发，考虑以下几个方面的解决对策。

（1）改变企业经营观念，强化企业内部管理

针对我国企业营运资金管理上存在的问题，应该首先从企业整体角度采取以下措施，达到改善营运资金的目的：第一，认真做好营运资金计划，事先掌握各流动项目和资本支出的变动趋势，预先消除影响营运资金状况的消极因素；第二，加强营运资金管理的制度建设，做到规范、合理和有序的管理，提高管理层次和水平；第三，建立营运资金管理考核机制，加大企业内部审计的监督力度；第四，加强企业财务预算，提高企业运营效率。通过制定预算，不仅有助于预测风险并及时采取防范措施，还可以协调企业各部门的工作，提高内部协作的效率。

（2）控制固定资产投资规模，防止形成不良流动资产

固定资产投资的特点是一次性全部投入，且占用资金较大，而资金的收回则是分次逐步实现的。固定资产收回是在企业再生产过程中，以折旧的形式使其价值脱离实物形态，转移到生产成本中，通过销售实现转化为货币资金的。这种资金的回收往往是缓慢

的。由于投资的集中性和回收的分散性，要求我们对固定资产投资，必须结合其回收情况进行科学规划。

（3）注重调整资金结构

改善传统的资金结构，应着重注意以下几点：第一，企业在进行外延扩大再生产时，应在固定资产投资的同时稳定落实一定量的流动资金，不可"盲目上马"。从企业资金运作的角度考虑，应禁止将流动负债用于长期投资和构建固定资产。第二，科学安排自有资金与负债、长期负债与流动负债的结构，充分灵活地利用各种流动负债来满足流动资产的波动性需要。第三，避免为过分追求流动性而大量置存流动资产，尽可能降低流动资产的置存损失。

（4）在企业运行过程中重视全面的营运资金管理

营运资金管理在企业运营的整个过程中占有重要的地位。解决营运资金管理中存在的问题，归根结底要从货币资金、存货、应收账款三个方面着手进行强化管理：

1）有效监控货币资金，提高资金利用效果

企业的各种经济活动，最终都要通过资金的流动来实现。建立企业资金的有效监控机制，是保证企业生产经营活动顺利进行、避免发生资金紧张的关键。企业资金紧张首先表现为缺乏流动资金、无现金支付。因此，企业的现金支付能力是监控企业资金紧张最基本、最常用的指标。对企业资金供求平衡情况的一般分析，也通常利用该指标进行：

现金支付能力 =（货币资金 + 短期可变现投资 + 短期可收回票据）-（短期借款 + 短期应付票据）。计算结果为正，说明企业短期无资金支付困难；反之，说明企业将面临资金紧张和支付困难。

2）加强存货管理

随着效率意识的增强和市场竞争的加剧，零库存观念及相应的适时制管理系统正在国外得到迅速推广，被认为是压缩存货资金和节约流动资金的理想之举，也引起了我国企业的充分注意和努力借鉴。

3）合理运用商业信用，加速资金周转

在市场经济激烈的竞争中，越来越多的企业将赊销作为一种营销策略，赊销在销货总额中所占比重不断上升。因此，流动资金管理的重要一环就是合理借鉴国外的做法，建立健全应收账款体系，将应收账款控制重心由财务控制转向商务控制。明确管理责任，建立销售责任制，将货款回笼作为考核销售部门及销售人员业绩的重要依据。

营运资金的核心内容就是对资金运用和资金筹措的管理，营运资金在企业资金管理中占有重要地位，对企业利润目标的实现会产生重大影响。所以，企业负责人及财务人员应该充分重视营运资金管理，提高现金、应收账款、存货的周转速度，尽量减少资金的过度占用，降低资金使用成本，充分利用短期借款及商业信用、应付款项来解决资金周转困难，只有这样才能使企业有限的资金发挥最大的功效，为企业创造最佳的经济效益。

二、基于渠道管理的营运资金管理创新

1. 基于渠道管理的营运资金管理

（1）营运资金及营运资金管理的内涵

营运资金是指在企业生产经营活动中占用在流动资产上的资金。营运资金有广义和狭义之分：广义的营运资金又称毛营运资金，是指一个企业流动资产的总额；狭义的营运资金又称净营运资金，是指流动资产与流动负债的余额。营运资金的管理既包括流动资产的管理，也包括流动负债的管理。流动资产是指可以在一年以内的营业周期内实现变现或运用的资产，主要包括货币资金、短期投资、应收票据、应收账款和存货。流动资产具有占用时间短、周转快、易变现等特点。企业拥有较多的流动资产，可在一定程度上降低财务风险。流动负债又称短期融资，是指需要在一年或者超过一年的一个营业周期内偿还的债务，主要包括短期借款、应付票据、应付账款、应付短期融资券。流动负债具有成本低、偿还期短的特点，必须认真进行管理，否则，将使企业承受较大的风险。

（2）渠道管理理论

渠道是使产品或服务能顺利消费或使用的相互依存的组织，它有益于消费者与制造商减少交易次数、简化搜寻过程和交易手续、降低分销成本。渠道管理主要集中在渠道结构、渠道行为与渠道关系三个方面的管理。生产厂商、中间商与客户之间相互依赖，形成供应链渠道。但由于渠道成员间难免从自己的利益出发考虑问题，因而会产生利益冲突，这种冲突会影响渠道畅通，因此建立无缝渠道便成了人们追求的目标。也就是说，各成员能明确自己在渠道中的地位、权利与义务；渠道中存在一个渠道成员认同度较高的目标；成员间能相互信任和沟通；渠道成员能重视相互之间的依赖关系。总的来讲，在渠道系统中主要涉及合作、权利和冲突三个方面。因此，企业将渠道管理理论运用到营运资金管理中，需建立上游供应商、企业、销售商与终端消费者的渠道控制网，从整体上把握企业营运资金的流转。

（3）营运资金的分类

传统的营运资金管理将营运资金分为现金、存货、应收账款、应付账款。基于渠道管理理论，营运资金管理的重心向渠道管理转移，按照营运资金是否直接参加经营活动，将营运资金分为经营活动营运资金和理财活动营运资金。经营活动营运资金又可细分为采

购渠道营运资金、生产渠道营运资金和销售渠道营运资金。采购渠道营运资金包括材料存货、预付账款、应付账款、应付票据等；生产渠道营运资金由在产品、半成品、其他应收款、应付职工薪酬、其他应付款、预提费用与待摊费用组成；营销渠道营运资金主要由成品存货、应收款项（包括应收账款与应收票据）、预收账款、应交税费等项目组成。

理财活动营运资金包括筹资活动营运资金与投资活动营运资金，其中投资活动营运资金还可细分为货币资金、交易性金融资产与负债、应收利息、应收股利、一年内到期的非流动负债、短期借款、应付利息、应付股利等。

2. 传统的营运资金管理中存在的问题分析

（1）营运资金分类存在着不足

传统的营运资金管理简单地将营运资金分为现金、存货、应收账款三个部分，而没有从企业经营管理的角度考虑其他在经营活动中发生的营运资金，如材料存货、在产品存货、库存商品、应收票据、预付账款、其他应收款、应付票据、预收账款、应付职工薪酬、应交税费、其他应付款等项目。对某个行业或企业而言，这些项目的数额可能占据企业营运资金的绝大部分，不能忽略不计。

（2）营运资金管理缺乏整体性

传统的营运资金管理重在调控营运资金的规模，分配营运资金的结构，管理重心集中在对营运资金主要项目的管理上，忽略了营运资金项目之间的内在联系。在企业整体的价值链管理中，营运资金管理涉及采购、生产、销售等几个阶段，与企业的供应链管理、生产管理、成本控制、客户关系管理都紧密相关。营运资金各项目的单独管理使本来相互紧密联系的各部分营运资金分离开来，不能对统一有机整体的营运资金进行有效管理，难以从总体上把握营运资金的发展和变化，从而导致企业很难提高资金使用效率。

（3）营运资金管理绩效评价体系存在缺陷

传统的营运资金管理绩效评价体系主要对应收账款、存货和应付账款周转绩效进行评价，采用的指标包括应收账款周转率（次数）或周转天数、存货周转率（次数）或周转天数和应付账款周转率（次数）或周转天数。在计算时，大多数统一采用销售收入作为周转额除以占用的营运资金平均余额，不能准确恰当地评价营运资金的实际周转效率。

3. 基于渠道管理的企业营运资金管理创新模式

（1）与供应商建立关系型渠道关系

对于制造商而言，采购渠道是保证生产制造活动正常进行的起始环节，提供产品与原料的供应商对其运营有着不可估量的影响。所谓的关系型渠道，实际上就是更加深入、联系更加紧密的合作关系，能够保证制造商获得稳定的原材料供应与更具竞争力的供货价格。不过，与供应商建立关系型渠道关系并不是一件简单的事情。笔者建议制造商从以下几方面入手：

1）做好供应商的甄别与评价工作

制造商应全面搜集供应商的资料，包括其发展历程、运营规模、企业信誉、市场影响力、财务状况等，并根据预先设定的标准对供应商进行考核与评价，与通过考核的供应商签订长期合作协议，与其建立更加长期的合作关系。

2）设定共同的发展目标，增强彼此之间的信任

制造商应与供应商设定共同的发展目标，找出一条能够双方利益最大化的发展道路，借此增强彼此之间的信任，提升渠道的封闭性，降低竞争对手对渠道的冲击。

3）明确各自的权利与义务

制造商与供应商签订的合作协议中应明确双方的权利与义务，以保证合作关系平等、互惠。

4）妥善处理渠道冲突

制造商应做好与供应商的沟通工作，及时了解当前存在的渠道冲突及导致冲突的原因，并进行妥善处理，以保证合作关系融洽稳定。

制造商想要提升采购渠道营运资金管理效率需要做好以下几项工作：第一，建立严格的供应商选择机制，并与选定的供应商签订产品质量保证协议；第二，为供应商提供原材料库数据接口，及时了解双方的库存信息，从而预先安排好购货与供货计划；第三，与供应商签订长期合作协议，这样不但能够保证原材料供应的稳定性，还能提高在价格谈判中的主动权，为自己争取到更大的价格优势。

（2）实施准时制生产模式

如果说供应渠道是供应链的起始环节，那么生产渠道就是供应链的中央指挥中心，其直接决定着制造商的多项运营活动。因此，制造商应实施准时制生产模式，从而保证生产流程的科学性与合理性，进而提升运营资金的使用效率。建议制造商从以下几方面入手：

1）统筹物流系统

制造商应对物流系统进行统筹管理，不但能够降低物流成本，也能提升生产效率。例如，多次重复运输势必会提高物流成本，而一次大批量的运输则能够降低物流成本。基于此，制造商应结合生产情况统筹管理物流系统，以提升物流成本投入的产出率。

2）实现订单驱动生产

制造商的所有生产活动都必须以订单为驱动，只有这样才能合理地安排生产活动，

避免出现库存大量积压或者断货的情况，这无疑可以为实施准时制生产奠定坚实的基础。

3）实施准时制采购模式

制造商的营运资金实际上非常有限，太多的存货不但会占用资金，也会降低企业的资金周转率，提高企业面对的财务风险。因此，制造商实施准时制采购模式，也就是在保证生产活动不受影响的前提下，即时采购生产所需的各类原材料。当然，这离不开电子信息平台的辅助。

制造商生产渠道营运资金所占的比例是所有类型营运资金中最大的，因此，对其进行严格管理是提升营运资金管理效率的有效方式。制造商应做好以下两项工作：第一，一切生产活动都应以订单为驱动，实施准时制生产模式，将生产渠道与销售渠道无缝对接在一起；第二，实施准时制采购模式，降低存货的资金占用量，提升资金周转效率。

（3）完善电子信息平台的建设

销售渠道位于供应链的尾部，其直接与市场连接，能够及时准确地获得第一手市场信息，因此，对制造商的运营有着重要影响。但由于很多制造商都是通过经销商和代理商来销售产品的，因此，其能够获得的市场反馈信息非常少，这也就是常说的"牛鞭效应"。想要减弱牛鞭效应，制造商就必须建设统一的电子信息平台，实现生产与销售信息的实时同步。为了提升平台信息的全面性，制造商最好将供应商也拉入平台之中，这样制造商就可以同时获得供应商的实时原材料信息及代理商和销售商的订单信息，以此为基础制订生产计划，能够最大限度保证投入的稳健性。电子信息平台会同步更新各使用方的信息，从而保证采购、生产以及销售环节衔接的有效性。

制造商应做好以下两项工作：第一，根据订单制订采购计划，并将计划提交至采购数据库，这样供应商就可以即时获得订单信息；第二，将库存量控制在合理水平，既保证供货的及时性与稳定性，也将资金占用量控制在合理水平。电子信息平台是制造商获得市场反馈信息的重要窗口，因此，经销商必须根据市场的实际情况及时更新相关数据，从而为制造商及供应商制定后续的运营决策提供有力支持。另外，制造商应定期考核各经销商的销售绩效，并根据绩效考核结果将经销商排序，加强与那些优秀经销商的合作，淘汰不合格的经销商。

（4）提升风险性与收益性资金平衡的协调力度

企业是一个有机的整体，营运资金管理具有很强的系统性，这些资金管理过程是很难割裂的，想要提升资金管理效率，就必须保证经营活动资金与理财资金的协调性。假设经营活动占用的资金很少，那么制造商就可以将更多的资金用于理财活动，从而提升资金收益率；假设经营活动占用的资金很多，那么制造商就很有可能没有多余的资金投入理财活动之中，就只能依靠生产与销售来获得收益。需要说明的是，理财活动具有一定风险，虽然制造商的初衷是通过理财活动获得更高的收益，可由于市场环境变幻莫测，其也有可能会蒙受损失。因此，其必须提升风险性营运资金与收益性资金平衡的协调力度。

4. 基于渠道管理的企业营运资金绩效考核指标

创新了营运资金管理模式之后，必须检验其有效性，因此，需要建立相应的绩效考核指标体系。通过绩效考核，不但可以了解基于渠道的运营资金管理绩效，还能及时发现当前营运资金管理过程中存在的问题，从而为制定后续的营运资金管理方案提供支持。

营运资金管理绩效评价体系具体到各渠道营运资金的周转期，更具有科学性。在新模式下，营运资金按渠道分类并对各渠道营运资金需求进行规范分析的基础上，构建了基于渠道的营运资金管理绩效评价体系。其具体指标如下：

（1）营销渠道营运资金周转期 =365/（全年销售收入营销渠道营运资金）=365×（平均成品存货 + 平均应收账款 + 平均应收票据 – 平均预收账款 – 平均应交税费）/ 全年销售收入。

（2）生产渠道营运资金周转期 =365/（全年完工产品成本 / 生产渠道营运资金）=365×（平均在产品存货 + 平均半成品存货平均其他应收款 + 平均待摊费用 – 平均应付职工薪酬 – 平均其他应付款 – 平均预提费用）/ 全年完工产品成本。

（3）采购渠道营运资金周转期 =365/（全年材料采购金额 / 生产渠道营运资金）=365×（平均材料存货 + 平均预付账款 – 平均应付账款 – 平均应付票据）/ 全年材料采购金额。

（4）经营活动营运资金周转期 =365/ 经营活动营运资金总额 / 全年销售收入 =（营销渠道营运资金 + 生产渠道营运资金 + 采购渠道营运资金）/（全年销售收入 /365）。

（5）非经营活动营运资金周转期 =365/ 非经营活动营运资金周转率 =365× 全年销售收入 / 非经营活动营运资金总额。

（6）营运资金周转期 = 营运资金总额 /（全年销售收入 /365）=（经营活动营运资金 + 非经营活动营运资金）/（全年销售收入 /365）= 经营活动营运资金周转期 + 非经营活动营运资金周转期。

上述评价指标具体到各渠道营运资金周转期，不但避免了各要素之间的矛盾和冲突，又体现了渠道管理的思想。在基于渠道理论的营运资金分类方法下，从供应链管理和渠道控制、流程优化的角度去寻求改善营运资金管理的途径，建立指标体系，去考察企业营销渠道、生产渠道、采购渠道营运资金，总体营运资金的利用情况，既评价了局部营运资金管理的好坏，又评价了营运资金整体的绩效管理水平。因此，基于渠道理论的营运资金的绩效评价更具有科学性。

三、营运资金管理创新的路径

营运资金是指用于支持企业流动资本的那部分资本，一般用流动资产与流动负债的差额来表示，即企业为维持日常经营活动所需要的净额。如今，个别企业随着规模的不断扩大，分权式营运资金管理模式在实践中出现了一系列问题，急需改进，而营运资金管理也在企业运营中处于重要地位，对企业利润目标的实现会产生重大影响。

1. 企业营运资金综述

营运资金也叫作营运资本，从广义上来讲，营运资金也就是总营运资本，指的是一个企业放置于流动资产方面的资金，主要有现金、有价证券、应收账款、存货等占用的资金。从狭义方面来看，营运资金指的是流动资产减去流动负债的余额，这一解释来自会计的计算方面，也就是营运资金 = 流动资产 – 流动负债。企业当中的营运资金流动性很强，本身特点是周转时间短、容易变现。对营运资金的管理，直接影响到企业的生存与发展，只有不断提升营运资金的管理水平，保证营运资金的良好运行，才能有利于企业实现经营目标。

2. 财务管理特殊性必然要求创新营运资金管理

（1）营运资金管理是创新一体化的必然要求

随着全球化经济的发展，企业面临着更多的机遇和挑战，资金管理贯穿企业生产经营的始末，是财务管理的核心内容，同时也是当前企业管理工作的薄弱环节。因此，加强资金的管理和控制具有十分重要的意义，它的创新发展将给整个管理界带来新的活力。现如今，企业财务资金管理中的问题非常突出，财务风险日益暴露，加强和改善企业财务资金管理是实现管理创新、推动企业管理工作的重要环节，必须采取有效措施加强和完善企业资金管理。

（2）营运资金管理是财务管理最核心的组成部分

财务管理主要是资金管理，其对象是资金及其周转。营运资金作为企业资产总体中流动性最强、最具活力的部分，对企业生产发展具有重要作用。将营运资金管理提升到企业战略管理是必然趋势，是统摄企业财务最核心的组成部分，也是企业从管理中获取效益的重要手段。为了有效地管理企业营运资金，必须研究企业营运资金的特点，以便有针对性地进行管理。企业营运资金一般具有如下特点：第一，周转时间短。根据这一特点，说明营运资金可以通过短期筹资方式加以解决。第二，非现金形态的营运资金（如存货、应收账款、短期有价证券等）容易变现，这一点对企业应付临时性的资金需求有重要意义。第三，数量具有波动性。流动资产或流动负债容易受内外条件的影响，数量的波动往往很大。第四，来源具有多样性。营运资金的需求问题既可通过长期筹资方式解决，也可通过短期筹资方式解决。仅短期筹资就有银行短期借款、短期融资、商业信用、票据贴现等多种方式。

（3）解决营运资金管理中存在的问题才能促进企业长久发展

营运资金管理中存在的问题主要表现在以下几个方面：一是现金管理混乱。多数企业流动资金管理环节薄弱，对现金管理不严：有的造成现金闲置，提高了机会成本；有的资金使用缺少计划安排，无法应付经营急需的资金，陷入财务困境。二是应收账款失控。某些企业盲目采用赊销方式增加收益，使应收账款数额居高不下。但是没有建立严格的赊销政策，缺乏有力的催收措施，应收账款不能兑现或形成呆账，造成企业困境。三是存货控制薄弱，造成资金呆滞。在供产销方面，我国企业大多缺乏统一指挥和计划，形成材料物资超储，成品库存积压严重，很多企业月末存货占用资金往往超过其营业额的两倍以上，造成资金呆滞、周转失灵。

（4）有效的营运资金管理措施能够提高企业的经济效益

资金是企业进行生产经营等一系列经济活动中最基本的要素，资金管理贯穿企业整个生产经营的始末，具有举足轻重的作用，资金管理是财务管理的集中表现，只有抓住资金管理这个中心，采取行之有效的管理和控制措施，疏通资金流转环节，才能提高企业的经济效益。因此，加强资金的管理及控制具有十分重要的意义。首先，企业供产销环节是生产经营的主要环节，也是资金运动的主要环节。管住资金，可以管住企业的大部分经营活动。因此，必须对全部资金和处于各周转环节的流动资金进行经常性分析，及时掌握资金的使用情况，保持企业财务上的流动性，维持企业的偿债能力。其次，加强资金管理和控制，能有效地防止舞弊。因为在企业的所有资产中，资金的挪用是引起各种贪污犯罪的主要原因之一。加强资金管理，要求企业制定严格的内部控制制度，保证资金的收入、支出合法合理，从而有效地防止舞弊的发生。最后，加强资金管理和控制，可以提高资金使用效益。企业资金存量应该保持在一个合理的水平上，过多或过少都不合理。

3.创新企业营运资金管理途径

（1）强化流程管理

为了适应技术和市场环境的变迁，越来越多的企业将管理的重心从职能部门的权威控制（职能管理）转向了业务流程的持续改善（流程管理），以增强自身的弹性和敏捷性，在激烈的市场竞争中赢得先机。在流程管理模式下，业务流程处于核心地位，职能部门的职责只是辅助流程活动的开展，于是流程运行的效率决定了企业经营活动的成败。营运资金是业务流程中的"血液",营运资金的管理水平决定了业务流程的运行效率,因此营运资金的管理成为流程管理的中心和企业取得竞争优势的关键。

（2）建立财务结算中心进行资金管理

财务结算中心作为企业集团的一个管理部门,负责整个企业集团的日常资金结算,代表集团筹措、协调、规划、调控资金,集团成员内部发生交易时,由财务结算中心对各子公司的资金实施统一结算。财务结算中心的运作实际上是企业集团进行资本经营的一部分,为企业集团开展资本扩张、收购、兼并创造条件。对企业集团来说,通过集团资金集中管理的实施与应用,可以实现资金的事前计划、事中控制,资金管理与会计核算的一体化处理,金融业务的处理。财务结算中心作为一个管理部门存在,设置相对简单,但发挥的功能却是强大的。对于资金存量较大、集团成员闲置资金不均衡、集团内部管理的基础较好、效益较好的企业集团设立财务结算中心是比较适合的。

（3）做好应收账款管理

应收账款是企业营运资金管理的重要环节,在激烈竞争的市场经济中,正确运用赊销,加强应收账款的管理显得非常重要。应收账款管理应从应收账款防范机制的建立和逾期债权的处理两方面入手。企业应设立专门的信用管理部门,并与销售、财务部门对应收账款进行发生监控、跟踪服务和反馈分析,并由内部审计部门进行监督管理。对于存在的逾期应收账款,企业应成立专门机构进行催讨,并积极寻找债务重组、出售债权的可能,争取及时收回债权。

（4）实施资金的集中管理

企业的资金管理有必要推行全面预算管理,完善结算中心制度,实施资金的集中管理。预算是一种控制机制和制度化的程序,是实施资金集中管理的有效模式,完备的预算制度是企业生产经营活动有序进行的保证,是企业完善的法人治理结构的体现,也是企业进行监督、控制、审计、考核的基本依据。建立健全全面预算管理体制,对生产经营环节实施预算的编制、分析、考核制度,把企业生产经营活动中的资金收支纳入严格的预算管理程序之中。针对当前企业资金使用过程中普遍存在的使用分散、效率低下等突出问题,首先,要从资金集中管理入手,建立完善并推广企业结算中心制度,强化资金集中管理;其次,推行全面预算管理制度,保证资金有序流动;最后,要明确现金流量在资金管理中的核心地位,把现金流量作为控制重点,加强对现金流量的分析预测,强化对公司现金流量的监控。

（5）组建财务公司是企业强化运营资金管理的途径之一

企业选择组建财务公司,进行资金管理与运用,是因为财务公司与财务结算中心相比，有其明显的优势。首先，财务公司是一个独立的法人，而财务结算中心仅是企业集团的内部管理部门，不具有任何法人效应。另外，财务结算中心缺乏依法的融资、中介、投资等功能，难以充分发挥其潜在的能力，受人民银行的监管有限，缺乏市场压力，内部管理的规范性较薄弱。而这些正是财务公司的专长。实践证明，财务公司促进了企业集团的综合管理和金融控制，符合规模经济原则，降低了企业运营风险和成本，并直接或间接地形成了企业集团新的利润和利润增长点。

四、营运资金管理对企业绩效的影响分析

1. 营运资金管理对企业绩效可能产生的问题

（1）利润问题

随着我国经济体系的完整，在全新税法的要求下，我国很多企业对自身的资金体系进行改革，进而适应如今的经济建设，通过对营运资金的合理化分配，对各个方面进行有效的控制，使企业总运营成本降低，从而提升企业整体的盈利能力。一些企业在发展的过程中没有注重对营运资金的管理，就很有可能在某一次的市场波动中出现资金链断裂的问题。因此，将企业各方面资金进行操控，进而保证企业在发展的过程中不断加强各项资金的管理，提高其面对风险的承受能力，同时一旦企业的营运资金较多，那其所产生的整体利润就会减少，对企业的发展速度也有极大的限制。并且，如果企业的利润得不到提高，那么后期的产品或者是结构的改革也会出现极大的问题，导致恶性循环。

（2）信息披露问题，成本扩大化

如今，随着我国企业经济建设过程中创新力度的不断增大，在营运资金的投入方面也变得更加多样化和多元化，这也加快了企业的创新速度。随着国家政策的倾斜、对企业创新能力的重视，企业的创新发展承担了极大的压力，同时在这个过程中，对企业的自身营运资金管理要求也在不断提升。例如一些产品的研发，企业在创新发展的过程中，研发支出占有极大的比重，但是其中很大一部分都是由企业直接承担的，因为一些环节的存在，利用企业的管理漏洞，套用企业的研发资金，最终没有产生任何的研发成果，却得到了很多的企业营运资金。不仅不能够促进企业进步，还会造成企业资产的流失。

2. 如何合理地管理营运资金问题，减少对企业绩效的影响

（1）成立专门的会计核算小组，项目化核算

对于企业的研发部门，需要成立专业化会计小组，设置专项的项目核算体系。对企业的一些创新资金的费用化与资本化，进行合理的分类，分项目核算，保证企业在正常发展的过程中，既能保持有一定的创新活力，又能够促使企业每项支出成本组成更加合

理化。每个项目的每次支出和每次企业资金的积累都有比较清晰的记录，通过细化项目主体的责任人和细化企业的资金运营，进而保证项目的营利性，从而提高企业的绩效。只有企业将营运资金真正花在企业自身的建设上，才能提高企业面对风险的能力，保证企业的快速发展。

（2）设置相对应的制度

对于我国一些创新企业的营运资金投入也要有比较清楚的制度约束，完善相关政策，防止出现企业内部营运资金流失的现象。对于企业来说，也是为其提供一个良好的资金流动环境，在保证企业创新发展的同时，也有利于企业相关方面的体系建设，帮助企业快速地转型发展，尽量减少一些主观因素的存在。因此在这个过程中，企业整体的营运资金流动需要细化设置相应的制度政策。

第五节　筹资管理创新

一、筹资管理的现状及存在的问题

资金是企业的血液，是企业进行生产经营的必要条件。企业筹资是指企业向企业内部、企业外部相关单位和个人筹措并集中生产经营所需要的资金的财务活动。企业为了扩大生产规模、开发新产品、提高产品生产技术水平等，需要增加投资，所以筹措资金是决定企业生存发展的重要环节，做好企业的筹资管理工作具有重要的现实意义。

（一）企业筹资管理现状

1. 小微企业的筹资管理现状

首先，小微企业没有建立完善的管理制度，没有确定企业的最佳资本结构，并对外部融资需求做出合理的估计和预测。小微企业大部分是家族企业，在管理中并没有建立严格的规章制度，财务管理人员素质较低，没有能力为企业核算出最佳的资本结构。近几年来，随着我国小微企业的进一步发展，越来越多的企业对权益性资金的利用率降低，而对外负债的比率越来越高。

其次，我国小微企业由于自身规模条件的限制，普遍存在着信用不足或者信用不稳定的现象。据我国小微企业协会信用管理中心统计，我国小微企业在信用方面有不小的问题使自身"失信于民"。而与此相反的，我国的商业银行的信贷监管力度正在逐步加大，降低不良贷款率、确定新增贷款的质量已经成了我国商业银行的一致目标取向。小微企业在这种信用等级状况下，很难吸引到银行等金融机构的借款或者投资。

最后，国家对小微企业的政策扶持力度不够，小微企业融资的担保难问题依然突出。现今国家已经出台了很多小微企业的扶持政策，加大了对小微企业在财税、信贷等方面的扶持力度，小微企业的生产经营状况得到了很大的改善，但发展形势依然非常严峻。许多业内资深人士表示，担保问题是制约小微企业融资问题的关键因素之一。现今，为了在小微企业向银行贷款时提供担保，有些地方政府成立了各种各样的担保公司，用这种具有官方背景的担保公司作为连接企业和银行等金融机构的桥梁。但是实际上，担负着官方使命的担保公司难以完全按照市场化的规律合理地选择小微企业进行担保。大部分小微企业的信用度都很低，在我国的担保体系发展滞后的情况下，担保公司在银行与企业之间充当的桥梁角色也不能很好地发挥其应有的作用。

2. 中小企业的筹资现状

（1）局限性

企业要想进行金融筹资就必须上市，而对于中小型企业来说，上市会面临着多方面因素的限制。企业成立要超过 3 年，并且企业的注册资本需要超过人民币 3000 万，这使中小企业在筹资上面临较大困难，对中小型企业的筹资造成了限制。

（2）筹资困难

在我国，债券的发行主体必须是两个国有或国有独资成立的股份公司、责任公司，这直接将中小型企业拒之门外。并且，股份有限公司净资产额要不少于人民币 3000 万，有限责任公司净资产额不能少于人民币 6000 万，这也使符合条件的中小型企业少之又少。就现今情况来看，我国的中小企业采取这种方式进行筹资是无法实现的。

（3）金融业经营原则造成的影响

资金对企业发展的影响是巨大的。因此，金融行业经营过程中必须谨慎，这不仅对国民经济的健康发展影响巨大，同时也对我国中小型企业的筹资造成了不良影响，直接导致中小型企业在发展过程中面临资金危机。

（二）分析中小型企业筹资困难的主要原因

1. 中小型企业经营稳定差，风险较大

中小型企业的规模无法和大企业相比，同时在分析市场和信息收集及成本投入上都会受到金融环境、经济环境的影响。中小型企业的这一特点，意味着中小企业在还款上具有很大的不确定性，这也是以稳健性为投资基础的银行机构不愿意承担的风险。中小企业与大型企业相比，其经营稳定性差，投资风险也较大，而银行在投资上都以稳健性为基础原则，因此在投资上会尽量地减少或不给中小型企业贷款，从而将风险降到最低，这阻断了中小企业筹资的一条渠道，增加了中小型企业在筹资上面临的困难。

2. 担保资产不足

金融机构在向中小型企业发放贷款时，虽然很难获取到贷款过程中需要的决策信息，但是在发放贷款过程中可以通过企业抵押或由第三者担保的方式，对企业未来的偿还能力进行评估，从而对是否放款做出合理的决策，并且抵押有助于对逆向选择问题进行解决。但是，中小型企业在筹资过程中，能够用于抵押的资产十分有限，商业银行对中小型企业未来的还款能力缺少信心，因此都不愿意向中小型企业放款。

（三）解决中小型企业融资困难的对策

1. 中小型企业要提升自身的信用

中小企业在经营过程中，要想获取足够的资金，就需要不断地提升自身的综合素质和信用等级。中小型企业在运行过程中需要做好几个方面的工作：对项目论证要科学，尽量对短期产生的行为进行规避，使企业生产的产品在市场中具有足够的竞争力。对企业的管理必须科学，如在企业内部建立合理的激励制度，用人要合理，企业处于不同的发展阶段要进行适当的转型，并且要不断地学习管理知识，对经营管理制度进行完善。市场实际的选择要适当，其主要内容有市场时机的选择、产品的引进、资金的引进、产品生命周期以及资金成本的正确评估。中小型企业在经营过程中需要树立信用意识，要取得金融机构的信任，与金融机构建立相互信任的关系。

对信用市场进行规范、完善信用制度、营造一个良好的信用环境，提升中小型企业的综合素质和在市场中的竞争力。一方面，逐步完善中小型企业信用结构和信用评价体系，使银行能够掌握中小型企业的信用信息，对诚实守信的企业要予以一定的表彰，通过树立典型的方式对信用管理的经验和模式进行推广；另一方面，在中小型企业内部应当建立信用机制，并对信用制度进行普及。在中小型企业中，要加强营销预警、合约管理、账款催收等。

2. 构建信用担保体系

信用担保是专业的担保机构为中小型企业提供的一种服务，通过担保机构的担保，银行在向中小型企业发放贷款时，如果企业无能力偿还，信用担保机构代替中小型企业进行偿还。信用担保是在经济高速发展的背景下，为克服中小型企业在筹资上遇到的困难、化解银行风险而采取的一种服务方式。信用担保解决了中小型企业在运行过程中寻保难、贷款难等问题，现今世界上的许多国家都建立了信用担保体系，并且在运转过程中取得了不错的效果。中小型企业间接融资——银行贷款难的一个最根本的原因和障碍就是中小型企业的信用低、缺少抵押物品。由此可见，建立一套完善的中小企业信用担保制度，是解决中小型企业筹资难问题的关键。

3. 买方贷款

如果企业生产的产品具有可靠的销路，但因为资金问题，财务管理差，无法提供担保产品时，银行可以依据企业的销售合同，对产品购买方提供一定的贷款支持，产品销售方可以向购买方收取一定比例的预付款，解决产品生产过程中面临的资金难题。

4. 异地联合贷款

一些小企业具有很广的销售路线，在进行产品生产的过程中，需要对生产资金进行补充，在经营过程中，可以找一家银行牵头，为企业提供统一贷款，再由集团向协作企业提供生产经营需要的必要资金，在当地银行的配合下，完成对合同的监督。

5. 采取多种渠道进行筹资，拓宽中小型企业的筹资渠道

加强政府的支持和建立健全的金融机构组织体系，允许新创设立或改建设立区域性股份制中小银行和合作性金融机构，对于一些经济发达、条件优越的地区，可以设立一些银行，专门为中小型企业服务，为中小新企业提供一些政策上的优惠。政府对中小型企业在筹资上的支持可以从多方面入手，其中比较重要的方面有以下几点：从政策上鼓励各地银行对中小型企业贷款上的支持。鼓励中小型企业在筹资上的创新，结合中小型企业自身的特点，对中小型企业的资信评估制度进行改进，完善评估中小型企业的资信制度，对符合要求的中小型企业放款，开展授信业务；对有前景、有效益、信用良好的中小型企业，应当适当地开展账户托管和公立理财业务，适当地放宽公司筹资的准入条件，适当地扩展中小企业的筹资渠道，促进多层资本主义市场的出现与建设。同时应当大力支持满足条件的中小型企业通过项目融资和股权融资的方式进行资金筹集，允许条件满足要求的企业尝试债权融资的方式进行资金筹集，同时还可以通过税收政策上的优惠，支持创业投资的开展，从而促进中小型投资企业的出现。在中小型企业发展过程中，政府应当充分发挥自己的职能，扶持中小型企业发展；中小企业在发展过程中，自身则应当理性地认识各种筹资方式，解决企业在发展过程中在资金上遇到的困难，从而使企业能够得到良好的发展，拥有一个更好的明天。

（四）企业筹资管理过程中存在的问题

当前，企业在筹资管理过程中还存在很多问题，这些问题限制了企业的长远发展，具体来说主要包括以下几个方面：

1. 缺乏相应的筹资决策制度

不少企业在筹资方面并没有指定完善的政策和决策制度，没有进行整体和长远的筹资规划，总是等到急需资金的时候才开始筹集资金，这样就使企业错过了最佳的经营机

会和投资机会，甚至会造成企业资金周转困难，使企业陷入经营上的困境。另外，企业在筹集资金的过程中，没有制定筹资质量标准，也没有对筹资质量进行相应的评价。

2. 企业筹资的规模不够合理

不少企业的管理层盲目地认为只要钱多，就好办事，片面地筹集资金。等到筹集的资金到位后，却往往因为没有合适的投资机会、自身经营规模较小等原因使资金闲置，增加了企业的财务风险。也有些企业因为筹集的资金不足，影响了企业的投资计划和正常业务的开展。企业筹资规模合理与否会给企业带来很大的影响，所以，在进行筹资决策时，企业应该合理地确定筹资规模。

3. 企业的筹资方式和渠道过于单一

企业进行筹资需要运用一定的筹资方式，通过一定的筹资渠道来完成。不同的筹资方式和筹资渠道具有不同的适用性和不同的特点。同一筹资方式能够筹集不同渠道的资金，同一渠道的资金可以采用不同的筹资方式，在实际筹资工作中，应该使筹资方式和筹资渠道有效配合。当前，我国很多企业还是面临筹资方式和渠道单一的问题，除了外部筹资，企业对企业内部的自有资金还没有进行充分的考虑和利用。

4. 企业缺乏对筹资风险的控制

任何筹资决策都是具有一定风险的，但是企业在进行负债筹资时，并没有树立良好的风险意识，不能充分分析筹资风险产生的根本原因，在应对筹资风险时也就不能拿出具有很强针对性的措施，不能很好地控制筹资风险。

资本是企业生存和发展的源泉与动力，筹资则是满足企业资本需求的首要手段。随着市场竞争激烈程度的加剧，企业用资项目、资金规模都发生了变化，筹资活动成为财务管理的重点工作。如何根据市场条件和企业发展需求选择恰当的筹资方式，防范筹资风险也成为企业财务管理的难点。

（五）解决企业筹资管理中存在问题的建议

1. 强化企业筹资管理意识

企业应正确认识资金成本，企业应把筹资管理作为财务管理的重要组成部分，最大限度地做好企业筹资管理工作，将资金成本意识和资金的时间价值观念运用于筹集的各个工作环节，合理运用科学的方法和技术确定企业的最佳资金结构、降低企业资金成本、提高企业资金使用效益、增强企业资金效益。

2. 科学地对筹资规模进行测算

企业资金筹资活动的前提条件是合理地对企业资金的需求量进行预测。对企业资金需求量的预测要结合企业的生产需要、企业的财务管理目标、企业的经营目标等因素。

现在企业中常用的资金需求量预测方法是销售百分比法，此方法是一个对增量的猜测，其本质是在上一期期末的基础上去预估下一期收入的增长导致资产的增长，即资金占用的增长。

3. 拓宽企业筹资方式，优化企业资金结构

企业应通过多种方式来筹集资金，以优化企业资金结构、降低企业资金成本。企业应改善自身的财务状况、提高还款能力、提高企业信誉特别是企业的银行还款信誉，以确保企业可以及时有效地通过银行借款来筹集企业资金。另外，企业依据自身的实际状况来增加新的筹资方式，如发行股票、利用留存收益、向社会发行公司债券、融资租赁、赊购商品或劳务等。

4. 强化企业资金管理，提高闲置资金使用效益

企业应强化资金管理，有效地发现导致企业资金闲置的现象，并采取相应的措施来合理利用企业闲置资金。企业应特别关注应收账款的管理，实行应收账款的定时定量分析并将责任落实到人，制定应收账款回收制度，提高业务人员和财务人员的应收账款管理意识，实现应收账款的及时回收。

二、筹资管理的创新策略

（一）加强内部管理，完善财务制度

现如今，随着我国市场经济体制的不断完善和加入 WTO（世界贸易组织）过渡期的结束，中小企业间的竞争越来越激烈，中小企业发展的根本出路在于改善和加强内部管理，不断完善中小企业各项财务制度，促使中小企业整体管理水平不断提高，降低中小企业经营风险，保证其长期持续发展。首先，中小企业应该加快产权改革以明确责、权、利关系，要建立基础性管理制度，实现科学决策的战略管理；其次，还应重视人才资源的开发与管理，塑造一种富有本企业特色的中小企业文化，以增强企业的凝聚力，进而提高企业的竞争力，保证企业的长期持续发展；最后，中小企业应该加强和完善企业财务管理，确保会计信息真实、准确。现今我国中小企业普遍存在财务管理混乱、会计信息失真等情况，导致中小企业筹资更为困难。所以中小企业必须强化资金管理，重视和加强对投资项目的可行性分析，完善财务制度、增强信用观念，创造满足融资需求的良好条件。要建立合理科学的财务控制制度和强化财务监督和内部审计工作。

（二）健全中小企业信用担保体系

当前，受金融危机影响，我国部分地区和行业的中小企业生产经营出现较大困难，一些中小企业因资金链断裂而停产倒闭，中小企业筹资难的问题更为突出。从社会稳定

经济管理与会计实践研究

的大局出发，必须切实提高对中小企业信用担保重要性和紧迫性的认识，加快建立健全中小企业信用担保体系的步伐。一方面充分发挥政府及信用担保机构在支持中小企业发展中的重要作用，提升中小企业信用，分散分担中小企业贷款风险，缓解中小企业筹资难的问题。另一方面中小企业应不断完善自身信用建设，不断提升信用等级。

1. 建立中小企业联保贷款，为筹资提供信用保证

虽然改革开放 40 多年来，中小企业得到了蓬勃发展，但由于各个独立的中小企业规模较小、设备落后、技术管理水平低下、信息闭塞、资金短缺、信用等级低下、资信相对较差，中小企业很难从银行中得到贷款。为解决上述问题，中小企业可以建立联保体制，实施市场联保贷款。例如在专业市场中（钢材市场、家电市场、木材市场等）做担保贷款，一个企业申请贷款，几个企业联合做担保。也就是说如果这个申请贷款的企业如果在规定期限内不能还上贷款，则由其他几家企业代还，与此同时联保体制内的各个中小企业信用等级将全部被降低。这样一旦联保体制中的某个企业逃避银行债务，联保体制内的各个中小企业会联合起来向其问责。维持声誉的重要性，使联保体制内的各个中小企业不敢轻举妄动，使中小企业逃避债务的可能性大大降低，从而使银行向担保体制内的中小企业发放贷款的风险大大降低，为中小企业筹资提供了一条独特的筹资出路。

2. 政府加大补贴力度，建立中小企业信用贷款

现有不少担保公司为中小企业担保，但是担保物品价值不够，往往贷款金额有限，解决不了中小企业筹资过程中的实际困难。为减少银行和担保公司为中小企业贷款和担保的压力，政府可以采取补贴的方式，推动风险分担机制的建立。中小企业在信用记录良好的情况下，一方面银行可以发放信用贷款；另一方面政府应加大对银行的补贴力度，在条件许可范围内可以核销中小企业不良贷款。银行、担保机构采取签订协议的方式，约定担保贷款出现坏账损失时各自承担一定的比例，同时确定市和县财政分别给予一定比例补贴。政府加大补贴力度，建立中小企业信用贷款机制，是解决中小企业筹资难问题的着力点，也是关键所在。

3. 加强中小企业自身的信用建设

现在，各级银行和担保公司发放贷款时，主要注重"三品"即人品、产品和抵品。即人品——企业信用情况、企业法人代表信用情况、企业实际控制人的信用情况；产品——产品是否适销对路、上下游企业的谈价能力、销售收入回款情况；抵品——抵押物的价值、抵押物的变现能力、抵押物的保管。其中人品是各级银行和担保公司比较看重的，位列第一，信用是市场和市场经济的生命线所在，要想推进中小企业的信用建设，

作为中小企业本身一定要注重、规范自身的信贷行为，建立自身良好的信誉。

4.完善中小企业信用担保相关政策法规建设

现如今，以中小企业为服务对象的中小企业信用担保机构发展迅速，担保资金不断增加，业务水平和运行质量也在稳步提高，但是我国现有的有关中小企业信用担保方法的法律规范，还存在一定不足。首先担保行业的国家主管部门还比较模糊，事实上对担保机构的管理并行多个管理部门；其次立法层次较低，担保行业尚未形成统一规范，缺乏配套的法律支撑；最后《担保法》对担保行业的法律保护力度不够。

（三）建立有利于中小企业筹资的金融筹资体系

1.设立中小企业发展专项基金

改革开放40多年来，中小企业在社会发展中所起的作用越来越大，为充分体现政府对中小企业的扶持和重视，应该建立政府出钱出力的引导机制。在建立引导机制的基础上，各级财政应设立中小企业筹资专项资金，各区县设立配套资金，目的有二：其一在于增加中小企业担保机构资本金以及商业银行和担保公司的坏账补贴；其二在于完善中小企业信用体系建设，充分发挥公共财政的杠杆作用，体现政府在解决中小企业筹资难问题上发挥的主体作用和政策导向作用。

2.建立专门面向中小企业筹资的政策性银行

在国外，德国和日本分别建立了专门为中小企业筹资服务的政策性银行，为中小企业筹资提供了强有力的金融支持。1948年德国成立复兴信贷银行，它是以中小企业为主要服务对象的政策性银行，为中小企业提供长期贷款，并且在贷款期内利率固定，还可以在项目建设的前三年不偿还本息。1953年日本成立中小企业金融公库，主要是为中小企业提供设备资金贷款、协助中小企业发行企业债券、为中小企业发展提供长期资金贷款、为中小企业提供设备租赁业务的租赁机构提供长期贷款，有力地辅助了日本中小企业的发展，为中小企业的发展提供了强有力的金融支持。我国中小企业数量庞大、分布范围广，又存在着严重的信息不对称现象，导致筹资过程中交易成本提高和风险加大，金融机构，特别是大银行，一般都不愿意向中小企业贷款。我们可以借鉴国外的先进经验，建立专门面向我国中小企业筹资的政策性银行，专门为中小企业服务，促进中小企业发展。

（四）中小企业进行筹资方法创新

根据中小企业筹资过程不畅通的问题，可以针对中小企业的实际情况，进行筹资方法的创新。

1. 积极推进创业板上市

由于新兴的中小企业本身基础较差，很难通过发行股票在现有的证券市场上进行筹资。2009 年，我国在结合香港创业板成功上市为中小企业带来好处的同时，允许新兴的科技行业进入二板市场，虽然现今规模尚小，直接上市进行筹资的中小企业也仅几家，但这无疑是一种新型的筹资方法，进一步拓宽了中小企业的筹资渠道，为一些有实力、有发展的中小企业提供了筹资平台，是一种筹资方法的创新。

2. 实施员工持股计划

实行员工持股计划是一种新型的财务组织方式，也是中小企业筹资的一种新的有效的方法。所谓员工持股计划（Employee Stock Option Plan，简称 ESOP）是指通过让员工持有本公司股票和期权而使其获得激励的一种长期绩效奖励计划。员工持股计划的实施使员工与企业利益高度一致，既满足企业内部筹资需要；还可以让员工以企业为家，努力工作。深圳金地集团便是一个成功的范例，首先通过三个主要渠道——员工个人出资（35%）、公司划出专项资金借给员工（30%）、工会从历年积累的公益金中划转（30%），解决员工持股资金来源问题。实施员工持股计划收获甚大，值得全面推广。

第六节　投资管理创新

一、投资管理的现状分析

当前，随着经济的快速发展，企业投资管理与资金运作存在着诸多暂时未能解决的问题，体现出了复杂化的态势。企业的投资在建设与发展中比重不断上升，这成为经济持续增长的动力。如何确定企业的发展、获得相应报酬，这些都影响着企业的发展。

（一）企业进行投资及管理的意义

投资、筹资、经营均属于企业财务管理中的重要部分，而投资是财务管理的基础。投资管理作为能够规范企业经营的一种行为，其原则是建立科学合理的决策程序，进行投资项目的可行性分析与研究。企业根据自身发展认真研究投资中的外部环境，做好充分的调研，深入剖析投资中可能存在的风险，约束企业的投资行为，确保按照投资计划进行投资活动，从而减少投资的风险。企业以投资活动控制资金流向，选择合适的投资方案，监控整个实施过程，有效管理投资活动，实现企业财务目标，提高企业的经济效益。

良好的投资管理可以提高企业的资金使用率，拓宽企业的经营范围，实现企业的多元化经营，提高整体的资产质量，获得更多投资回报，从而提高市场的综合竞争力。企业在进行投资与发展时一般需要遵循几个基本原则，比如企业的投资决策必须与整体的企业发展与国家的法律法规相适应，再如投资活动必须符合行业的整体规划和基本要求。在投资管理与决策中需要按照企业制定的程序与流程，避免盲目投资。在投资决策上需要秉持科学的决策与原则，决策以数据分析作为支撑，坚持成本效益尽可能少投入多产出，投资项目必须坚持以市场为导向，以效益为目标，确保将资金投入市场后如何有收益，坚持投资管理中量入为出的原则，防止企业投资出现过快或者过慢的问题。

（二）企业投资决策中存在的问题分析

1. 投资决策易受主观判断

企业投资决策活动是众多决策活动中的重要方面，我国当前市场经济下的生产经营是通过合理的资本运作以获得更高收益。在企业进行投资前必须开展风险论证与可行性研究。实际操作中的企业尚未及时获得市场资料，没有充分研究与分析，管理者凭借着丰富的经验在投资中过于麻木，影响了企业的资金运转，制约了经济效益，加大了投资风险。

2. 投资发展规划不合理

大多数企业没有符合实际的发展与投资规划，往往是按政府及区域的发展政策决定投资领域项目，相对来说有临时性与随机性。这种方式的缺点在于企业的自主投资经营比例低，因为政策的改变影响企业投资收益。此外系统性的规划使企业资本限额方面缺少约束，在高风险的状况下企业为了短期利益，不顾资本的限额去投资发展前景不明的项目，有的企业为了扩大企业规模甚至会去借高利贷解决当下的企业问题。有些企业往往没有充足可靠的消息来源，所以必须专门研究如何规避风险。市场调查不全面、没有科学依据，这些都会导致最后的决策失误。在当前阶段，回报期长的项目管理中企业缺少资金方面的控制会导致资金受困，这会影响企业流动性，从而制约经营项目的进行，增强了企业经营中的风险。

3. 缺乏有力的审计监督

企业投资管理方面，大部分企业关注的基本都是在投资的前期评估企业项目及项目融资，这忽视了后期的投资项目及经营管理，尚未制定有关的监督与管理制度，使大部分投资项目由于管理疏忽，让企业处于水深火热之中，加大企业投资方面的风险，有的甚至会造成企业方面的经济损失。风险控制中的重要手段是审计，在企业的投资管理中审计还是比较单薄的，即使是在外界压力下的审计活动，也局限于审计中的利息计提与公允价值的考量上。在投资管理中缺少完整、有力的监督机制的审计结果会使企业管理者客观与全面地看待所投资的项目。

4.高素质人才的匮乏

人才是企业发展的决胜因素，亦是企业经营管理中有序开展活动的关键。企业的投资与管理活动之所以能够成功，人才因素在其中非常重要。几十年前只要凭着一张本科学历证书就能够找到一份非常好的工作，而在当前市场经济的发展中，市场对人才的要求也越来越高，市场不再单纯地考量人才的学历、在校理论知识，而是更加看重人才的经验、人才的语言表达能力。企业在实际的投资管理与决策的制定研究、评价总结环节，往往缺乏专业的人才团队。多数投资管理人员还是存在着基础知识不扎实、职业技能不完善、缺乏基本的道德素养、缺少工作经验等各式各样的问题。有的投资人员甚至连最基础的资产负债、利润表、现金流量表都看不懂，更不用谈投资与决策的信息能力了。

（三）如何强化企业投资管理

1.制定合理的科学战略

企业应站在整体的战略角度，长期规划企业的发展前景，构建出符合实际的投资活动纲领。在科学战略的构建中，企业需要把握好国家的政策与动向，包括当前的经济形势，及时把握行业中的市场需求与市场环境、经营状况等。在此类基础上深入研究与分析企业的投资管理，做好资源方面的统筹和调配，同时联系自身的发展制定出最优投资的战略，使企业在中长期的投资管理中发挥出自身的战略优势，确保在企业的管理与经营活动中有效开展活动，发挥投资管理者的超前作用，在投资管理中实现客观、合理以及科学性。

2.建立健全的预算管理制

在制订企业未来的经营规划时需要进行企业的预算管理，企业预算管理作为经营管理中的重要工具，用于合理配置有限的企业资源。健全的管理体系需要协助管理人员进行经营中的有效分析与评价，协调好企业管理中人员的经营工作，提高企业的效应。在预算管理中可提升企业的综合管理水平，提升市场的竞争力。市场环境中的变化与企业发展状态需要适应国家的宏观政策发展，企业必须制定出合理的完善的预算管理机制，提供企业投资中的保障。目标明确，层级清晰。拥有目标明确、层级清晰的预算管理体制，能够有效地防控企业投资有可能涉及的风险，保证企业投资活动的安全开展。

3.建设完善的管理制度

投资管理中除了有效监督外，还要定期审计投资的项目及合理监督管理。各阶段投资目标的运行为企业管理人员提出了准确的判断与合理的决策。企业需要全面分析评价，提供有效的验收，保证投资的平稳运行。投资与管理中资金运作是其中的重要内容，主要涉及筹资、投放及回收等方面。资金的管理在企业经营管理中的地位重要，资金管理制度的系统化可以降低在企业中的财务风险。在企业中进行活动投资是以投放资金为主的，以资金回收为重点，企业管理资金决定了投资的管理成效。在企业投资管理中能够建立系统化的运转与管理制度，此制度主要将资金的流动作为当前的目标，保证企业在资金安全的基础上以计划、统一、集中的管理制度，借助计算机技术来强化在投资管理中的资金分析，有效提升投资收益，保证在资金运作中投资管理的合理有效。

4. 加强人才队伍的建设

为提高企业的管理水平，满足企业的发展需求，企业在现代化的建设管理中必须建立一支现代化的人才管理团队。在当前新经济的社会态势下，投资人员需要有良好的职业操守，具备专业的职业素养，精通财务知识、金融领域的专业知识及生产环节中的一些知识，同时还需要有爱岗敬业的专业精神、刻苦奋斗的工作态度、不怕辛苦不怕累的钻研精神、对自己不熟悉领域的探索精神以及较强的团队合作能力。在企业投资管理中人才的建设可以从以下两个方面着手：一是对已经在企业工作的投资人员进行专业培训，以公费鼓励投资管理者在工作之余参与各式各样的技能培训，提高专业素养。对于尚未入职的投资管理者，企业可以让在该岗位工作多年的老员工辅导，并定期考核。二是对于投资管理人才应当建立专业的人才选用制度，科学地吸纳人才。构建适合企业发展的规律，建立专业化的人才队伍。建立人才信息库，不断吸收专业领域的优秀人才。

在我国当前的企业投资中，一直存在着科学指导不到位、企业投资管理把控不严等问题，这些都影响着企业的投资收益。解决现阶段投资管理中的问题，需要企业加强投资与管理，提升服务管理水平，建立健全的管理制度，加强人才队伍的建设，使企业获得最大化的利润。

二、风险投资管理的创新分析

企业风险投资是一个相对封闭、高度竞争且没有多少差异的市场。大多数公司提供的都是完全相同的产品。因此，从投资行为的角度来讲，风险投资是指把资本投向蕴藏着失败风险的高新技术及其产品的研究开发领域，旨在促使高新技术成果尽快商品化、产业化，以取得高资本收益的一种投资过程。我国中小企业规模较小、抵抗风险的能力较差，并且缺乏此领域的相关专业人才和经验，所以中小企业更应该加强投资风险方面管理体系的建设。

（一）风险投资及其属性

狭义上来讲，风险投资是投资者向创业者或年轻企业提供的种子期、早期以及发展所需的资金，以获取目标企业的股权，并最终获得高额回报；广义上来讲，风险投资资金是由投资者私人企业提供权益性资金获取目标企业的股份，并使资本最大限度地增值。风险投资具有以下两个属性。

1. 风险投资的权益性与战略性

一般投资的价值分析与判断是建立在物质价值基础上的，重视对有形资产的精确计算，而风险投资更加注重无形资产特别是权益的价值。它不同于借贷与国债一类投资只追求眼前可见且基本确定的利息，也不同于一般的经营投资追求的是基本可预计的短期收益。风险投资追求的是极不确定且成功可能性极低的未来的极大增值价值。这种未来的极大的增值潜力就是风险投资的战略目标。人们之所以愿意做出这种眼前实现不了收益甚至遭受损失而未来成功性又极低的投资，正是为了换取未来可能的极大增值的权益。风险投资提供的是资本支持，除拥有股权外，往往还约定享有知识产权、未来增资扩股的权利，以及投资成功、经营成功后的经营权甚至产品抢手时的经销权等。权益性是风险投资最基本的属性之一，也正因为风险投资拥有的权益性才保证了其投资一旦成功会获得比一般投资大得多的增值。这种权益价值往往远超过实物价值。与风险投资权益性相随的另一个属性就是风险投资的战略性。相对于一般投资而言，风险投资追求的目标显得相对遥远而缥缈，属于战略目标风险投资愿意做出眼前获取不了收益甚至遭受损失的投资，正是为了未来的极大增值这一战略目标。

2. 风险投资的高风险性与高增值性

风险投资承担的风险属于一种对投资结果把握的极不确定性及实现投资战略目标的极低可能性，而不是指投资资本金遭受损失。一般其遭受损失的程度是有上限的，即不会超过本金。因此，可以选定风险投资战略目标成功实现的概率作为评价风险投资投标；而且为了避免考虑风险投资的初始本金使问题简化，可以用风险投资的增值率作为评价其投资收益的指标。风险投资的战略性表明，风险投资从初始投资到战略目标实现有一个过程，并且要经历众多不确定的状态变化，因而需要多次决策。一般把风险投资分为种子期、导入期、成长期与成熟期四个阶段，而且每一阶段也要经历多次状态变化，因而也涵盖多次投资决策。

（二）风险投资的运行模式

风险投资的运行模式是与地区的技术现状、市场环境及政策法规有关的投资行为方式。要判断何种模式适合自己的国家或地区，首先就要了解风险企业有何特征，风险企业和风险投资在本国或本地区的发展情况如何。其次，还要了解其他国家是如何运作的、有没有可行的国际惯例。

1. 风险企业的特征

研究开发高新技术产品的风险企业，通常具有下列特征：

（1）企业的创始人是懂技术且有经营头脑的科技人员

他们先有研究成果，然后想建立企业以开发新产品。但这些人往往缺乏启动资金，初始开发工作常常是在"家庭车间"中进行的，工作条件差，非常辛苦。

（2）需要寻找资本的合作伙伴

知识资本与金钱资本结合，才能开发出"市场产品"。许多高新技术，由于得不到"种子"资金的支持，或束之高阁，或半途而退。

（3）风险企业起初大多属于小企业

风险企业大多由科技人员个人或小组发起，这些人大多在大型研究机构或大公司工作过。一般的大企业对本行业无直接关系的新技术设想，往往宁愿让发明者自找出路或帮助其另立新公司；但对与本行业有直接竞争的新技术，则愿意本公司自己开发。这时，开发资金一般是用公司其他产品的盈余来支持的。

（4）灭亡快，成长也快

风险企业一旦开发成功并且获得广泛的市场认可，则会高速成长。但多数的风险企业由于技术或市场的原因，也可能很快就灭亡。因此，大多数风险投资公司都要采取分摊风险和化解风险的做法。例如，采取组合投资的方式，把资金分散投向多个风险企业；又如，采取联合投资的方式，由多家风险投资公司共同向一个风险企业投资，以分散风险。

（5）市场是风险企业成长的环境

高新技术产品好比是"鱼"，市场好比是"水"，如鱼得水就能高速成长，相反就会迅速消亡。

2. 高新技术风险投资引起广泛关注的原因

从现有的政策法规看，支持高新技术产业开发的资金，主要来自银行贷款，而且"贷款期限一般为 1~3 年，某些高新技术项目可适当延长，最长不超过 5 年。贷款利息按人民银行颁布的期限利率执行"，并且贷款者"必须具有法人资格"。即贷款利率没有优惠，且从事科技开发有成果而想自己创业的个人或小集体是得不到贷款的。

从减免税的有关规定看，只有能生产"出口产品"的企业、来料加工企业有减免税的优惠。若无产品出口，也不是来料加工企业，尽管是将来很有发展前途的确确实实的高科技企业，也无减免税的优惠。而且银行本身无评估高新科技性质的机构和人才，只能依靠科委的各类科技开发计划来放款，对风险难以预测。现如今，少数地区如北京、上海、广州、深圳等跳出全国性政策法规的框框，自己制定地方性的政策法规，除了支持开发"发达国家已成熟"的高新科技产品之外，开始重视自己具有知识产权的有期望大市场的新产品，并开始意识到"种子资金"的重要性，以少量财政资金支持和奖励科技开发。

（三）我国风险投资发展中存在的问题

1. 政策法规不够完善

风险投资有别于一般投资行为和金融运作机制，其对象是高新技术产业。高新技术产业的特点是以知识为核心，在完成技术开发后可以实现极低成本的无限复制。

2. 风险投资的运作机制和退出机制不健全

评价机制需完善。现今，我国风险投资项目评价体系带有浓厚的人为色彩，缺乏严肃性、科学性。虽然风险投资公司仍可以找到项目，但蕴含的风险很大。这些公司如果不在体制和运作机制等方面大胆改革，不能逐步转变到政府引导、企业主体投资、运行市场化方面来，风险投资资金将不能有效地投入高科技产业，或风险投资企业不能持续健康发展，从而不能带动高新技术产业的持续稳定发展。

3. 缺少风险投资专业人才

风险投资业的发展一刻也离不开风险投资家，风险投资家不仅要具有极强的风险意识和获取风险收益的耐心，更需要有高瞻远瞩的投资眼光，能够慧眼识珠选取好的项目进行投资，还能对风险企业的经营活动提供指导和咨询，推荐人才甚至参与企业管理。

4. 资金来源有限、资本结构单一

现今我国风险资本主要来源于财政科技拨款和银行科技开发贷款。由于国家财力有限，拨款在财政支出中的比例逐步下降，银行为防范风险也始终在控制科技开发贷款规模，风险资本增长缓慢。虽然在全国技术创新大会的推动下，各地投入大量资金建立了一批以政府为主要出资人的风险投资基金或公司，一定程度上缓解了高新技术产业发展的资金短缺问题，但从总体上看资金缺口仍很大，远不能满足我国高新技术产业发展的需要。另外，风险投资公司的资金来源大多有政府背景，限制了风险投资的资金规模，同时也不能有效分散风险。

5. 政府对风险投资业的扶持力度不够，财税政策的支持不够有力

现今，我国各级政府正积极参与和支持风险投资，但政府参与和支持的力度还存在一些问题：政府资金投向不合理，所得税减免力度过小。这让很多参与风险投资的企业和个人有很重的包袱，也就无法刺激他们的热情和积极性了。政府缺乏对高科技风险企业的界定和评级标准，导致"假冒伪劣"的所谓"高科技风险企业满天飞"，进而影响风险投资者的积极性。

（四）企业风险投资管理创新机制思路

1. 加强宏观经济的研究

宏观经济学是相对于微观经济学而言的。宏观经济学研究社会总体的经济行为及其后果，它涉及经济中商品与劳务的总产量与收入、通货膨胀与失业率、国际收支和汇率，以及长期的经济增长和短期波动。由于企业发展与宏观经济发展具有高度正相关关系，基于企业工商登记数据构建的企业发展指数对宏观经济具有先行性。另外，企业风险投资在我国市场上相对还比较陌生，企业风险投资管理的意义重大但出现的问题也多，所以有效的宏观经济研究管理方法和措施对企业来讲十分重要。通过对宏观经济的研究可以合理引导市场主体的经营活动，引导市场主体战略决策和业务调整，减少经营的盲目性，避免市场风险，节约生产和交易成本，增强市场竞争力。

2. 积极防范经营风险

加强企业的风险防范意识与能力，降低企业的风险成本，从而形成整个市场良好的风险防范机制。必须预测本企业能够占有多大市场份额、市场需求大小，只有充分了解市场情况才能防范市场风险、规模投资、化解成本风险。现今我国大多企业效益不佳的原因之一就是未能形成规模投资效益、运营成本高、无竞争力。树立战略思维，注重价值创新，倡导不断学习，才能有助于提高企业各个方面、各个层次的能力，有利于研究探索新的方法，寻找新的市场机会，才能适时实现市场各方的价值飞跃。企业需要从领导层到全体员工都高度重视风险防范与控制意识，对企业所处的环境有准确的把握，对市场变化保持高度的敏感性，使企业全体员工都参与到风险防控建设和内部控制中，营造出提高企业效益、加强风险管理的氛围。

3. 财务控制风险实施策略

企业的风险投资控制还可以通过经济手段进行处理和控制。企业可以采取风险转移和风险自留来实现风险的财务控制策略。财务风险是企业筹资决策的结果，表现在普通股收益率的变动上。如果企业的经营风险和财务风险大，投资者便会有较高的收益率要求。因此，我们首先要优化财务管理制度。财务管理制度的设计起着举足轻重的作用，也就是通过一定的系统、程序、规章制度、法律法规等来规范企业财务管理方面的有效实施。在进行投资的时候对投资项目的财务评价是必不可少的，它直接关系着投资项目的价值认定问题。

当今市场经济环境下的企业竞争激烈，面对更加多样化和复杂化的投资风险，企业都不同程度地在项目尽职调查阶段对很多风险估计不足，一般较少使用相关的定量分析方法，从而在一定程度上造成了在投资前对风险的规避不力。因此，企业要对投资风险进行评估，然后进行有效的控制与管理，从而将风险导致的损失降到最低限度，以实现企业价值目标的最大化。

三、投资管理的创新路径

我国改革开放以来，企业面临的竞争越来越激烈，企业的投资管理越来越重要，技术拉动市场、管理创造优势。由于社会环境的影响，企业在投资管理方面没有有效的管理方法，给企业造成了巨大的经济损失，强化投资管理创新就成为新形势下竞争取胜的根本保障。

1. 企业投资管理创新的重要性

（1）企业投资管理是企业充分利用资金、提高企业资金利用率的最有效途径。

（2）创新企业投资管理可以扩大企业规模和生产经营活动，壮大企业。

2. 企业投资管理中存在的问题

企业投资管理是为了提高竞争力或获得最大投资收益，对投资的各项要素或环节进行策划、决策、组织和控制的过程。投资的好坏对企业的长期发展具有重大作用，这就使投资管理的作用显得尤为重要。尤其是长期投资，投资金额大、期限长，投资方案一旦实施就很难再做出调整。

（1）投资管理方式陈旧

改革开放以来，我国经济持续高速发展，而有些企业的投资管理却相对滞后，方式陈旧、缺乏创新性。由于之前的企业投资管理方式和现今的市场经济体制已不相适应，投资管理方式较为陈旧，严重制约了企业的发展。

（2）投资决策主观性强，盲目投资

在实际操作中，不少企业仅仅凭借自己的主观判断，缺乏对投资项目的了解，对投资项目中的各种资料没有认真分析，盲目地进行投资，从而严重影响了企业的资金运转，甚至会危及企业的生存。

（3）没有制定有效的制度，监督不力

企业在投资过程中，应当制定一套完整的规章制度，而大多企业在投资管理方面存在制度不健全的问题，对投资项目的审计和评审制度，许多企业根本就没有制定出来，更谈不上执行，所以项目提出者、策划者和执行者都不存在责任方面的压力，对项目研究没有认真对待，又何谈积极性呢？在投资之后，管理上疏忽大意、监督上一片空白，导致亏损，从而给企业带来损失。

（4）企业投资管理型人才缺乏

由于大多数人认为会计与财务管理是一回事，更有甚者把财务管理当作会计的一部分，工作中也常有会计人员从事投资管理工作的现象。在经济管理领域中，尤其是企业投资管理方面，我国严重缺乏专业的投资管理人员。这就与企业投资管理的高速发展不相适应。

3. 企业投资管理创新的途径

现今在企业的投资管理中存在的这些问题，使大多数企业不能进行有效的投资，使企业投资的收益降低了，企业的投资风险加大了，企业的损失增加了。创新的途径有：

（1）对企业投资管理理念的创新

所谓投资管理理念是管理者在管理活动过程中所持有的思想观念和价值判断，管理者要重视企业投资管理理念的创新。

（2）对企业投资管理员工管理上的创新

企业要提供给企业投资管理员工各种成长和发展的机会，一定要注重企业投资管理人才的成长和发展，制定措施让物质奖励与精神激励合二为一，让企业与投资管理人才达到双赢。主要采取人性化管理方式——精神激励，把投资管理人才的主动性、创造性和积极性调动起来，其目的就是追求利润最大化。

（3）对企业投资管理制度的创新

思维创新、技术创新和组织创新活动都达到制度化、规范化，制定一套行之有效的制度，执行周全的风险防范措施加强事前、事中、事后的风险管理与控制，将风险损失降到最低。

4. 创新企业投资管理措施的建议

（1）企业投资前广开言路调查研究

投资决策是一个长期的过程，会受很多因素的影响。在投资管理的全过程以及投资和投资决策的每一个重要环节，企业投资决策人都应保持谦虚冷静、自省自律、清醒的心态，广开言路，在技术、财务、市场、经济评价和社会等方面，严加考察，然后进行投资决策；对投资项目进行科学的预测分析，制作项目建议书、可行性研究和调研报告等。要组建能够胜任投资管理职责的智囊团，只有投资决策科学，项目投资风险才会降低，经验得到积累，就会为今后的投资提供更加翔实的资料，为后期的企业投资管理打牢基础。

（2）执行周全的风险防范措施

当前形势下，以下任何一种风险被忽略了，都可能给企业的投资行为带来不可估量的损失，这些风险包括投资风险、市场风险、信贷风险、营运风险、法律风险、技术风险等。这些不同的风险类型都直接或间接地影响着企业的投资。为了将风险预警与防范措施做到最好，大多企业会根据种子期、创立期、发展期、扩张期和成熟期的分类方法将投资产品合理定位，对这些风险类型系统性地进行风险分析与管理，然后融入投资的各个时期，这样做是十分必要的。因为只有对不同投资时期的不同投资产品针对其所面临的风险分别制定有效的风险防控措施、建立责任制度和奖惩制度，才能在投资的全过程中保证监管有效；结束时还要做好评审验收工作，及时进行归纳总结，实现效益的最大化。

（3）时刻密切关注是否存在通货膨胀

通货膨胀会影响项目资金的资本成本率和项目预期的现金流量，所以大家知道投资产品的选择和投资方案的优先顺序和通货膨胀及其膨胀程度有着直接的关系。但是很多企业在平衡成本与收益时，对通货膨胀考虑得太少甚至缺失，这样企业根据预期投资收益而做出的投资决策也是值得怀疑的。值得怀疑时就表明影响投资资本收益核算的两大指标都会失去合理性，那么企业也必将会承受不可估量的风险损失。

随着经济全球化步伐的加快，企业投资管理不再是孤家寡人，在我国企业投资规模越来越大、投资品种越来越丰富的今天，更多的企业会参与到市场化的投资管理中。只要通过创新投资管理方法和采取行之有效的办法，企业就一定会最大限度地规避风险。

第七节　新经济时代财会工作创新

新经济是一种基于知识经济的全球化经济，是将传统产业与知识经济、虚拟经济以及网络经济结合起来的新的经济形式，其主要以集约型经济为主、以电子商务为主要交换手段、以高科技为原动力，促使经济可持续发展、高新技术产业化发展、资产投入无形化发展。面对新经济带来的影响，企业财会管理工作必须进行创新，才能够更好地适应新经济背景下的企业发展环境，促使企业向着更好的方向发展。

1.新经济背景下企业财会管理工作的主要特点

在新经济时代下，企业财会也充分利用了信息技术优势，加快了财会管理的数字化发展。相关管理人员的管理观念逐渐转变，具有一定的先进性，实现了财会工作的信息化发展，减少了人工误差，提升了管理的整体质量。同时，在互联网的支持下，财会管理工作也打开了部门之间的隔阂，将业务拓展到其他部门，向着管理会计的方向发展，财会管理人员自身的职责范围也更加广泛，管理的对象具有多样性，能够全方位、多角度地做好财务风险预测、财务管理与分析，真正发挥出财务管理的作用，为企业的经营与管理工作奠定良好的基础。

2. 新经济对企业财会管理工作的影响

新经济对企业财会管理工作产生了一定的影响。一方面，新经济时代对企业财会管理人员的综合能力提出了更高的要求，不仅要求其具备较好的计算机操作和信息处理能力，遇到问题时能够借助计算机以及大数据的优势来解决问题，同时也要求管理人员具备先进的管理意识和知识体系，能够为企业提供更好的财务分析数据，为企业的发展提供可借鉴、可参考的财务预测信息；另一方面，新经济时代也为企业的发展带来了一定的负面影响，由于企业自主经营、自负盈亏，在市场波动频繁的前提下，企业面临的危机将会更大。由此可见，在新经济背景下，企业财会管理工作面临着一定的挑战。

3. 传统企业财会管理的现状

（1）部分企业财会管理理念比较滞后

对于财会管理工作来说，很多人的认知就是算账、记账、管账等，是对企业有形资产进行管理的行为。在新经济背景下，当今的企业财会管理工作，除了对企业的有形资产进行管理外，还包括对企业很多现代化的无形资产的管理。例如，企业的专利权、著作权、商标权等。在现代社会中，企业所拥有的无形资产逐渐增多，而其中很多企业对本企业无形资产的保护工作不够重视，往往会受来自外界的侵权伤害，给企业造成一定的经济损失或者使企业的社会形象受到一定的损害。

（2）财会管理方法有待创新

随着企业的快速发展，与财会工作相关的业务逐渐增多，需要管理的财会信息也会呈现上升趋势。有些企业由于业务和规模的不断扩大，整体构成上发生了一定的变化，甚至出现了异地办公或者是异地管理的情况，这就给企业的财会管理工作带来了新的挑战。不仅提高了管理工作的要求，还增加了管理工作的难度，传统的财会管理制度已经无法继续发挥其重要作用。针对这种情况，企业要认清形势、与时俱进，通过变革和创新，探索更加高效的财会管理方法。

（3）部分企业财会管理制度松散，缺乏有效监管

在企业发展过程中，财会管理工作和金钱有着紧密的联系，由于企业在财会管理制度建设中比较松散，监管不到位，导致违法乱纪行为屡禁不止。从近些年国家查处的相关案件来看，当前企业违法违纪的手段也在不断地升级，如利用虚增资产、虚增负债、虚增利润的方式来偷税漏税，造成国家税收减少，直接导致国家利益损失。这种行为是对国家法律的亵渎，更有甚者将造成国家经济秩序的混乱。

（4）企业部分财会工作人员的工作能力偏弱

对于企业的财会管理工作来说，财会工作人员是主要的参与者，他们的专业素质和工作能力，直接影响着企业财会工作的效率和质量。因此，企业要注重提高财会人员的综合素质和综合能力。从实践来看，企业财会人员的素质和能力良莠不齐，部分财会人员的工作能力明显偏弱，但依然负责着财会部门的重要工作，一定程度上影响着整个部门的工作效率和工作质量。与此同时，随着社会的发展，很多企业的财会部门积极参与了企业的信息化建设，这不仅要求企业财会人员熟练掌握计算机，还要熟练应用各种操作软件，但一些财会人员，特别是年龄较大的财会人员，不能快速地参与到信息化建设当中，不能熟练地使用各种操作软件，甚至经常发生工作失误，很大程度上制约了企业财会管理工作的发展。

4. 新经济背景下企业财会管理的创新方式

基于企业财会管理工作的现状，需要企业结合新经济时代对财务管理工作的影响，进一步创新财务管理方式，从多个角度进行创新，为企业财会管理工作的进步打下基础。

（1）创新财会管理体系

财会管理体系是企业的重要组成部分，传统的财会管理体系中并没有为数字化管理预留出太多的位置。随着信息化技术的发展，财会管理体系也要进行创新，融入数字化管理相关内容，加强数字化管理体系的建设，避免信息不对称、信息孤岛的情况产生，保证所有财会数据的真实性和完整性。在信息化环境下，企业财会管理体系的建立主要包括财会人员、财会管理制度以及财会相关政策等方面。要想实现管理体系的创新，就必须以现金预算为核心，建立完善且全面的预算管理体系；必须以业务为基本导向逐步完善内部控制体系；必须以成本管理观念为基础逐渐完善成本核算体系；必须以快捷高效化为核心逐渐建立完善的会计信息网络体系；必须以高素质为核心逐渐建立并完善财会管理队伍。在这样包含全过程、覆盖全方面的财会管理体系的支持下，企业的财会管理工作才能够更好地适应新经济带来的影响和挑战。

（2）创新财会管理观念

在财会管理体系建设的过程中，财会管理观念的转变是非常重要的。企业财会管理人员应当创新财会管理观念，加快财会人员职能的转变，从传统的财务会计逐渐向管理会计的方向发展。传统的财会人员管理观念更加倾向于回顾过去，反映并报告企业经营成果、财务状况的基本职能。而管理会计则更加倾向于面向未来，履行的是预测、决策、规划、控制、考核的职能。从本质上来看，管理会计实际上包含了财务会计，让会计的形象更加多元化，而不是传统概念中的"记账先生"。管理会计能够站在现代商业的角度去考虑问题和解决问题，从最初的企业经营目标的设定到提高企业经营利润、生产规模扩大、市场战略目标执行等，管理会计都会参与其中进行数据的解读与分析，并将管理的结果应用于企业的各项决策中。由此可见，企业财会管理人员要积极实现观念的转变，将自身的定位从传统的财会向着管理会计的方向转变。

（3）创新财会管理制度

在新经济背景下，企业的财会管理制度应当与时俱进，进行适当创新。企业领导班子应当根据企业的实际需求，参考《中华人民共和国会计法》《企业财务通则》等文件来对制度进行修订、扩充等，保证财会管理制度能够满足企业发展的实际需求并能够更好地迎合市场的发展现状。在财会管理制度建设过程中，要针对所有的财会工作来制定相对应、相匹配的制度，充分考虑到企业生产经营以及管理的要求，包括资金管理制度、成本管理制度以及利润管理制度等。其中：资金管理制度主要包括审批制度、信用制度、收账制度以及进货制度等；成本管理制度主要包括开支标准和范围、审批制度、降低成本指标等；利润管理制度主要包括分配程序制度、分配原则、股利政策等。具体的制度标准建设可以参考我国出台的相关文件，并做好条款的修订与扩充，使制度更加符合企业自身的发展。

（4）建立全面预算体系

企业全面预算管理体系的建立直接关系着企业的运行。加强全面预算管理体系的建立，能够有效地改善企业的财会管理弊端，促使企业对资金的运用更加合理。通常情况下，企业全面预算管理体系主要由决策层、工作层以及执行层组成。决策层是具有最高权力的组织，工作层主要负责预算编制、审查、调控、核算、分析、考评等，执行层主要负责执行上一级的指示。在全面预算管理体系建设的过程中，需要根据企业的经营规模、内外部环境、组织结构等方面的差异，采取不同的体系设置方式，并遵循科学规范原则、高效有力原则、简繁适度原则、经济性原则、全面系统性原则、权责明确原则等来建立相应的全面预算管理体系。例如，一些企业成立了股东大会、董事会、全面预算管理委员会、全面预算编制委员会、预算责任单位、信息化预算管理单位等作为全面预算管理体系的重要组成部分，企业可以根据实际需求来适当调整，增加或删减参与主体，保证全面预算管理体系的合理性。

（5）加强内控体系建设

内控体系建设能够发挥自身的监督与管理职能，在纠错防弊、风险控制等方面有着重要作用。内部控制主要针对财务风险、经济管理环境、信息化管理、财会监督等方面，通过内部控制体系建设来对各项风险进行有效控制，并能够对企业的经营活动进行有效监督和全过程监督。在实际情况中，内部控制体系建设的要点主要包括：明确财会管理职责与纵向、横向之间的监督关系；职责分工明确、权力分离且能够相互制约；独立稽核独立检查，包括内部以及外部的审计工作等。此外，内控体系建设必须在基础管理制度、综合性管理制度、财务收支审批报告控制制度、财务机构与人员管理控制制度、成本费用控制管理制度等基础上建立相应的框架体系，并借助内控制度的全面建设与创新管理来加强财会内控体系的建设。

（6）创新人才队伍建设

对于企业财会管理工作来说，管理人才的支持能够促使企业财会管理更好地适应新经济背景，且能够为财会管理模式的创新提供强大的人力支持。因此，企业应当创新管理人才队伍的建设。面对人才管理经验和信息化管理能力两极分化的情况，应当加快"两极"人才之间的进一步融合，加强管理经验以及信息化管理技能的进一步融合，让人才既具备丰富的管理经验，同时也具备先进的信息化管理技能和观念，为财会管理工作的创新奠定良好的基础。例如，通过定期的技能交流会、培训会等为管理人才能力的提升提供空间与平台。此外，企业需要紧跟时代的发展，与高校进行紧密合作，加强高素质管理人才的引进，或是通过校企合作的方式直接培养企业需要的财会管理人才，逐渐充实人才队伍，进而发挥人才的真正价值。

总之，在新经济背景下，企业财会管理创新对企业的发展有着重要的作用。企业需要根据实际发展需求以及企业战略发展目标，明确新经济对企业财会管理工作带来的影响，进而对企业财会管理体系进行不断创新，全方位、全角度、全过程进行完善，促进财会管理体系的进一步发展，让企业能够有更强的能力去应对新经济时代带来的冲击，提升企业的整体竞争力。

第八节　网络时代的财会工作创新

现如今，移动互联网技术的应用已经成了人们生活发展的重要动力，也是十分重要的生产力工具，在会计和财务领域发挥着不可替代的作用。财会管理得益于移动互联网技术的支持，使整体的工作效率得到提升，新兴技术可以显著地提高企业的生产力，让很多复杂的工作变得更加简单。同时，硬件环境的升级也支撑着新兴技术的发展，让财会的工作效率和质量都得到极大的提升，让综合工作能力和工作效率都得到保障，促进财会高质量管理的落实。

1. 移动互联网时代财务和会计工作变革的必要性

在移动互联网时代背景下，应该做出一些财务与会计工作模式的变革和创新。首先可以确定的是，这其中的必要性不言而喻，正是因为经济社会发展的要求，使移动互联网技术成了创新的新手段之一。在财务与会计工作中，通过移动互联网技术进行改革和创新可以开辟一条新的路径，从新的思路来改变当前企业竞争力提升的手段。在移动互联网时代，企业财务与会计管理变革等工作的深入开展，可以让企业的会计信息能够保持更好的真实性，让企业的战略决策能够有更加精准的数据参考。只有在财会信息真实度上得到强化，才能够为企业的可持续发展打下最为坚实的基础。

在当今全球经济进入信息化的今天，计算机技术与"互联网＋"已经逐渐成为推动各个行业的经济持续高速增长的主导力量，并且极大地提升了各个行业的生产科学技术含量，但是每件事物的发展都有其两面性，计算机与其他信息化技术在促进各个行业的经济持续高速发展的同时，也为各个行业的稳定和发展带来了新的风险。由于现代计算机技术和"互联网＋"在我国大型企业中的普遍运用，使企业的管理人员不能对企业的生产和经营情况全面掌握。在实际的生产运营过程中，企业必须针对内部的财务和会计管理模型进行一些改革和创新，使其可以顺利地适应当前移动互联网时代下信息技术的发展和创新。在现代企业国有资产会计核算的发展过程中，传统的会计核算管理方法过度关心和过分注重对企业的一些有形资产进行核算，往往忽略了对下属企业的一些无形资产进行核算，这样明显不利于有效保证企业会计核算各项工作的有序有效开展。

在当前的经济形势下，移动互联网是信息时代发展的新形势，我国的现代化企业财务管理工作以及会计核算管理工作已经开始发生巨大改变，逐渐呈现出一系列新的发展趋势：一是我国现代企业会计财务核算由最初更加引人注目的重点，即主要关心那些有形资产，逐渐转变成为将关心有形资产和关心无形资产二者有机并重；二是企业会计财务管理由原来的会计核算型财务管理型转变为有效管理财务核算型；三是财务计量核算模型管理呈现出多种不同计量模型属性相互并存的全新发展局面；四是会计工作人员的专业知识能力结构朝着更加多元化的知识方向不断发展；五是推进我国财务会计核算和管理服务的行业覆盖率逐步得到增加。随着世界经济全球化的不断推动，国外的企业逐步主动地参与和融入我国的市场经济中，这就必然需要国外的企业针对财务会计的各种职能和标准来研究和改革，建立一套比较完善的会计管理法律法规，与国际化、标准化的接轨，这样才更加有利于企业的工作人员深入地了解国外企业在未来的发展状态、财务会计制度、财务会计报表以及其他企业的信用，并据此做出相应的实施经济性投资政策。

2.移动互联网技术对财务会计变革的积极影响

移动互联网技术对财务会计变革的影响是多方面的，当代的财务会计工作以高效、精确为基本要求，在企业内部管理体系的高要求下，财会工作不仅要做到及时和准确，还要做到与时俱进，学会使用新技术来促进工作方式上的改革。

移动互联网技术的发展十分迅速，持续不断地对各行各业产生着不同程度的影响。一方面，移动互联网对财会的影响表现在人才培养上。现今财会人才培养的方向已经发生改变，会计专业所涉及的学识内容也越来越多，财会人员在选拔的时候需要考核的项目也进一步增多。为了适应新时代的发展，财会人员必须对移动互联网有一个充分的了解，对移动互联网给财会领域带来的影响有一个充分的了解。首先，移动互联网拓展了人才培养的途径，让人才培养变得更加多元化。比如，移动互联网给了财会人才更多求职的机会。其次，人才培养计划并不是一成不变的，要根据时代的发展和企业的需求适当地进行调整，会计从业人员不但要掌握基本的会计知识和职业技能，还需要对未来财会领域的发展有一定的了解，积极地拓宽自己的知识面，学会利用新技术、新手段去做好会计工作。

另一方面，在财务和会计工作当中运用移动互联网可以进一步地促进财会工作数据化。在进入数字化财会管理之前，财会工作的数据化程度比较低，整体效率也有待进一步提升。随着科学技术和计算机技术的发展，财务和会计工作整体走出了僵化的局面，管理效率也得到了有效提高。在进入大数据时代之后，移动互联网加速了数据的发展，让财会工作得到了创新，通过这一便捷的工作方式能够有效地提升财会信息的整合，减少管理工作的成本支出。

3.移动互联网技术为财务会计工作带来的问题

移动互联网时代的到来，让财务会计工作发生巨大变化的同时也让企业得以思考如何在技术快速发展的时代中，紧跟科技、开拓创新，通过新的技术途径来强化财务会计管理工作。为做到以科学技术为主要发展指导，让技术能够真正发挥出提升生产力的作用，就必须在实施新技术的过程中做到面对问题和解决问题，充分适应技术的发展。

（1）工作观念没有及时更新

在移动互联网时代，企业在进行财务与会计工作时，整体的思想和管理理念都没有能够跟得上时代的发展，由于落后的理念导致财会人员无法从自主创新的目的出发，将现有的工作和移动互联网相结合，从而导致实施效果不理想。有的公司财务与会计机构部门虽然对移动互联网技术有了较为全面的认识，但是由于种种原因这种认知并没有落实到实际工作之中，导致创新和发展受阻，让财会资料的管理工作达不到预期的效果。

比如数据的统一化管理工作落实不到位、整体效率得不到明显提升等等。

（2）人才短缺

人才短缺的现象一直存在。移动互联网时代，我国的财务与会计工作对专业性人才的培养需求仍然很大。对于企业来说，人才是发展的基础，唯有拥有了高素质的人才，才可以落实好财务与会计工作的推进。但从我国企业财务和会计工作的实际情况可以发现，相关专门工作人员的知识和专业技术水平仍然亟待进一步提升，在财务和会计工作上由于缺乏与移动互联网等信息技术相结合的正确认知，导致很多方式上的创新在实际工作中不能按部就班地落实和执行。

（3）信息安全存在隐患

信息安全是财务与会计工作的第一要点，如果连信息安全都保障不了，那么财会管理质量就无从说起。在移动互联网背景下，财务与会计工作如何进一步提升数据的安全性和保密性仍然是最大的问题。首先是数据的备份管理工作，在商业社会中，数据的丢失往往意味着经济的损失，这对于一个企业来说是无法承受的。其次是数据的保密，在激烈的商业竞争环境下，数据保密意味着核心竞争力的保证。同时，还有财务会计的权限问题。若是权限设置不当，很容易会造成一些工作上的错误或者逾界的情况发生。比如一些企业进行财务审批，权限最好放在高层管理手中，假如一些财务权限不明确，内部的权限管理混乱，就可能会给一些别有用心之人提供可乘之机，也经常能看到某某财务人员挪用公款或是携款出逃的新闻。因而信息安全成为网络化财务管理工作需要重点关注的问题。

4. 移动互联网时代财务与会计工作的创新措施

（1）注重信息资源整合

财务和会计工作的创新要结合自身企业的实际情况，为了适应时代的发展要求，在移动互联网背景下，很多工作方式都需要进行一定的创新和改革。改革是为了让质量和效率得到提升，而并非无目的地单纯改革或者是搞形式主义。在改革和创新的时候，要充分考虑到企业的实际情况，评估改革和创新的必要性，通过构建一套科学完善的财务监管体系来将财务与会计工作与移动互联网相融合，让各项资源得到统一和整合，保证数据的有效性和真实性，更好地去提升企业在市场中的核心竞争力和综合影响力，更好地实现企业的可持续发展。

（2）优化财务变革

优化财务变革更多的是优化财务与会计工作的问题解决方案。比如在财务与会计工作中，遇到较难解决的问题时，往往要在资金管理问题上进行解决方案的优化。资金管理是企业运营的核心工作，按照现有的制度和要求，优化财务变革需要找到可以革新的角度，并以此为基础提出切实可行的解决方案，让企业的财务数据和信息在充分分析的基础上来构建出模型，实现资金的合理分配。在移动互联网背景下，科学化的管理方案是最为可行的方法。通过科学管理来实现结构性和功能性的改革，移动互联网可以发挥出更大的功效，从而在发展的过程中形成一种新的商业模式，让资金的分配更加合理，为企业的发展打下坚实的基础。财务变革的目的是让财务工作更贴合企业自身的发展需要，提升财务与会计工作在企业发展过程中所发挥的价值，让决策更加合理。基于此目标要求，优化财务变革时要事先做到充分的调查，找出现有财务与会计工作过程中真实存在的问题，还要找出形成这些问题的内因及外因，针对原因进行改革和优化，让监督和改革并行，充分发挥出移动互联网的优势，让财务与会计工作与移动互联网形成互补共进的局面。

（3）保障财务会计信息安全

财务会计信息安全是重中之重，也是企业的发展之本。进入信息化时代之后，财务会计安全面临着前所未有的挑战，各种会计管理工作方法有待研究创新和推广应用。为了更好地保障财务会计信息管理工作的运行效率和服务质量，就必然需要从许多个环节重新入手抓起来，不断进行新的改革和不断优化，有效地保证财务会计管理信息的安全，对于这一点企业的管理层应当尤为重视。特别是对于一些市场竞争十分激烈的行业来说，信息的泄露往往意味着巨大的经济损失。在移动互联网背景下，信息的获得和传播会更加方便，同时信息的安全也会面临更多的挑战，必然要做好财务会计信息的安全性和保密性。网络相应安全和相关网络保安技术应用进行了科学分析和有效运用，这都有助于企业财务管理工作人员有效保障企业的财务会计信息的安全和其网络安全，为整个企业促进财会人员财务工作的信息质量和业务水平的不断提升奠定了坚实的理论基础。

（4）会计改革创新的优化

在企业发展过程中，企业的财务和会计工作是核心也是基础，会计信息的真实性及有效性往往决定了一个企业未来的战略方向是否正确，这是由于会计工作可以最为直接地反映出一个企业现今的经营状态，让管理人员可以从会计信息中找出经营和决策上的不足。进入移动互联网时代之后，财务与会计工作的每一个工作环节都受到了不同程度的影响。从这些影响的角度来看企业财务与会计工作的发展，可以发现移动互联网对财会工作的促进是积极的，可以切实地为之带来优化和创新。所以会计工作者应当充分利用好移动互联网技术，将其和现有的工作进行有机的结合，发挥出二者的优势，保障会计工作拥有更高的效率和更好的质量。软硬件的完善和建立可以实现财务核算以及数据分析与检查等一系列综合性、高水平的自动化处置工作，能够有效保障整个会计工作的质量。可以通过互联网功能建立一个会计服务网络，这样能够为代理商和会计服务行业的发展带来正向推动作用。

（5）基于智能化的改革创新

在移动互联网快速发展的时代背景下，企业单位的财务和会计工作改革不仅要基于实际的目标出发，还需要通过创新来发现新的工作模式和新的工作思路。第一，对于管理层来说，在进行改革之前要做的第一件事是明确改革的方向，讨论现今的财务与会计工作切实存在的急需解决的问题，在问题的基础上提出改革方案，而不是盲目地进行改革。第二，智能化技术的应用和普及为财务和会计工作与移动互联网相结合带来了新的发展思路，智能化和办公自动化更加符合现在的财会工作模式，运用云计算技术和大数据让企业获得更多有利于决策的信息，能够更好地帮助企业做出优良的决策。以上两点对构建与企业自身经济发展相适应的网络系统尤为重要，可以促进企业相关从业人员整体素质的提升，让财会人员有更多学习和实践的机会。除此之外，也要在改革的过程中重视对财务成本核算和精细化管理制度的考量，让企业能够更加适应智能化社会发展的需要，让财务和会计工作的发展在技术层面和实践层面得到强化。

（6）充分发挥会计核算的监督职能

会计核算对企业的经济活动起着监督和反映的重要作用，改革和创新企业的财务和会计管理模型，只有充分发挥会计核算的监督功能，才可以有效地提升企业的财务会计管理水平，从而推动企业的稳定健康发展。因此，在实际进行会计核算时，企业必须在《会计法》与《会计基础工作规范》相结合的基础上，建立一套更加健全的内部控制体系，实行事前、事中、事后的控制和审计，以增强对财务会计的风险防范。此外，企业根据自身的特点，还需要积极组织和开展审计服务活动，聘请一批较为专业的审计师和技术人才，加强财务审计工作，以更好地保证其财务数据和信息的真实性，杜绝各种违法或者非常严重的违纪犯罪行为。例如，在企业的会计审计工作方面，某些企业应当充分发挥会计核算的主体监督功能，结合《企业会计准则》与《会计法》的有关规定和要求，建立一套完善的内部监督机制，明确会计师清查企业财产的具体时间、范围与组织流程，经相关部门的审计和核实后，交由会计师事务所对会计核算工作与会计数据资料的真实性、完整性等问题进行审查，防止虚报其他会计信息的不良现象发生。

综上所述，移动互联网的发展使财务和会计工作也需要从管理模式和工作方法上寻求新的突破，要积极地促进管理观念的改变，注重新技术和新方法的应用。

第九节　现阶段财会工作的创新性发展

一、财务创新与会计发展的融合性

（一）企业财务会计的现状

1.财务会计信息更新速度慢

我国财务会计信息虽然在不断更新发展，但是仍然不能跟上经济变化的步伐，给企业带来了不利影响。从历史成本计量方法上看有一定的局限性，使会计信息内容无法及时提供。从会计分期假设的定期报告方式来说，其时效性较差，无法顺应新形势的发展以及满足使用者的需要。

2.财务会计信息缺少可比性

现阶段，我国大部分企业仍然将传统的货币单位计量模式作为唯一的财务会计核算方式，这使企业财务会计信息严重缺少可比性，造成了各种问题，加之财务会计工作是以货币计量假设为前提的，对前后期财务信息比较不利。除了纵向比较的缺失，财务会计政策方面的欠缺也使不同企业间财务信息的横向比较存在一些困难。

3.财务会计知识掌握不足

随着市场竞争的不断激烈，对企业财务会计人员的整体能力素质也提出了更高的要求。我国企业涉及各行各业，然而财务会计报告的模式都是通用的，这就导致财务人员将多元化的会计信息编制成了残次不齐的财务报告。另外，为了顺应计算机网络技术的发展，企业建立了财务信息化管理系统，财务工作人员不仅要具备专业化的知识，还要熟练财务方面的计算机操作。

（二）财务会计的发展趋势

1.财务会计人员呈现出多元化发展的趋势

随着财务会计人员工作的深化，不仅要掌握专业知识，还要具备较强的逻辑思维能力，了解管理、计算机等方面的知识，拥有预测、分析和决策的基本理论，从而适应新时期的发展要求，实现会计人员知识结构的多元化发展，有效发挥财务会计人员的职责能力，顺应市场经济的发展，使企业真正拥有复合型的财务会计人才。

2.财务会计工作呈现出创新发展的趋势

创新是企业发展的基石，现代化技术有助于减少收集、加工信息的障碍，企业财务会计工作同样如此，也需要进行创新，会计信息的决策有效期也会大大缩短，因此只有创新发展才能符合时代发展的需要，我国企业的财务信息分析整理能力亟待加强。各企业之间的业务往来离不开财务会计工作，经济活动的不确定性也有所增加，所以企业要想在激烈的市场竞争中处于不败之地就必须进行财务上的创新，包括财务核算方法和财务分析方法的创新。因此企业财务会计人员必须认真履行职责，认真收集和处理财务信息，编制完整准确的企业财务报告，为使用者提供更为相关的决策依据，帮助企业提高经济效益和管理水平，同时准确地对财务信息进行整理分析，确保企业各项业务的顺利开展。

3.财务会计手段呈现出信息化和现代化发展的趋势

随着科技在各个领域行业中的应用越来越广泛，企业的各项信息化管理备受重视，也推动了传统财务会计向现代财务会计的发展。现代会计的信息化发展已经摒弃了传统的手工记账方式，未来也将使用更加现代化和自动化的财务系统。因此，我们必须充分发挥现代化会计手段、重视会计信息化的实现，来完成会计信息的收集和整理工作，保证提供会计信息的准确性和真实性，为企业管理决策打下良好的基础。为了打造符合时代发展需求的现代化财务会计信息系统，就要坚持完善企业的财务系统，制定规范的财务报告制度的同时将财务会计和现代信息化手段有机结合。另外，在接纳新的会计核算方法的同时，企业还要从大局出发，充分发挥传统财务会计核算方法的作用，完善和健全财务会计核算系统。

4.财务会计操作流程呈现出简化发展的趋势

财务会计中应用信息技术后，财务会计工作的效率得到了很大提高，能够做到简化财务操作流程的同时保证会计信息的及时准确。财务会计人员必须全面掌握财务信息的内容，记录真实可信的会计信息，快速地处理相关数据，防范错误和舞弊行为，为企业最终决策提供科学有效的服务。

5.财务会计计量模式呈现出改进发展的趋势

第一，要进一步加强企业财务会计报表的附注内容，以便使财务会计信息符合真实准确的要求。现今我国财务报表的附注内容相对缺乏，使财务信息失去了公信力，需要注意添加必要的内容，也可以通过改变计量属性来披露相关信息。第二，企业应该设立预测、决策和财务管理相关的部门和工作人员。随着企业的不断发展壮大，其会计信息使用者迅速增加。一方面编制财务收益表的工作需要进行改进，由于传统收益表只能反映企业的有利信息，为了完整地反映企业的收益水平，就要改变传统收益表，避免收益不完整的现象。另一方面，财务会计部门要及时提供相关信息，会计核算人员准确地反映企业盈亏后，要按照市场发展趋势进一步制定相应措施。

（三）财务会计创新发展的意义

信息技术的不断创新发展推动了企业经济的增长，在提高企业销售利润的同时，也增加了企业的经营风险，有的企业甚至已经无法掌控财务状况和资产盈利能力，面临巨大的挑战。这种情况下就必须建立完善的财务会计管理体系，无论是在法律法规还是管理体系方面，都要符合标准化、国际化的会计职能和全球经济一体化的发展趋势，通过技术创新，将企业财务会计与国际接壤。财务人员也要全面掌握财务报表、信息状况和财务制度。传统的会计模式信息已无法满足现实需求，要追求多元化的信息输出，因此建立财务会计管理体系已经是我国财务会计发展的重中之重。

财务会计必须创新的原因之一就是现代企业财务会计核算重点已经发生了巨大的变化，尤其是在文化创意企业迅速发展的情况下，无形资产在企业资产总额中所占的比例越来越大，使无形资产成了衡量企业价值的重要标准，改变了传统企业以物质资源为主的局面，同时也决定了企业的实际价值。因此，财务会计的具体处理方法和处理模式都发生了较大变化，逐渐把重点放到了无形资产核算上，在企业财务报表中也为了全面掌握企业整体经营活动而引入了无形资产项目。

（四）财务会计创新发展面临的问题

1.量化工作存在困难

在知识经济时代，会计的内容不再只是现金状况，而是要通过管理来帮助企业提高核心竞争力。但是企业无法对知识型人才的成本进行量化的衡量，这就给财务会计工作带来了难题，因此企业必须处理好量化的工作才能更好地促进企业发展。

2.无形资产管理工作存在困难

随着知识创意等无形资产重要性的逐渐显现，无形资产成了影响企业核心竞争力的重要内容，但是现代财务会计还没有对无形资产做细致的规定，无法满足现代知识型企业的发展要求。所以，财务会计工作在无形资产管理方面还存在困难。

3.法律法规体系不健全

健全的法律体系不仅能够保护企业的发展，也能够为财务信息使用者提供一定的保障。但是现今的法律法规体系无法满足现代企业会计管理的需要，无法让使用者及时掌握报表中反映的企业状况。

4.财务会计人员能力不足

企业中的财务人员多数经验丰富，但是同时也意味着他们的年龄较高，在观念上无法接受新的事务和会计核算方法，不能利用现代网络技术开展财务工作，会计信息处理效率不高、综合水平较低。

（五）企业财务会计创新发展的策略

1.加强会计核算的创新

现今的人力资源会计包括成本会计和价值会计两部分。前者的计量方法包括历史成本法和重置成本法，反映了企业人力资源投资的资本化；后者的计量方法包括经济价值法、内部竞价法和未来工资贴现法，反映了企业对人力资源产出的资本化。企业在选择人力资产计量方法时必须科学合理，人力资源资本化取决于劳动力的市场化发展，计量人力资产使用未来工资贴现法更加适宜，因为通过价格来计量工资可以分期支付。

2.加强会计法规制度的创新

财务会计的创新也包括会计制度的创新，会计制度要向国际化、规范化方向发展，突破传统标准，与国际接轨，与国际体系相融合。

3.加强会计人员的创新

企业要想方设法创造有利条件，提高财务会计人员的综合能力和素质。例如，组织培训学习、交流和讨论，对机构进行改革，提高财务人员的专业知识水平，培养其计算机操作水平和管理能力，锻炼其实践应用能力等。

随着企业规模的不断扩大，创新已经成为其迅速和持续发展的重点，各种科技力量也融入了企业的各个方面，从财务会计工作的角度来说，更加需要与时俱进进行创新，这是决定企业成败的关键。所以，我国企业应该努力创新财务方面的先进技术和方法，推动财务工作上一个新台阶，只有全新的理念创新才能为企业创造更大的价值。

二、财会工作的创新性发展的路径

财会工作是一项系统性很强的综合性经济管理工作，为了适应市场经济的发展，财会工作必须创新。

（一）树立财会工作的新观念

1.认真提高会计工作质量，加强科学管理

会计工作是一项严密细致的管理工作，会计所提供的会计信息，需要经过会计凭证、会计账簿、会计报表等一系列方法及相应的手续和程序，进行记录、计算、分类、汇总、分析、检查等工作。科学地组织会计工作，使会计工作按预先规定的手续和处理程序进行，可以有效地防止差错，提高会计工作的效率，提高会计工作者的科学管理意识。

2.提高会计工作者的创新意识

会计工作是企业经济管理工作的一部分，它既独立于其他的经济管理工作，又与其他经济管理工作有着密切的联系。会计工作一方面能够促进其他经济管理工作，另一方面也需要其他经济管理工作的配合。只有这样才能充分发挥会计工作的重要作用，从而提高会计工作者的创新意识。

3.提高会计工作者的协调能力、和谐管理意识

企业内部的经济责任制离不开会计工作。科学地组织会计工作，可以促使单位内部及有关部门提高资金的使用效率，协调各部门间的关系，提高单位经济效益，增强经济管理水平，并对经济预测、经济决策、业绩评价等工作提供支持，从而加强单位内部的经济责任制。

（二）必须具有服务的创新精神

1.要有任劳任怨地为群众服务的精神

对于会计工作和会计工作者来说，受到的质疑与谴责似乎比得到的鲜花与掌声更多。其实瑕不掩瑜，数以千万计的会计工作者大多以勤勉与正直来维护职业尊严，而其中又不乏出类拔萃者。会计工作是为群众服务的工作，有不被群众理解的地方。作为会计工作者要宽宏大量、任劳任怨，一心一意为群众服务。

2.要有爱岗敬业的服务精神

会计工作者应该转变观念，弘扬爱岗敬业精神。服务是无形的却是有情的。发挥会计服务职能，转变会计工作者的思想观念，在核算、监督的同时，做好服务工作。只有服务功能充分发挥，才能体现会计工作的前移——由事后的核算监督移到事前的服务。也只有会计工作者转变观念、增强服务意识，才能更好地弘扬爱岗敬业精神，从自身做起，从本职岗位做起，认真履行自己的职责，为企业的生存和发展而努力工作。

3.提高会计工作者的个人业务素质，加强自身学习

强教育，提高会计工作者的整体素质。增强会计工作者的服务意识，关键在平时教育。单位领导、财会部门负责人应该经常组织会计工作者学习，提高会计工作者的个人素质。只有会计工作者的政治素质普遍提高了，每个会计工作者才能端正工作态度，增强服务意识，想企业之所想，急职工之所急，认真履行自己的职责，加强会计基础工作，实现规范化管理，提高会计工作质量。强培训，提高会计工作者的业务素质。会计服务职能的发挥，很大程度上依赖于会计工作者业务素质的提高。会计工作者业务素质高，会计提供的服务质量才可能好；反之，会计工作者业务素质低，即使服务态度好，服务质量也好不到哪里去。许多单位会计工作质量不高，不是会计工作者主观上不努力，而

恰恰是业务素质太低，无法为单位、为领导提供高质量的会计服务。因此，必须注重会计工作者的业务素质教育，加强会计专业知识和专业技能的培训，提高会计队伍整体素质水平。会计工作者自己，也应有紧迫感、压力感，明确工作目标，找出自身不足，并通过一定的学习形式，提高自己的业务素质，积极主动地提供服务，在服务过程中锻炼和提高自己。

（三）财会工作是单位企业的好帮手

1. 认真贯彻执行会计法

《会计法》是规范会计行为的基本法律规范，为有效发挥会计工作在加强经济管理、提高经济效益、维护社会公共利益中的职能作用，提供了强有力的法律保障。会计工作者应继续深入贯彻《会计法》，求真务实、奋发进取、扎实工作，不断开创会计工作新局面，为全面建成小康社会和构建和谐社会做出更大贡献。

2. 会计工作者是节约型社会的执行者

加快建设节约型社会，是全面建成小康社会的重要保障。我国在全面建成小康社会进程中，经济规模将进一步扩大，工业化不断推进，居民消费结构逐步升级。城市化步伐加快，资源需求持续增加，资源供需矛盾和环境压力将越来越大。解决这些问题的根本出路在于节约资源。要建立节约型单位，会计工作者应该身先士卒，做节约型模范，为单位节约一度电、一滴水，做出努力。

3. 会计工作者是决策信息的提供者，是领导的参谋者

一个单位的兴衰与会计工作有至关重要的作用，尤其在市场经济瞬息万变的今天，会计数字的"演变"关系着单位的前途。一个领导的新的决策源于会计工作中"1、2、3、4"的变化。所以会计既是信息的提供者，又是单位领导的参谋者，会计工作者在经济实体中俗称"内当家"。

认真做好会计工作对贯彻执行国家的方针、政策和法令、制度，维护财经纪律，建立良好的社会经济秩序，具有重要的意义。做好会计工作是创新型社会发展的需要，会计工作者要适应市场经济的发展，努力提高自身的理论水平，增强服务意识。

（四）信息时代下财务会计工作创新的途径

1. 信息时代下加强财务会计工作创新管理的必要性

（1）促进信息时代下财务会计核算的开展

随着信息化时代的来临，企业财务会计的工作创新思维变得越来越重要，它已经成为确保企业财务安全的重要保障。技术的发展带来了很多观念上的革新，企业的无形资产已经逐渐占据越来越重要的位置，它们对企业的整体价值起到了至关重要甚至是决定性

的作用。当企业对自身的无形资产进行核算时，其处理方式已经相较于传统财务工作发生了明显变化。引入无形资产至企业财务的报表中是当前企业为应对信息化时代财务工作变革而采取的有效措施。因此，创新对信息时代的财务会计核算具有极其重要的意义。

（2）适应财务会计工作职能标准化和国家化的发展需求

如今经济全球化、经济一体化，因此有关企业财务的管理体系和制度也应逐渐完善，同国际接轨，这也需要财务人员不断创新工作方法和工作内容。与此同时，作为财务会计工作人员来说，财务会计的制度以及企业的信用都要结合财务工作的实际情况进行掌握。

2. 信息时代下财务会计工作的不足

（1）重视程度不足

很多财务工作人员依然存在思想观念落后的问题，他们不重视财务工作，忽视了提升财务水平的重要意义，并且对制度的落实也不到位，根本不能有效适应时代的发展及变化。计算机是现代财务系统的重要工具之一，对计算机基础应用的掌握有利于提高财务工作的效率，但很多财务工作人员却并不能做到熟练运用。

（2）会计信息失真

现今对财务工作的有效管理措施非常缺乏，这就给财务造假提供了温床。财务工作人员通常不具有足够的稳定性、流动性较强，很多企业对财务工作人员的工作范围限定也非常模糊，这样就在无形之中加大了工作人员的压力，财务工作人员以权谋私的行为也难以被有效追责，这一系列的问题共同导致了现今企业会计信息失真的现象非常严重的后果。

（3）管理制度缺失

很多企业单位并没有建立起严格的财务制度，即使存在相应的制度，是否真正落到实处又是另外一回事。此外，大多数基层的财务工作人员不具备较强的责任心，对财务会计管理工作的重要性没有一个系统而深远的认识，在这一系列问题的影响下，企业的管理制度逐渐失去了本应起到的效果。

3. 财务会计在信息化时代中的管理创新途径

（1）提高思想认识

企业财务工作人员应充分认识到财务创新的重要意义，结合新的市场环境明确财务工作的具体要求。与此同时，企业领导部门应加强制度建设和管理，根据企业本身的具体需求制定相应的策略。为切实提高财务会计人员的思想认识，企业可以组织员工培训、安排权威人士来企业举办讲座，或安排企业会计人员外出进行培训。企业还应定期对员工进行专业考核，奖励成绩优异的财务人员，惩罚考核不过关的财务人员，充分引起财务工作人员对财务工作的思想重视程度。

（2）增强会计信息化质量

财务管理工作应顺应新时代的潮流，实现信息化管理，稳步提升企业财务管理工作的实效性，确保企业财务信息达到准确可靠的要求。企业财务工作者应严格按照财务管理的规章制度进行操作，遵守职业规范和道德规范，做到不损公利己。同时，精确的财务会计信息也能为企业领导的决策提供正确参考，这也符合信息化时代的具体要求。企业领导和财务管理人员都应充分重视信息化时代下新技术在财务工作中的应用，借此构建出一套先进全面的财务管理系统，强化数据完善，保障财务信息的真实性及有效性。

（3）健全财务会计法律

信息化时代对财务工作的要求也产生了较大的改变，因此政府部门也应顺应时代发展，健全并完善相关的财务制度，为财务工作的有效开展奠定坚实基础。政府部门应制定相关的法律法规，明确财务会计工作人员的具体职责及权限，并要求他们严格依照具体的规定和制度履行自己的职责、完成自己的使命，做好每一项财务会计工作。

（4）强化企业的内部监控

在信息化时代下，企业必须通过创新并加强财务内部控制的方式保障资金安全。企业可以建立并完善对内部财务活动的监督机制，同时随时根据市场信息进一步完善企业的监督制度。关于企业的内部监督机制，其主要内容有监督企业的资金流向及流量，还有各资金使用项目的具体情况，确保企业财务信息具有高可靠性，切实保障企业自身利益。企业通过建立完善内部控制制度的方式，能够非常有效地杜绝财务人员出现以权谋私等各种违法行为，使企业资产不会被侵吞或蚕食。另外，企业在制订具体的监督制度规定时，应明确财务人员的职责划分，实现谁违规、谁负责的制度执行方法，针对性地明确职责职权，建立起行之有效的企业内部监督制度。

结　语

随着我国信息技术的应用与发展，国内企业的信息化技术应用已经逐渐演变成了一种全新的商业化运作模式，企业在运营过程中已经逐渐将"触角"延伸到了财务管理活动的各个领域。例如，财务会计的存储方法已经逐渐朝着无纸化的方向发展。如何在网络环境下实现企业财务会计管理模式的最优化发展，已经逐渐成为我国当代企业需要重点关注的内容。

财务会计网络化的发展与普及，往往会导致企业在运营过程中面临诸多新的风险与挑战，部分企业在网络环境下的财务会计管理工作中频频出现问题。受资源与成本等诸多因素的干扰与限制，国内部分企业在传统运营模式中通常都会表现出以职能能力为核心的组织架构。这些单一性的组织架构往往会极大地限制企业网络协同与网络互补模式的应用，致使企业的网络协同效应与网络互补效应在实践环节不能发挥出实际作用，导致企业稀缺资源的利用率大大降低，严重削弱了企业财务会计管理工作的有效性，且对企业的运营与发展造成诸多不利影响。

为了更好地促进企业的运营与发展，帮助企业适应市场环境，企业管理部门应当充分提高自身的安全防范能力，将网络环境下安全风险防备作为企业财务会计管理工作开展的重心。同时，企业还应在日常工作中对财务会计人员严格要求，使财务会计人员在实践工作中及时对各项重要数据信息进行备份，并且将纸质文件及时转换为信息化数据文件并加以保密储存，定期设置各类防护系统，以此降低安全风险问题对财务会计管理工作造成的影响。

参考文献

[1] 陈建明. 经济管理与会计实践创新 [M]. 成都：电子科技大学出版社，2017.

[2] 陈兢. 经济管理与会计实践创新 [M]. 长春：吉林教育出版社，2019.

[3] 罗玉婵. 经济管理与会计实践创新研究 [M]. 西安：西北工业大学出版社，2020.

[4] 王道平. 企业经济管理与会计实践创新 [M]. 长春：吉林人民出版社，2020.

[5] 上海市财政局主编. 管理会计的上海实践 [M]. 上海：上海财经大学出版社，2016.

[6] 倪向丽. 财务管理与会计实践创新艺术 [M]. 北京：中国商务出版社，2018.

[7] 刘金星，安峰编. 管理会计 [M]. 北京：科学技术文献出版社，2015.

[8] 天津财经大学会计与财务类专业建设组编. 会计与财务类专业建设的理论与实践 [M]. 天津：南开大学出版社，2017.

[9] 李乐波. 管理会计在公立医院改革中的应用研究 [M]. 杭州：浙江工商大学出版社，2017.

[10] 郭莹，高春侠，谷胜男. 经济法理论与实践创新 [M]. 成都：电子科技大学出版社，2017.

[11] 杨眉. 管理会计研究 [M]. 北京：中国金融出版社，2016.

[12] 龚翔，施先旺主编；单航英，丁琳副主编. 会计学原理 [M]. 沈阳：东北财经大学出版社，2019.

[13] 白胜. 战略管理会计研究 [M]. 北京：知识产权出版社，2013.

[14] 于国旺. 会计改革"绩效悖论"问题成因研究 [M]. 厦门：厦门大学出版社，2017.

[15] 罗勇主编；姜永德，刘淑蓉，胥兴军副主编. 高级财务会计：第三版 [M]. 上海：立信会计出版社，2018.

[16] 叶陈刚，等. 企业伦理与会计道德：第三版 [M]. 沈阳：东北财经大学出版社，2016.

[17] 黄辉. 会计信息系统实务教程：第二版 [M]. 沈阳：东北财经大学出版社，2019.

[18][美]R.S. 卡普兰 . 高级管理会计英文版：第三版 [M]. 北京：清华大学出版社，1998.

[19] 余晖原主编 . 经营管理实践论文集 [M]. 北京：北京理工大学出版社，2019.

[20] 李定清，曾林主编 . 现代财务与会计探索：第四辑 [M]. 成都：西南交通大学出版社，2017.

[21] 俞晓琴 . 基于管理会计实践的财务创新与资金管控 [J]. 经济管理文摘，2020(8)：152-153.

[22] 梁杏飞 . 以创新创业为导向的高职高专会计专业实践教学研究：以广西财经学院为例 [J]. 经济管理文摘，2020(18)：193-194.

[23] 宣胜瑾 . 基于现代学徒制的高职会计专业实践教学探讨 [J]. 发明与创新（职业教育），2020(9)：14-15.

[24] 杨海青 . 科技创新型企业发展管理会计的内在逻辑与实施路径：基于业财融合的分析视角 [J]. 赤峰学院学报（自然科学版），2020，36(4)：75-77.

[25] 田金中 . 浅议首钢承包制对中国管理会计发展的里程碑式贡献 [J]. 企业改革与管理，2020(9)：138-139.

[26] 叶康涛，刘金洋，曾雪云 . 会计管理活动论的当代意义 [J]. 会计研究，2020(1)：5-15.

[27] 冯巧根 . 管理会计的制度优化与工具创新 [J]. 财会月刊，2020(22)：3-11.

[28] 焦明朋，裴璇 . 金融企业公司治理中管理会计应用探讨 [J]. 财政科学，2020(12)：44-53.

[29] 王晓霜 . 高职院校 ERP 沙盘会计实践教学的问题与对策 [J]. 吉林省经济管理干部学院学报，2011，25(1)：86-90.

[30] 徐美玲 . 会计理论与会计实践的融合 [J]. 时代经贸，2016(24)：14-15.

[31] 卫晓东主编 . 经济、金融、会计 [M]. 北京：中国经济出版社，2011.

[32] 詹圣泽 . 管理实践纵论 [M]. 西安：西安交通大学出版社，2016.

[33] 张曾莲 . 政府管理会计的构建与应用研究 [M]. 厦门：厦门大学出版社，2011.

[34] 杭州市财政会计学会编 . 财税与会计热点问题探索：杭州市财政会计学会 2017 年度优秀调研成果汇编 [M]. 杭州：杭州出版社，2018.

[35] 孙杰 . 高校财务管理创新理念与关键问题探索 [M]. 长春：吉林大学出版社，2018.

[36] 徐公仁主编 . 把企业搬入课堂 "管理沙盘" 教学理论与实践 [M]. 北京：北京理

工大学出版社，2018.

[37] 田翠香.国际化背景下的会计实践教学应对策略 [J].财务与会计，2018（4）：79-80.

[38] 苏长江.职业能力导向的高职会计实践教学模式研究 [D].西北农林科技大学，2017.

[39] 洪峰.美国会计实践教学模式及对我国的启示研究 [J].商业会计，2015（23）：111-113.

[40] 卢跃.高校会计实践教学存在的问题和改进建议 [J].时代经贸，2016（15）：28-30.

[41] 李玉萍，李婷，王瑞晓.会计实践教学与职业化发展配合性研究 [J].财会通讯，2014（10）：46-48.

[42] 李源源，陈蕊.基于岗位需求的高职应用型院校会计实践教学体系的有效性研究 [J].纳税，2019，13（19）：157.